北京市哲学社会科学“十一五”规划重点项目
北 京 现 代 制 造 业 发 展 研 究 基 地 成 果

北京制造业发展史

主　编　李京文
副主编　蒋国瑞　何喜军

中国财政经济出版社

图书在版编目（CIP）数据

北京制造业发展史/李京文主编．—北京：中国财政经济出版社，2012．8
ISBN 978－7－5095－2434－3

Ⅰ．①北…　Ⅱ．①李…　Ⅲ．①制造工业－工业史－研究－北京市　Ⅳ．①F426．4

中国版本图书馆CIP数据核字（2010）第158873号

责任编辑：周桂元　　　　责任校对：张　凡
封面设计：楠竹文化　　　　版式设计：汤广才

中国财政经济出版社 出版

URL：http：//www．cfeph．cn

E－mail：cfeph @ cfeph．cn

社址：北京市海淀区阜成路甲28号　邮政编码：100142

发行处电话：88190406　财经书店电话：64033436

北京财经印刷厂印刷　各地新华书店经销

787×1092毫米　16开　23．5印张　296 000字

2012年12月第1版　2012年12月北京第1次印刷

定价：48．00元

ISBN 978－7－5095－2434－3/F·2068

（图书出现印装问题，本社负责调换）

本社质量投诉电话：010－88190744

《北京制造业发展史》编委会

顾　问：陈之昌　卢振洋

主　编：李京文

副主编：蒋国瑞　何喜军

编　委：王祥武　李建平　缪国平　刘　娟　杜修力

周桂元　肖士兵　郭钧岐　刘　军　张永安

单晓红　韩新伟　袁永科　武玉英　刘云枫

序

制造业是一个国家经济社会的基础和骨架，在人类历史发展中起着重要作用。中国著名科学家、原国务委员、中国工程院原院长宋健院士说过一句很有影响的话："现代社会人类的历史在某种意义上说就是制造史"。约二三十万年前出现的智人是人类形成的真正开端，而智人的最显著特征就是会制造工具。在人类社会几十万年的发展历史中，制造业不仅为人类生存提供了必需的生活用品和消费用品，也为社会的进步、文明的发展、经济的繁荣提供了原动力。在经济全球化迅速发展的今天，制造业作为国家战略性产业，其发展水平直接决定了一个国家的国际竞争力和在国际分工中的地位。从世界范围看，全球最大的100家跨国公司中，80%集中在制造业领域，而我国经济的发展也有赖于制造业的崛起。改革开放和工业化的迅速发展使我国跻身于制造大国之列，而非制造强国。因此，如何从制造大国向制造强国转型，是我国学术界、产业界以及政府关注的焦点问题。

作为首都北京，从拥有门类齐全的工业体系到确立高端、高效、高辐射的产业发展目标，北京制造业在改革开放30多年中，为了满足经济社会的需求不断进行着结构调整和战略优化，现如今附加了高新技术并与信息化结合的现代制造业正在挑起北京工业的大梁。在国务院批复的《北京城市总体规划（2004—2020年）》中，北京的城市定位由国家政治、经济、文化中心进一步调整为国家首都、世界城市、文化名城、宜居城市。因此，在世界城市的建设进程中，制造业是否应该发展、如何发展，成为需要深入研究的重要课题。

可以肯定的是，制造业对于北京城市建设和实现首都功能决不是可有可无的产业，而是要适度发展的产业。至于什么是适度发展、如何适度发展、采取怎样的适度发展模式等问题就需要对北京制造业发展的历史进行回顾，以史为镜，以史为鉴，总结经验，发现问题，剖析原因，并在此基础上了解北京制造业未来发展的趋势。

在此背景下，北京现代制造业发展研究基地的研究团队经过近五年的研究和探索，完成了《北京制造业发展史》一书的撰写工作。该书从历史演化和现代发展两个视角探讨北京制造业发展的路径，剖析其发展动力、总结经验、分析问题、探索发展方向。该书一方面通过大量文献的梳理，比较系统地论述了北京制造业发展的历史，另一方面通过对历史演化和现代发展的规律总结和问题探讨，提出了新的科学的制造观，明确了世界城市建设、首都定位的实现要求未来的经济社会发展要靠制造业与服务业双轮拉动，而北京制造业的发展要坚持“创新驱动、技术先导、协调持续、结构升级”的原则。这些观点对于北京城市功能的提升、首都功能的进一步深化和巩固、经济发展和社会进步以及我国制造模式和制造理念的转变有着重要的实践价值和现实意义。

多年来基地的研究工作得到了北京市哲学社会科学规划办公室、北京市教育委员会、北京市工业促进局等单位的大力资助，也得到了北京工业大学科技处的支持，基地研究成果的完成更是有赖于基地研究团队的团结与协作，作为基地的首席专家，对支持基地发展的上级主管部门和基地研究成员表示衷心感谢！

人类发展和社会进步是一个永恒的过程，而制造业的发展是社会经济建设中一个永恒的主题，为了推动我国制造业和首都制造业壮大繁荣，北京现代制造业发展研究基地将本着“与时俱进”的精神，围绕制造业发展的焦点和热点问题继续进行系统深入的研究，为产业发展提供思路和建议，为政府决策提供参考依据，为制造强国的建设而努力奋斗！

谨以此书与各位专家学者、企业家和职工及其广大读者共勉。

中国工程院院士
北京现代制造业发展研究基地首席专家
李京文
2012年7月1日

前言

所谓制造业，是指对制造资源如物料、能源、设备、工具、资金、技术、信息和人力等，按照市场要求，通过制造过程，转化为可供人们使用和利用的工业品与生活消费品的行业。制造业是工业的主体，也是国民经济的重要基础。改革开放以来，我国把发挥国内劳动力资源的比较优势与对外开放、承接国际产业转移结合起来，大力促进了制造业的发展。30年间，我国的制造业实现了突飞猛进的发展。1978—2006年，我国规模以上制造业增加值，按可比口径计算，年均增长率约为15%，高于全部工业与GDP的年均增幅。当前，“中国制造”已成为最重要的世界经济现象之一。据联合国工业发展组织的统计数据显示，我国制造业增加值占世界制造业的比重，1993年、1995年、1998年、2000年、2003年分别为3.5%、5.0%、6.3%、7.0%和6.9%。2006年，这一比重已升至14%。在我国实现现代化的进程中，工业化的进程是不能够超越的，作为工业发展中的重中之重，制造业的发展在今后相当长一段时间内仍然是我国经济增长的重要支柱。

一个产业的形成及发展需要社会经济发展过程中充要条件满足后才可以实现，其根本原因是任何产业的形成必须能够满足社会发展的某种需要，而产业的演化与调整是为了更好地适应服务对象的需求变化以及自身的变化，因此产业发展的使命和功能也在不断调整。本书按照北京制造业发展的历史阶段，分别探讨每个阶段制造活动的产生、分类以及发展情况，并总结出每个阶段制造业发展的特点以及满足社会需求的情况。

北京工业在改革开放30多年中，从拥有门类齐全的工业体系到确立高端、高效、高辐射的产业发展目标，为了满足经济社会的需求不断进行着结构调整，现如今附加了高新技术以及信息技术的现代制造业正在挑起工业的大梁。

在国务院批复的《北京城市总体规划（2004—2020 年）》中，北京的城市定位由国家政治、经济、文化中心进一步修订调整为国家首都、世界城市、文化名城、宜居城市。使得北京城市发展将朝着更为快速、健康、和谐的方向发展。在此背景下，北京制造业将有多大的发展空间？“适度发展北京现代制造业”的战略定位中，“适度”的程度如何把握？北京制造业的发展战略将如何调整？这些问题是很多学者、企业界人士、政府人员关注的焦点。可以肯定的是，制造业的发展在北京不是夕阳产业。因为制造业内涵和使命不断拓展以及先进科学技术的发展不仅丰富了制造业的含义，也对制造业的创新发展不断提出新的要求。因此我们将沿着北京古代制造活动的产生及发展、近代制造行业的形成及发展、现代制造业的提出及发展这一历史脉络展开研究，以史为镜，以史为鉴，从北京制造业的历史发展角度来观察北京现代制造业的发展以及分析发展过程中遇到的问题。总结历史经验，讨论发展战略与策略，为北京现代制造业发展的战略定位与调整提供参考和依据。

用宋健院士的话说，“现代社会人类的历史在某种意义上说就是制造史”。在二三十万年前出现的智人是人类形成的真正开端，而智人的最显著特征就是制造工具。制造活动不仅为人类生存提供必需的生活用品和消费用品，为人类的发展提供必要的制造工具，也为社会的进步、经济的发展提供了原动力。现代的北京作为历史的北京的继承和发展，自古以来因其特殊的地理位置、气候环境和先进的制造活动成为历朝历代的军事重地，也是现代社会发展的政治中心、经济中心和文化中心。因此研究北京制造业发展的历史、总结北京制造业发展的规律、剖析北京制造业发展的动力，以史为镜来研究北京工业发展到目前所遇到的问题和困惑，从历史发展的视角探讨制造业发展和演化的路径，一方面可以深化对制造业发展的本源性认知，另一方面将拓展现阶段北京制造业发展的思路。以发展的眼光、以历史发展的规律和路径来规划北京未来五年乃至更长一段时间内制造业发展的方向和战略，对于北京城市功能的提升、首都功能的进一步深化和巩固、经济发展和社会进步以及我国制造模式和制造理念的转变有着重要的实践价值和现实意义。

在北京市哲学社会科学规划办公室和北京市教育委员会的支持下，依托北京现代制造业发展研究基地，课题组研究人员展开了北京制造业发展史的资料收集和一系列研究，经过3年的系统整理和分析研究终于完成初稿。本书从历史和现实两个视角对北京制造业的发展过程进行研究。

全书内容分为上、下两篇。

上篇为“历史演化篇”，主要梳理了北京制造业发展的历史资料，重点研究了制造业发展史的演化路径和规律。作者将北京制造业发展分为四个阶段：古代制造活动的产生和发展、近代制造工业的产生和发展、建国后制造业的发展以及北京现代制造业的提出。在每个发展阶段，都剖析了制造业发展的社会环境和历史背景，总结了制造业发展的行业体系和形态、制造业发展和城市定位的关系以及制造业发展的特征，并指出制造业发展在承担人类生存和社会发展的历史使命、吸收技术的进步和满足人类社会需求的同时，对资源和环境造成的巨大压力。在此基础上从制造业发展的动因、北京制造业发展的空间结构演化和功能演化以及与城市定位关系等角度归纳了北京制造业发展和演化的路径和规律。

下篇为“现代发展篇”，在论述北京制造业发展历史的基础上，探讨现阶段北京制造业存在的主要问题及其原因，并提出了解决对策。作者将北京制造业与国内外有代表性的大城市的制造业从发展历史、发展速度、制造业体系以及发展质量等方面进行全面系统的对比，总结其经验、寻找我们可以借鉴的地方。针对目前北京制造业重点行业的发展情况进行了综合评价，并就近20年来北京制造业发展对北京经济的拉动作用和北京产业结构调整进行了投入产出分析。对北京现代制造业适度发展的策略、北京现代制造业工业园区的发展、北京制造业与服务业的融合发展等几个主要问题分别进行专题讨论，从未来发展和历史借鉴两个角度归纳了北京制造业发展的若干对策。

本书在系统全面地搜集和归纳北京制造业发展史资料的基础上，以史为鉴，探讨了目前北京制造业发展面临的若干问题并提出了针对性的对策和建议。一方面比较系统地整理了北京制造业发展史，从而丰富了北京现代制造业发展研究基地的研究成果。另一方面从历史的视角探讨了北京制造业发展的问题和对策，对未来几年北京制造业发展的战略制定提供了参考依据。最后在北京制造业发展的对策方面，提出应在意识层面树立新的科学的制造观，将人类智慧的产生充分融入到制造活动当中，将制造的内涵拓展到创造、创新领域，提高人类创意活动和创新活动在制造活动中的程度，将为我们从全新的视角定义制造活动提供新的思路，也为制造业的发展如何协调与环境、资源和人类进步的关系提供新的参考。

在本书写作过程中，北京工业大学经济与管理学院研究生李慧、胡晓钰、马立端、段晓敏、袁通、陈盛等同学，在资料收集和整理方面做了大量的工作。感谢吴琳同学为本书原稿的校对付出的辛苦和努力！

感谢北京市哲学社会科学规划办公室、北京市工业促进局等单位的支持，感谢北京现代制造业发展研究基地各位领导和同行的支持。感谢北京市哲学社会科学规划办公室科技处处长刘娟研究员为课题组提供了大量的参考资料，并对研究的思路提出了许多宝贵建议。感谢北京市哲学社会科学规划办公室陈之昌主任、北京市工业促进局办公室缪国平主任、北京工业大学副校长卢振洋教授、北京工业大学科技处处长杨建武教授对本课题研究给予的大力支持和热情帮助。

人类发展和社会进步是一个永恒的话题，因此我们将不断深入和加强对制造活动的研究。由于课题组人员力量、时间精力等限制，本书在写作过程中还有很多不足，请广大读者给予批评指导！

作　者

2012年6月

目录

上篇 历史演化篇

上篇

历史演化篇

第1章

北京古代制造活动的产生及发展

现代的北京是历史北京的继承和发展。从周口店龙骨山下的北京猿人用树枝燃起第一堆篝火起，人类在这块被称为“北京湾”的冲积平原上，已经生息繁衍了六七十万年。北京制造业活动的产生因此可以追溯到远古时期。

1.1 北京远古时期制造活动的产生及其发展

北京手工业历史悠久，可追溯到夏商时期。当时手工业制品种类较多，例如石器、陶器、金器和青铜器等。平谷县刘家河墓葬出土的三羊铜罍和龟鱼纹乌柱铜盘，都相当的精美，反映出当时的手工业已达到一定水平。在昌平白浮村发现的西周墓葬，出土了青铜兵器、工具、车马饰品、陶器、石器和玉器等，其中玉器、漆器和青铜器无论是数量还是门类都比商代突出，说明西周手工业发展已很显著且门类繁多。战国时期，冶铁技术的发明和铁器的使用，对当时手工业发展起到了重要作用。根据考古发现，北京地区大约在商代就出现了使用铁器的现象，但铁器的大量出现是在战国时期。当时以北京地区为中心的燕国就是冶铁业较为发达的重要地区，使用铁器的现象已相当普遍。许多铁兵器的出现显示了冶铁工艺技术的改进和提高。“铁范”这种冶炼方法的出现表现出当时的技术水平。房山区琉璃河董家林村发现的大约三千年前的古代城址和墓葬群，从城址规模和殉葬的奴隶、车马、兵器、礼器到礼器上的铭文，都证明这里是古燕国的都邑。后来，蓟衰燕盛，燕并蓟，并把蓟城作为燕的都城。随着燕的强盛，蓟城日益发展。今日北京城西南部，即宣武门大街、和平门以及广安门南北滨河路以西的一带，已出土大量燕国的刀币和瓦当等，说明这里在战国时期已经发展成人口密集、交易频繁的都邑。

两汉期间，北京手工业较战国时期有所发展，其中冶铁业不但具有一定规模，而且技术先进，可以采用高超的柔化处理技术生产出比铸铁更有韧性的可锻性铸铁。东汉的制陶业更是有所发展，改变了西汉陶器基本沿袭战国时代传统的惯例，多为现实生活用具的仿制品。

经过东汉末年的动乱，魏晋时期北京手工业发展不如东汉，但北京地区出土的这一时期的漆器表面有红色彩绘，色泽绚丽，说明在生产技术上仍有提高。在之后从北朝前后期到隋朝，连年动乱，手工业发展衰退，煮盐业因其特殊性却长盛不衰。

在古代，制造工具的活动也归为手工业范畴，由手工作坊生产，属于满足自给自足的自然经济。因此，这一时期的制造活动，又可归于手工业或者手工制造业的范畴。而这一时期的手工业，是在原始社会后期才渐渐与农业分离，其中，以丝织业、冶金业最为繁荣。

（1）丝织业的起源和发展

1933—1934 年，在北京郊区房山周口店龙骨山，发现了距今约 5 万年至几十万年间的山顶洞人居住遗址。在他们生活过的山顶洞穴里，发掘出一枚尖端锐利、针身圆滑、尾部穿孔的骨针。针长 82 毫米，最粗直径 33 毫米，针眼部分虽已残破，但仍能看出其制作之精巧。这枚骨针的发现在我国织绣史上具有非常重大的意义，它表明 5 万年以前，我们的祖先已经创造了原始的缝纫工具，能够给自己缝缀简单的衣着。这枚骨针是世界上迄今发现最早的缝纫工具，它不仅凝聚着人类的艰辛劳动，而且反映出我国远古时代的灿烂文明。夏商周时期，织绣便作为手工业的一个方面进步较快，这一时期是我国织绣发展的重要阶段。丝织品种除罗、帛、纱、绫、绢、绮、纨等，已出现了锦。1977 年在平谷县刘家河发现商代中期墓葬遗址，从出土的残碎铜泡上发现有织物印迹，经鉴定为平纹麻布，这是北京地区发现最早的织物遗迹。从西周至秦，北京历经奴隶社会全盛时期，伴随着燕国封建制的兴起，北京的历史步入了封建社会。蓟城作为燕国都城，是当时“富冠天下”的名城之一。这一时期，纺织生产已具有一定规模，诸侯已用帛交往。公元前 221 年，秦始皇统一中国，结束了长期诸侯争雄的局面，创建了第一个中央集权的封建制国家。燕国的故都蓟变成了一个地方性城市，改变了蓟城的手工业主要为统治阶级服务的局面，从而使蓟城地区的封建经济和商业迅速走向繁荣，此时已能生产出具有较高技术水平的绫、绢、绵等织物。西汉时期，北京地区仍是诸侯国，复称燕，都蓟城。这一时期是北京地区织绣发展史上的第一个高峰期。1974 年 6 月，在北京大葆台发现两座大型的汉代墓葬，经专家鉴定，为西汉广阳国顷王刘建及其夫人的陵墓。墓葬出土了 400 多件随葬品，其中丝织品 12 件，有绢类、刺绣、漆纱和组带等。这是目前北京地区发现最早的织绣品实物。

（2）冶金业的起源和发展

我国在商代（约公元前 1600 年至公元前 1046 年）已经用铁，河北藁城、北京平谷出土过两件商代的铁刃铜钺。这是目前我国发现的年代最早的铁器，也是人类最早使用和制造的铁器。奴隶制社会后期，冶金手工业已经有了长足的发展，主要是冶铁手工业和青铜手工业。这一时期，不仅生产工具用铁制作，战争的武器也已逐渐改用铁制成，同时青铜手工业的冶铸技术也达到了相当高的水准。燕下都出土的战国晚期六角锄、鐏，都属于展性铸铁。经科学工作者考察，当时还利用控制退火的办法，制造了表面为低碳纯铁、中心为硬度高的复合铸铁器件，借以提高农具的性能，使农具具有坚硬、锋利、耐磨的刃口而具韧性。燕下都出土的剑就是低碳钢剑，这种低碳钢是以块炼铁为原料的纯铁在反复锻打中吸收了碳，或经过渗碳处理而形成的。在铸造工艺方面，燕国冶铁匠人也达到了相当高的水平。从陶范到金属范，从单合范到双合范，从外范到内范，都有出土。进入封建社会，在传统的冶铁及青铜冶炼技术的基础上，已经出现了冶炼钢的方法：铸铁脱碳钢。它是将铸铁件退火脱碳，使之成为钢件。北京丰台大葆台西汉燕王墓（公元 80 年）出土的书刀和簪，是运用这种工艺最早的实例。

总体来看，在远古时代，制造活动的产生和发展满足了当时人类的生存需要。在古代商业还没有广泛兴起的这段时期，手工制造业的发展与农业发展紧密相连，制造规模和制造工艺还有待进一步改善，但是随着社会进入鼎盛的时期，这些宝贵经验的积累为制造活动的发展、制造业的形成和手工业的进步奠定了重要的基础。

1.2 隋唐盛世至清代时期的制造活动及其发展

1.2.1 隋唐盛世时期的制造活动及其发展

隋唐时期的幽州，是显赫的北方军事重镇和经济中心，并逐渐成为中国北方的政治中心。隋炀帝出于军事、经济的需要，开凿了以洛阳为中心、西通长安、南至余杭、北达幽州的大运河。还有与此运河北段——永济渠平行的太行东麓古道，可通往塞外的蒙古高原和松辽平原。唐朝诗人贾至说："国之重镇惟幽都"[①]。隋唐两代拥兵辽东、高丽，都以幽州为基地。现在北京城内的法源寺，原名悯忠寺，就是唐太宗为悼念阵亡将士而修建的。幽州作为汉族与北方少数民族间经济交流的枢纽，商队往来，络绎不绝。房山云居寺的石经题记记述了隋唐时期幽州商业、手工业的情况。那时已有白米行、大米行、粳米行、屠行、肉行、油行、果子行、椒笋行、炭行、生铁行、磨行、布行、绢行、彩帛行、幞头行、靴行、杂货行、新货行等 31 种行业，经济相当发达。这时海运也已兴起，杜甫曾有诗描述道："渔阳豪侠地，击鼓吹笙芋。云帆转辽海，粳稻来东吴。越罗与楚练，照耀舆台躯。"[②] 幽州文化也较发达。隋僧静琬发愿勒石刻经，后千年续刻不断。房山云居寺以藏有珍贵的石经和题记而被誉为北京的"敦煌"。到唐天宝年间（8 世纪中叶），整个北京及附近地区的人口已达 40 万人左右，说明这里已是相当繁华的地方。在这期间土地普遍被开垦，农业得到了迅速的恢复和发展，手工业更是相当的繁荣，唐朝手工业分官营和私营两种。手工业的发展进一步证明了北京古代人类制造活动的展开及深入。

工部是朝廷主管官营手工业的最重要部门，直接管理的机构有少府监、将作监、军器监。少府监主管精致手工艺品；将作监主管土木工程的兴建；军器监负责兵器的建造。监下设署，署下设作坊，此外还有铸钱监和冶监等。官营手工业的产品一般不对外销售，只供皇室和衙门消费。工人则分为工匠、刑徒、官奴婢、官户、杂户等。私营手工业不如官营手工业发达。唐朝前期主要手工业有纺织业、陶瓷业和矿冶业。唐后期，丝织业、造船业、造纸业和制茶业等手工业进步很快。

（1）丝织业的发展

---

① 贾至：《燕歌行》，《全唐诗》，中华书局 2003 年版。

② 杜甫：《后出塞》，《全唐诗》，中华书局 2003 年版。

隋唐时期，幽州经济走出了魏晋南北朝时期的低谷，得到迅速发展。据房山云居寺石经记载，丝织业已拥有一定规模，绫绢是当时幽州的土产贡品，幽州城内开设近30余家绢行，出售丝织品。战国时期，幽州就是桑蚕发达的地区，到了东汉至南北朝时期，中国正处于五千年来气候变迁中的第二寒冷期，这种气候的变化可能是造成这一时期桑蚕业逐渐衰退的重要原因。直至隋唐时期，中国古代气候开始进入第三温暖期，幽州地区的桑蚕业才重新恢复起来，促使丝织业繁荣。幽州丝织业经济实力虽比不上米行、肉行等，但行业分工很细，有小绢行、大绢行、绵行等等，每年都要向朝廷进贡绫、绵、绢等多种丝织品。

这一时期，最具代表性的丝织工艺就是双面锦和缂丝。隋唐时期刺绣工艺也发展较快，新创有直针、缠针和平金，以及齐针、套针、贴绢、堆绫和缀珠等技术。为了显示富贵，当时还流行在绫罗上用金银两色线来刺绣，或以金银色来描花，而铺绒绣技法已能表现颜色退晕和晕染的敷彩效果。

唐代丝绸图案也有许多新异的样式，特别精美。其图案组织有“陵阳公样”的对称式，有团窠式、散点式、几何纹式等。陵阳公即唐太宗（公元599—649年）时的窦师伦，曾创制了不少花式，有对雉、斗羊、翔凤、游麟等，一直流行了几百年。因窦师伦被封为“陵阳公”，这些花样就被称为“陵阳公样”。唐代还有一种“狩猎文锦”，团花之中有人物骑射、走兽飞奔，以及花草树木，而团花之外，又点缀串珠形图案，层次分明，十分流行。

唐代不仅丝织工艺有了进步，印染工艺发展到这一时期，蜡染、夹染、绞染等染色工艺也已经相当成熟，还兴起了多色染缬，汉代蜡缬的颜色多为蓝底白花，比较单纯，晋以后已能印出十几种颜色，至唐朝开始可以说就已经五花八门了。

（2）冶铸业的兴起

隋唐两朝，被公认为中国历史上最强盛的时代之一。随着国力的日渐强大，其冶铸业得到了大力发展。唐朝规定，除西、北边州禁止铁冶和采矿外，其余诸州出铜铁之所，听人私采，官收其税。据记载，唐前期有银铜铁锡之冶 168 所，在陕（河南陕县）、宣（安徽宣城）、润（江苏镇江）、饶（江西波阳）、衢（浙江衢县）、信（江西上饶）诸州有银冶五十八，铜冶九十六，铁山五，锡山二，铅山四。这是一个很粗略的统计，要比实有数少得多。唐宣宗时曾一次增铁山七十一，可见全国产铁处极多。

唐代幽州地区的冶铸业继汉魏之后仍持续发展。由于幽州是北方军事重地，所以无论是出征作战，还是从事农业生产，都需要大量铁器。据北京房山区云居寺唐代石经题记，当时幽州城内就有生铁行，还有铸钱的钱炉。幽州钱铸造精美，唐玄宗之世，安禄山曾以此作为贡品。从北京地区已经发现的辽金时期铁制农具来看，可以肯定唐代幽州地区铁制生产工具比汉魏时期更为普遍，而且形制也更接近现代农具。铁制工具的普遍使用当然是以发达的冶铸业为基础，同时也推动了冶铸业进一步发展。

（3）盐业等的发展

幽州属东北部沿海地区，是海盐产区，自古就有渔盐之利，盐业生产自秦汉至隋唐相沿不辍。开元时，幽州盐业生产是由官府经营的，为此，唐政府专门设置所谓“盐屯”，“每屯配丁五十人”[①]，显然是实行民屯式的官营制，以屯田收获的粮食来维持盐业生产。即使在“安史之乱”以后，藩镇割据，不再向朝廷缴纳盐赋，但盐业生产也没有罢废。

另外，唐玄宗天宝末年，身为范阳郡节度使的安禄山为邀上宠，向唐玄宗献金窑细胡瓶、银平脱胡平床子等金银器物，其中不乏幽州本地自造。也可以反映出当时幽州地区手工业的发达水平。

总体来说，唐代幽州结束了之前手工业停滞不前的状态，开

---

① 吉成名：“唐代盐业政策演变三阶段论”，《盐业史研究》，2000 年第 1 期。

始二百多年的繁荣发展，不仅仅因为气候原因使丝织业成为当时最发达的行业，其余产业也持续发展，例如盐业、冶铸业等都是当时重要的手工业种类。

唐代幽州地区是北方契丹、新罗、突厥、高丽等族与汉族杂居之地，后于公元938年改称燕京，成为契丹辽国的五座京城之一，其特殊的政治地位为北京手工业发展提供了更有利的条件，使得宋辽时期的手工业更加繁荣。

1.2.2 宋辽代燕京制造活动及其发展

宋辽两代，北京是维系北国、雄视南方的名城。契丹族建立辽政权，后晋石敬瑭把包括今北京地区的燕云十六州割让给辽。公元938年，辽升幽州为陪都，号南京，又称燕京，置析津府。辽有五京（上京临潢、东京辽阳、中京大定、南京析津、西京大同），其中以南京（即今北京）规模较大。辽在原幽州蓟城的基础上营建了皇城、宫殿。从公元938年到1122年，辽治幽州185年中，以“学唐比宋”为目标，农牧渔盐和织布烧瓷等手工业有较大发展。当时在燕京生活的不仅有汉族、契丹族，还有室韦、渤海、女真等许多民族，他们共同创造了这个地区的灿烂文化。北京地区现在还保存着不少辽代文化遗物，如广安门的天宁寺砖塔，就是辽代的杰出建筑。

燕京是辽代五京中手工业最发达的地方，不仅种类繁多，而且技艺高超，既供本地使用，也供应契丹内地，并且经常与北宋、西夏、高丽等地居民进行交换。手工行业除丝织、制瓷、煮盐等大的行业外，还有造酒、印染、金属加工、造纸、印刷、造船和各种工艺品制造业及建筑业。每个行业有许多作坊，在这些作坊中集聚着很多优秀的匠人及各种劳动者。除民间手工业作坊外，许多重要手工行业由皇室和官方直接组织，对于大的行业政府还设有官方专门管理机构。因燕京手工业种类十分繁多，以下介绍几种突出的手工行业。

（1）丝织业

从唐代开始，幽州已经发展成为丝织业的重要基地，它的产品不仅供应本地，还向北方草原输送产品和技术。在契丹人正式占领幽燕后，就更加重视发展该地区的丝织业。由于北京种桑很多，为养蚕业提供了条件，桑蚕业的发展为丝织业的发展奠定了基础。唐宋之际，河北的定州是北方重要丝织业中心，辽南京距离定州不远，因此便于吸收中原的先进技术，此外又吸收毛织技术，从而形成自己的特点。经过辽朝二百年的统治，幽燕地区丝织业有很大发展。从许多辽墓中出土的大量丝织品看，其产量多，种类繁，与中原制品比较还具有自己的特点。

与丝织业相符的丝织品加工和刺绣业也相应发达，当时的燕京专门设有“绣院”。从辽墓出土的衣物上可看到大都绣有精美的花鸟，尤其是绣全枝花、大牡丹花，绣工细腻，花样新颖。《契丹国志》述燕京：“锦绣组绮，精绝天下”。京绣将金银线用于刺绣，以显示金碧辉煌，贵重珍奇。金线是用黄金锤箔、捻线，材质贵重，工艺复杂，这种绣法在其他地区的绣品中是很少见到的。京绣是较早产生的刺绣派别之一，以北京为中心，辐射河北、天津等周边省市地区。在历史上大量京绣主要供奉宫廷帝王侯爵服饰之用，因而京绣又被称为宫绣。在京绣工艺中，是先用金银线来盘成花纹，然后用色线绣固在纺织平面上，这种绣法在中国绣品中是独一无二的，每件京绣工艺都显出皇室气派、贵重珍奇。

除丝织品外，辽代纺织业还有以麻和毛为原料的麻布和毛织品。燕京是桑麻的重要产地，其麻布制造比其他地区要多。燕京还设有“染坊”，管理织染行业。北京出土的《王泽墓志》中记载，王泽的父亲曾为燕京染院使，证明辽朝燕京织染业已具相当规模，其丝织业已经有了精细的分工。

（2）瓷器制造

随着辽国境内许多瓷窑遗址的发现，证明辽国本地瓷器制造已有相当高的水平和一定规模。早在1975年，北京市文物考古队在门头沟区龙泉务村发现了一处很大的辽代瓷窑遗址，即北京西郊龙泉务瓷窑遗址。龙泉务窑址是唯一一处从辽代早期到辽末金初最完整的制瓷手工业遗址。通过考古发掘，揭露面积达1200余平方米，发现窑炉13座，作坊2座，还有烘坯火坑、灶等多处遗迹，出土各类瓷器、工具、窑具8000余件。龙泉务窑址的发掘，填补了中国陶瓷史在研究辽代手工业生产方面的缺环，证实了辽代陶瓷手工业的中心在燕京地区（现北京地区）。

（3）金属冶炼和制造业

燕京地区的金属冶炼和制造业十分发达。从北京地区大量出土的铁器来看，当时冶炼和锻造技术都相当高，铁器的产量也很可观。金属制造技术较高，尤其是金、银、铜器的制作技术。北京房山北郑村辽塔中曾出土银碗、铜镜等多种金属器皿。尤其是祭奠佛教用的银宝花等，都十分精巧。

（4）造船业

辽代的契丹等民族很早就使用舟船，最早的船只称为“棱船”[①]。造船的技术也具有一定的水平，有的可用于海上航行，有的既可于水中航行，又有轮可以陆行。因此辽朝燕云地区由“东京”到“南京”的水陆交通事业得到了发展，并为了航运需要，开始制造大型海船。当时，燕京管内的宝坻就是大型造船基地之一。

（5）印刷和造纸业

辽代的燕京是整个辽朝文化最发达的地方，更是文人荟萃之地，频繁的文化生活推动了印刷和造纸业的发展。尤其是契丹大藏经在燕京的刻印和其他大量经书的印制工作的进行，把这里的印刷事业推向空前高度。从应县木塔所发现的燕京刻经证明了燕

① 曹子西：《北京通史》，中国书店出版社1994年版。

京地区的造纸业相当发达。

总体看来，燕京作为辽代帝国的南京，是辽代政治、经济、文化的中心之一。该地区手工业发展达到空前的繁荣阶段。其种类十分繁多，除以上介绍的几种之外，还有建筑业、造酒、印染、金属加工等很多门类。而在这一时期，由于手工制造业的技术、工艺以及制造规模有了一定的发展，因此从产业分类方面看，如果我们按照一些比较密切的技术关联关系划分手工制造活动的话，制造业、建筑业、冶炼业等均已具备了产业雏形，随着地区之间贸易和商业往来的频繁，手工制造的形式逐渐由手工作坊发展到官办手工业，为产业的形成起着推动作用。

1.2.3　金代中都的制造活动及其发展

辽末，东北的女真族崛起，建立金政权。公元 1122 年，金联宋灭辽，攻占燕京。燕京一度依约归宋，宋改燕京为燕山府，但只维持了 3 年。公元 1125 年，金再度攻占燕京，废燕山府，把原设在平洲的南京枢密院迁到燕京。公元 1151 年金海陵王诏议迁都燕京，按照北宋卞京的规制加以改造、扩建。公元 1153 年，金正式迁都，改燕京为中都，置大兴府。从此北京开始成为同南宋对峙的一代王朝——金的首都，共 63 年。金章宗为了改善中都南北的陆路交通，修建了闻名于世的卢沟桥。金在辽南京的基础上营建皇宫，并修建了一批离宫别苑。“燕京八景”就是在那时开始出现，留下了北京园林史上辉煌的一页。南宋范成大出使金，看到了中都宫殿，曾在诗中写道：“他日楚人能一炬，又从焦土说阿房”。以阿房宫比燕宫，可见宫殿之豪华。北京成为辽代陪都和金代中都，这个时期是历史上北京向全国政治中心过渡的重要阶段。

中都手工业发展迅速，主要生产部门有矿冶、采盐、纺织、造纸、印刷、陶瓷等，主要可分为五个部分：一是纺织及其加工业；二是交通工具及生活用具的制作；三是食品类；四是金属加工；五是印刷及文具类。它们继承了辽和北宋的技术，有些又有了新的发展，甚至在某些方面超出了辽和北宋的水平。

（1）纺织及其加工业

这一时期丝织业迅速发展，技术日益改进。女真灭辽和北宋后，更继承了辽和北宋纺织技术和工艺，纺织业得到了较大发展，如中都路平州的绫，又有了新的发展。当时，中都蚕桑业发达，纺织品发展很快。各种纺织品多用于制作服饰，其中皇室贵族的服饰制作考究，上面花纹图案精美繁密，绣法灵活多变，颜色丰富多彩，工艺水平极高。中都丝织品工艺水平也很高，以朝廷所颁官诰为最，从它的制作可看出当时的印染技术已经有了很高水平。1978 年，在北京门头沟区清水河畔的斋堂发现一座金代壁画墓。在人骨周围残留有彩绣花卉蝴蝶的棕黄色锦和黄锦残片，其精美程度表明当时的染色和纺织技术达到了很高的水平。

（2）交通工具及生活用具的制作

中都皇室贵胄生活考究，他们无论是衣冠穿着还是日常用品都极其奢华。为了满足皇室贵胄的奢华生活需要，中都出现了很多具有代表性的交通工具和生活用具。车具中以皇帝、皇后所用最具代表性。其规模之大，设备之齐全，装饰之豪华，都反映了中都发达的制车技术。除此，其他皇室成员及官员均有规格不同的专用车。除一般兽力拖动的交通工具外，御辇则是一种人力拽拉的交通工具，其精美华丽同样令人惊叹。另外皇家所用坐椅、鞍、伞、扇、床榻等都在中都有专门制作。

（3）制盐业及酿酒业

金代中都宝坻盐业极其兴盛，全国七个盐司，宝坻盐司为其一，它管理宝坻盐的生产，向中都居民供应食用盐。因为盐是日常生活的必需品，金王朝不准私人制售盐，由国家垄断经营，这给金王朝带来了巨额的财政收入。

酒在金代社会中具有重要地位。金兵在攻克北宋汴京时，掳获了大批宋人和物品北还，不仅把北宋的先进农耕文明带到北方，也把北宋的酿造酒和酒匠带到北方。这种南北的互相迁徙行为在巩固了金的统治同时，也促进了当时金人与汉人在农业方面的交流，加速了女真民族的汉化进程。而一般的女真族人在强行兼并、掠夺土地后，是不习惯农耕生活的，大多数是将土地租给汉族农民耕种，在很大程度上改变了女真人作物品种少、食物缺乏的现状。加之一系列的减税、免税、抗旱和政府组织捕蝗等积极措施，更加刺激了当时的农业发展，粮食作物不仅有麦、稷、稻、菽和荞麦，更重要的是高粱和谷物得到了规模化的种植。燕山东部南麓属温带大陆性气候，雨量充沛，土质肥厚，日照时间长，十分适宜农耕，尤其是适合高粱和谷物的生长。独特的地理位置和气候特征决定这里能生产质量优良的高粱和谷物，上好的高粱、谷物又是酿出美酒的最佳原料。女真人嗜酒，每逢节庆，必以酒助兴，开怀畅饮，醉倒方休。金代酿酒技术已有新的发展，从传统的温水法到蒸馏法是我国古代酿酒史上的一大进步。和盐一样，金廷对酿酒业严格控制，对私自酿造者严加治罪。

（4）金属加工

金中都的金属加工主要分为金银器的加工、铜器的加工和铁器的加工。由于居民日常生活、农作、军器制造等都用铁加工，故铁加工行业最为发达。铁质生活用具品种多样，在中都均有制作。铜器制造业是金代仅次于冶铁业的手工业，主要以制作青铜为主。初期，尽管铜的应用范围十分广泛，但金境内铜矿还是很贫乏的。正隆二年（公元 1157 年），海陵王于冬十月“初禁铜越外界，悬罪赏格。括民间铜器，陕西、南京者输京兆，他路悉输中都”[①]，大兴括铜之法。世宗即位后，更加积极筹措铜源，分别铸出大量的“正隆通宝”和“大定通宝”。大定二十七年（公元 1187 年），代州、曲阳两监岁铸钱已达 14 万余贯。大定

① 脱脱：《金史》，中华书局 1975 年版。

二十八年，上谓宰臣奏曰："今者外路见钱其数甚多，闻有六千余万贯，皆在僻处积贮，既不流散，公私无益，与无等尔"。由此判断，钱币铸造数量已足够当时社会流通之需，且后来章宗推行交钞"与钱同行"，可见到后来积累和采掘的大量的铜，只为铸钱已绰绰有余。有意无意中，铸钱的匠人们已有将余铜用作他途的"非分之想"。金银器是中都皇室官僚生活用具的装饰，也是他们佩戴的饰物。中都有专门行业制作这些金银器物。

（5）印刷业

中都文化发达，士子对书籍的要求促进了印刷、造纸业的发展。大定年间金统治者提倡汉文化，中都城很多印刷作坊转向刻印各种汉文典籍，如《诗经》、《春秋》、《左传》等，在一定程度上也促进了印刷业的发展。中都每年刻印大量书籍及其他印刷品，都需要供应大量纸张，说明当时的造纸业也很发达。

除以上列举的各种行业，金中都手工业还有许多其他种类，例如制陶业仍兴盛不衰。北京海淀区南辛庄金墓出土了一些白瓷碗、盘、注子、盒、盆、罐，"大都质量较高，胎质洁白细腻，釉色晶莹纯正；盘碗等器物制作时采用了复烧工艺"。其中有些器物制作十分精致，与河北曲阳县定窑遗址出土的北宋白瓷器的烧制水平不相上下。而在胎壁厚薄、釉色透明等方面甚至有所提高。

金中都手工业在吸收宋辽先进技术的同时，结合自身特点发展迅速，但多为皇室贵族们的奢侈生活服务。进入元代后，由于元朝赋予手工匠人的特殊地位，元大都聚集了很多来自各地的优秀匠人，促进了大都的手工业蓬勃发展。而后在金代的基础上继续拓展并逐步形成一定的规模。

1.2.4 元朝大都官营制造活动及其发展

蒙古军队于公元 1215 年破中都后，改中都为燕京。公元

1271 年忽必烈建国号为元，第二年改燕京为大都。燕京作为元的首都共 97 年。由于金中都已经焚毁，水源又不足，忽必烈放弃金中都旧址，以中都东北部残存的金朝离宫（今北海公园及附近一带）为中心，新建元大都城。元大都作为中国全国性政权的首都，开创了北京城历史的新纪元。元大都城就其建筑的规模、布局以及技术与艺术水平来说，都是当时世界上最先进的城市，也是举世瞩目的东方政治、商业和文化中心。意大利旅行家马可·波罗曾在《马可·波罗游记》中对大都城赞扬备至，他说，大都城“皇宫大殿宏伟壮丽，气势轩昂……设计合理，布局相宜，非常美丽，建筑艺术的巧夺天工，可以说到了登峰造极的程度”。大都与西域、中亚以至欧洲，有频繁的贸易往来和文化交流，海运也愈益发达。从黄仲文撰写的《大都赋》中，可以想见元大都富庶豪华的情景：“论其市廛，则通衢交错，列巷纷纭。大可以容百蹄，小可以方百轮。街东之望街西，彷而见，佛而闻；城南之走城北，去而晨，归而昏。花区锦市，聚万国之珍异；歌棚舞榭，选九州之秾芬。”经济的繁荣促进了科学文化的发达，元代大都重要的科学技术成就，主要是同著名的天文学家、水利学家郭守敬的名字相联系的。郭守敬引白浮泉水入大都，解决了大都的水源问题，又修凿通惠河，使得船只可以直达城内海子（又称积水潭，即今什刹海）。他参与创建司天台，经明代迁建及清代重修，即现在建国门附近城墙遗址上的古观象台。大都城是元杂剧的摇篮，元曲名家关汉卿、王实甫、马致远都是大都人。具有强烈反封建礼教色彩的杂剧《西厢记》是王实甫的名著。

（1）元朝大都制造活动的发展

大都是元代北方最大的手工业中心，其手工业种类有建筑业、丝织业、制毡业、采矿业、冶炼、军器，以及酿酒业等。此外，郊区宛平的银矿、西山的煤矿、羊山的烧炭、四窑场的琉璃瓦等，也远近闻名。这期间出现了不少新技术和新产品。例如，丝织业中有纳石失（一种织金绸缎），冶炼业中出现了镔铁（特种钢），酿酒业中生产了阿剌吉（烧酒）等。这些新产品新技术的采用，主要是迁移到大都的兄弟民族工匠带来的。例如，阿剌吉酒原是波斯、阿拉伯的产物，这一时期传入我国，大都大规模进行生产。这是我国酿造史上的一大革命，影响较大。下面介绍主要的制造行业发展情况：

1）丝织业。居住在北方草原地带的游牧民族，喜欢豪华装饰，酷爱丝织品，尤其是织金织物（也称“纳石失”）。自蒙古族人入主中原后，用武力征服了欧亚广大地区，搜刮到大量黄金，并把各地掳掠的织技工匠集中起来，进行大规模的生产。元代织染机构规模相当庞大，全国各地织染局有几十处。仅北京就有大都毯局、大都染织提举司；大都人匠总管府下设有绣局、纹锦总院、涿州罗局。忽必烈时期，又将专门生产中亚风格的别失八里的织工迁到元大都，织造各种金绵彩缎。马可·波罗曾描写大都“每日有丝车千车入城”，以每车500斤计，则达50万斤供制作绵、绸、绢、绫用。元代蒙古贵族不仅衣着华丽的织金锦，在日常生活中的帷幕、茵褥、椅垫、炕垫，甚至军营所用帐篷也是由织金锦做成。元代统治者在“共享富贵”的思想支配下，每年赏赐给蒙古贵族、文武官僚及臣属丝织品达到数万匹。在民间，由于丝织用金过多，以至于元政府多次明令禁止织造、出售织金织物。中国传统的丝织工艺与西域金绮工艺的交流，客观上造成了元代织金技术的空前发展，使蒙元时期的丝织物带有非常明显的异域风格。

2）制皮制毡业。由于蒙古人世居漠北草原，其服装多用皮制，入住中原后，习俗未改，所以制皮、制毡技术随之传入大都。制毡业和染毡技术都达到较高水平。毡业是蒙古族传统、特色手工业。各种毛织品深得蒙古族人民喜爱，被广泛应用于生产、生活各个方面。入主中原后，蒙古族统治者为保持本民族特色，很重视毡的生产。与之相同的还有制皮业。工部辖大都皮货所，大都留守司辖甸皮局等均是制造皮革的专职机构。其中甸皮局“岁办熟造红甸羊皮二千有奇”①。

3）制珍玩业。制珍玩业的匠局在大都官营工业生产系统中也占有重要的地位。这些金玉珍玩，制作技艺十分复杂，并且没有固定的格式，而根据统治者的随时需要来定。除金玉珠宝等制品外，有些高级御用品还采用了特殊的工艺加工程序。

4）制军器业。制军器业也很发达，特别是在蒙古帝国对外扩张时期，以及忽必烈继位之后更是如此。元大都的官营矿冶业生产规模和水平超过了以往各个朝代。从冶炼技术来看，其水平也很高。由于大都冶铁技术的不断进步，社会上铁器的使用更为普遍。大都各匠局对其他金属的冶炼、铸造，其规模和水平都相当可观。例如英宗建大寿安山寺，其规模之大，在北京地区的冶铸史上绝无仅有。充分表现出大都官营匠局的雄厚生产实力。

5）酿酒业及其他行业的发展。供皇室消费的高级酒类亦是大都官府手工业生产的重要产品；众多食品诸如面粉、砂糖等加工、制造也是须臾不可或缺的内容；一些精美器物、器皿的打制以及书籍印刷业都是大都官府手工业的重要组成部分。除此，建筑业在大都也占有极为重要的地位。

（2）元朝官营手工体系的建立

蒙古人属北方游牧民族，向来轻视农业，然而对手工业却非常重视，蒙古帝国在对外扩张之初，就给予手工工匠以特殊地位。当其攻城略地，抢夺财富和人畜时，对手工工匠的搜求极为重视。在屠城时也唯有手工匠可以幸存。经过多年的征服和掠夺，大都汇集了众多优秀的工匠，并逐步建立了一支规模庞大、工匠众多、生产种类完备的官营手工业队伍，为手工业的发展奠定了基础。蒙古人入主中原不久，就设立了两个工匠总管府。窝

① 刘莉亚、陈鹏：“元代私营手工业初探”，《河北师范大学学报（哲学社会科学版）》，2003 年第 5 期，第 122—128 页。

阔台汗（公元1229—1241年）时期，大都的手工匠越聚越多，为了监督众多工匠进行生产，蒙古政权在大都设置了一些官衙。这一时期是燕京地区官营手工业的初创时期，虽人数众多，却没有构成完备的生产体系。忽必烈继位后，大都地区的官营手工业体系得到进一步完善。首先是继续不断增多工匠人数，除一般的工匠外，元廷还不惜代价四处搜罗能工巧匠；其次是手工业管理机构的增设及其同属系统日渐完备。从手工业的管理机构来看，主要有工部、将作院、大都留守司等。如按服务范围或对象划分，上述机构又可分为工部与内府（包括将作院、大都留守司）两大系统。在两大系统下，又有众多分支机构，生产的内容亦是五花八门。这些官营手工业机构中，集中了大量优秀的工匠，构成了一个十分完备的生产体系，其规模之大，生产功能之全，都远非此前的任何一个朝代的同等机构所能比拟的。并且在北京地区的手工业发展史上，也占有独特的地位。

1）官营手工业的特点。元代的官营手工业的特点是中央政府组织并控制了数量庞大的官府手工业机构，囊括了几乎所有比较重要的手工业部门。这些手工业有的就是在大都直接经营的。大都官营手工业，不论其机构设置、工匠配备，还是生产规模、原料供应、产品质量以及生产的稳定性都是其他地区、其他经营性质的手工业难望其项背的。元大都又是皇亲国戚、权要人物以及国家最高级衙门所在地，政府的消费集中于此，为了尽可能满足统治者必要的和奢侈性的消费，元政府经营着极为庞大的手工业体系。它是元朝官府手工业的重要组成部分。

2）官营手工业体系。元大都的官营手工业系统隶属于中书省，中书省由将作院、大都留守司，以及宣徽院、中政院、储政院等机构及下辖的各种府、司、局、场等衙门所组成。在这些官衙中，元朝政府设置了达鲁花赤、总管、提举等各级官吏以便对工匠进行管理。总体来说，可分为三大系统，分别为工部、内府和武备寺。工部职责为：制定国家手工业政策、法令；拨付生产物料；制定产品标准式样；任命匠官等总揽全局宏观的事务。实际上工部亦直接实施造作，其下属有许多生产部门，其中最多的是生产高级丝织局原院。内府系统主要包括将作院、大都留守司等部门。这些机构以皇室为服务对象，故生产中多限于提供满足统治阶级奢侈生活需要的物品。① 武备寺是元代军器生产管理部门。此外，诸如户部、礼部等机构下也有一些手工局院的设置，数量不大，但作用不可小觑。需要注意的是这些机构并不都设置在大都，而是全国各地均有分布，但结构错综复杂，冗余庞大，无法明晰。

3）官营手工业系统的管理措施。元大都的官营手工业系统有着严格的设置，政府也十分重视对官营手工业的管理，将其重点放在生产的各个环节，制定了一套内容非常具体的管理措施，包括对工匠人手的确定、征用及技艺培训，生产过程的组织与管理，产品质量的验收，工期的限定及手工业品的运输等等。其中许多措施是为了保证官营手工业正常生产的必不可少的条件。与此同时，在官府手工业内部也存在一些严重的问题，例如机构重叠混乱、官员贪污腐败、残酷剥削工匠等，都在不同程度上影响了管理质量并阻碍了手工业进一步发展。

大都官府手工业以皇帝和各级官吏为服务对象，是以满足他们必要的乃至奢侈的需要为目的组织起来的，最受统治者重视。因此，这一类型手工业在工匠配备上是优中择精，汇集了大量能工巧匠；在机构设置上，除工部外，还设置了专门以“供御者”为目的的将作院、大都留守司等机构；在行业上，更是集制造精细、优质手工业品的多种生产为一体，内容丰富、涉及面广，投入了全国大量的人力、物力、财力。除了官营手工业外，大都还有许多私营手工业，例如纺织业、造酒业、采矿业、文具生产、日用品生产等都起着重要的作用。但不论从生产的品种或是数量

① 刘莉亚：“元代手工业研究”，河北大学博士学位论文 2004 年，第 10—19 页。

的多少等方面而言，比起繁荣的官营手工业来，私营手工业都与之有着极大的差距。

总之，元大都的手工业以官营手工业为主，其规模之大是空前的，一代代优秀的工匠聚集在这里，用他们的辛苦劳作和聪明才智使当时大都的手工业空前繁荣，但这也与元政府的管理制度有密不可分的关系。两者相得益彰使元大都的官营手工业不光是品种繁多，工艺高超，规模宏大，且建立了一个完整的体系，有力促进了手工业的发展。虽然某些不当的管理措施在一定程度上阻碍了手工业的发展，但整体上却是功不可没的。到了元末明初，因统治者残酷的压迫和剥削，北京地区的手工业发展呈衰弱状态，后因明成祖迁都大兴土木才在一定程度上促进了手工业的恢复和发展。

1.2.5 明朝北京制造活动及其发展

公元1368年，明太祖朱元璋派大将徐达率军队攻入大都，拆毁了大部分宫殿，改称北平府。1403年，明成祖改北平府为北京，设顺天府，北京之名就从这时开始。1421年，明成祖正式迁都北京。北京成为明朝的帝都，共224年，对于统一的多民族国家的巩固和发展，对于北京城市本身的发展，都有极其重要的影响。明朝的北京城，是在元大都的基础上改建的。明初，把北城墙南移5里，移至今德胜门、安定门一线；后又将南城墙南移2里，移至今宣武门、正阳门、崇文门一线。外城则是1553年至1564年明廷为加强北京城防而增筑的。明北京保持了元大都的中轴线，比元大都更为雄伟壮丽。从内到外，是紫禁城、皇城、内城和外城。紫禁城沿用元代大内旧址，而稍向南移。红色的皇城城墙，把整个紫禁城、西苑、南内、万岁山（今景山）统统包围起来，紫禁城外，皇城之内，分布着为皇家服务的各种管理机构、作坊、仓库和工局。紫禁城南面（今天安门与正阳门之间)，对称地分布着皇朝政府各部衙门。这里老百姓不能涉足。明朝还修筑了长城，北京现存的八达岭、慕田峪、金山岭等长城，基本上都是明代将领戚继光等督众修筑的。明代著名的民族英雄于谦、袁崇焕都曾凭借北京城墙，先后抵御并击退了蒙古瓦剌军和后金八旗兵的扰犯。清朝和民国时期的北京城市建设都是在明代奠定的基础上进行的。

北京的手工作坊，初期大部分是征匠官营的。随着明代商品经济的发展，逐步被雇工生产代替，私营作坊如磨坊、酒坊、机坊、染坊、铜作坊、铁作坊等开始发展起来。原来只供皇家贵族享用的手工艺品，如雕漆、宣德炉、景泰蓝等，也开始为民间作坊生产。北京郊区的煤窑、官营矿场也日渐衰落，私营矿场日益代之而兴。城内，除了繁华的综合商业区外，还形成若干专一商品的交易区，如骡马市、驴市、羊市、猪市、米市、果子市、菜市等。今天，人们还可以从《皇都积胜图卷》中看到当时正阳门外商业繁荣的情景。

(1) 官营手工业

明代前、中期，官营手工业在整个手工业生产中占重要地位，并实行严格的匠籍和匠户劳役制度。但到中期以后，官营手工业衰落，匠籍制度瓦解，匠户劳役渐为征银代役取代，这有利于手工业生产的发展。明代官营手工业中矿冶、陶瓷、丝织、造船、制盐、印刷等行业的规模和工艺比较突出，明代初期，官营生产在矿冶业中占主导地位。铁冶是官营矿冶业中规模最大的，官铁冶业的设备和生产技术也达到很高水平，并有烧炭、淘沙、铸铁、炒炼等专业分工。明初官营造船业十分发达，各海运交通要口、对外贸易基地以及海防驻军处所，大都设有规模不等的官办造船厂。

1) 矿冶业。明代初期，官营生产在矿冶业中占主导地位。官矿有金、银、铜、铁、铅等种类。其中，金、银、铜、铅在明初产量虽不多，但对各地人民的苛扰却极为严重，尤以金银矿最为民害。洪武时，太祖“谓银矿之弊，利于官者少，损于民者多”，对官营矿场有所控制。

铁冶[①]是官营矿冶业中规模最大的。洪武十八年（公元1385年），因官府存铁已多，一度下令停闭各处铁冶，但不久又陆续恢复。洪武二十八年（公元1395年），内库贮铁多达3743万斤，因再罢各处官冶，“令民得采炼出卖，每岁输课三十分取二”。然而到洪武三十一年（公元1398年），就又以内库贮铁有限，而营造所费甚多，命重开铁冶。官铁冶业的设备和生产技术也达到很高水平，并有烧炭、淘沙、铸铁、炒炼等专业分工。官矿冶业的劳动者是从匠籍人户中征调来的。被征调者原来负担的税粮照旧输纳，只免除杂役（有的只半免），还要自备生产器具。这对劳动者来说显然是一项沉重的负担，故千方百计躲避以致逃亡。因而官矿冶的生产效率是较低的，往往无利可图：“山泽之利，官取之则不足，民取之则有余”。十余年中，官矿屡停屡开。宣德十年（公元1435年），命全面停罢金、银、铜、铁官矿，令民自采炼，使矿冶业进入民营并占主导地位。官营矿冶虽不久即告恢复，并一直维持到明末，但生产量日渐萎缩，有的终至关闭。

2）丝织业。明代的官办丝织业由隶属于内府的内织染局和工部的外织染局构成，由设在南京的供应机房和神帛堂以及各省地方的织染局等许多官设机构分别管理。其中，内、外织染局是明中央所辖的两个主管织染机构，“内局以应上供，外局以备公用”。成祖迁都北京后，新设一应官僚机构，内织染局仍为内官八局之一，于是又有了南北内织染局之分。南京内织染局的任务是织造上用缎匹和各色绢布、文武官员诰敕以及龙衣、各种贮丝纱罗绫织物等项。北京内织染局主要织造御用及宫内应用的缎匹绢帛之类。

---

① 明代傅浚：《铁冶志》二卷，齐鲁书社1996年版。

南北内织染局虽有任务分工，但北局织造能力不如南局，因而原来由该局负责织造的缎匹后逐渐改由南局及地方织染局承造，匠官及铸造工匠人数都不断减少。据历朝实录和会典记载，北京内织染局匠官人数，成化二十一年（公元 1485 年）时为 110 人，隆庆元年（公元 1567 年）减到 87 名；工匠人数，嘉靖四年（公元 1525 年）有军匠 2164 名，嘉靖十年（公元 1531 年）减为 1317 名，嘉靖四十年（公元 1561 年）有 1461 名，隆庆元年（公元 1567 年）军民匠共有 1343 名。

外织染局是相对于内织染局而言的俗称，其正式名称是工部织染所，亦有南北之分。北京工部织染所主要染练绢帛，十年一题，染练阔生绢 15 万匹，其中供用绢 3 万匹、用熟绢 12 万匹。万历时，上用绢改由顺天府、大兴两县变染，织染所仅染“赏夷净衣绢布”，每年题造两次，每次皆有定数，所用丝、绢由内承运库放支。北京工部织染所的匠役永乐时设 758 名，成化年间仅存其半，嘉靖时更减到 195 名。匠役的不断减少，表明该所到后来已经形同虚设，其地位也就越来越低。

3）造船业。明初官营造船业十分发达，各海运交通要口、对外贸易基地以及海防驻军处所，大都设有规模不等的造船厂。其中南直隶的龙江、太仓、清江、仪征，山东的临清、登州，北直隶的直沽（天津），辽东的金州、海州，广东的广州、潮州，福建的漳州、泉州、福州，以及浙江的明州（宁波）等处，更是著名的造船基地。官营船厂由于集中了大批技术高超的工匠，又不计较成本，所造船质量很高。英宗以后，因不复有官方的大规模航海活动，禁止再制造宝船，官营造船业逐渐衰落。另一方面，随着海外贸易的发展，民间造船业自明中期以后迅速勃兴，出现了不少规模较大的民营船厂，其中的工匠不少是从官营船厂中网罗来的，这使民间船厂可以大量运用官营造船厂的高超技术。

4）制盐业。制盐业历来受政府的严格控制，是典型的官营手工业。明代食盐生产者均另编户籍为“灶籍”，和匠户一样，世代承袭，不准随便改籍。这些灶户除元时遗留下来的以外，又有从民户中拨充和因罪发遣煎盐的。

盐务由户部统管，又在各产盐区设都转运盐使司，其下又再设分司、盐课司等机构，以管理食盐的生产和盐课征收事宜。盐场灶户亦有组织，称为“团”，相当于民户中的里甲。明朝政府核定各地岁办盐课的定额，一直落实到户，称为“正盐”，计正盐一引（400斤）给工本米一石。纳课以外多余的部分称为“余盐”。灶户对余盐也不能自由处理，而要送交官府，以200斤为一引，官给工本米。明代盐课屡有调整，这笔收入仅次于田赋。

明中期以后，由于商品经济的发展，盐业也起了某种程度的变化，主要是盐课折银，使灶户在生产和流通过程中获得了一定的自由。与市场的联系加剧了灶户的贫富分化，许多贫户丧失了草荡、盐田，生活无着，不得不流入城市另外谋生；而留在盐区的贫灶或无产者，不少人变成了富灶的家佣或商人安置在盐业生产中的直接生产者。这些都显示出灶户内部的阶级分化与官府控制力量的削弱。

5）印刷业。明代中央政府的印刷机构主要有司礼监和国子监，此外如礼部、户部、都察院、大理寺、兵部、工部、钦天监等部门也都印制过与各自业务有关的书籍。司礼监印书的机构为经厂库，设提督总管总理，下设“掌司”若干，专掌内府书籍的印刷和管理，曾经刻印过《佛藏》、《道藏》、《番藏》等经书以及由皇帝批准印制的其他书籍。嘉靖初年，司礼监有刻版工匠350名、刷印工匠134名、擢配匠189名、装订工匠293名，此外还有制笔、制墨等工匠数十名，可见当时内府印书规模之大。

国子监南北两监均有刻书，以南监较多。据明代周弘祖《古今书刻》一书记载，南京国子监前后刻印过的书籍达271种，其中有许多是利用其所珍藏的宋元书版印制的。北京国子监刻书“多据南监本重刻”。最著名的有《十三经注疏》和“二十一史”等，均刻于万历年间。

明朝藩府刻书亦多，尤以嘉靖、万历年间最为兴盛。最著名的有周、蜀、庆、宁、楚等王府，其中周、蜀、宁三府刻书延续了 200 年左右。刻书数量最多的为南昌宁王府及其后裔戈阳王府，据有关资料，前后共刻书 137 种；其次是蜀、周、楚府，都有数十种。明代只有少数藩府没有刻书的记载。藩府刻印的书籍门类庞杂，经、史、子、集以外，还有当朝的律典以及医学、佛经、道经、棋谱、琴谱、茶话、法帖、地理、花卉、小说、人物传记等种类，有些相当珍贵。

（2）民间手工业

明中期以后，商品经济趋于繁荣。匠籍制度的解体使手工业者基本获得了工作自由，民间手工业随之发展起来。到嘉靖、万历时期，民间手工业已居于手工业生产的主导地位，在生产技术上取得了长足进步，生产的商品化程度也空前地提高了。

1）棉纺织业。明代植棉推广，棉布成为人们普遍的衣着用料，因而棉纺织业得到迅速发展。棉纺织在明代已是许多地方十分普及的农民家庭副业。明代北方已推广植棉，到中后期又兴起一定规模的棉纺织业，以致使南方的棉布失去了一部分市场。如万历《嘉定县志》说：“今北方自出花布，而南方织作几弃于地矣。”

明代棉纺织不但在地域上推广，生产工具的改进和技术的提高也相当突出。如轧棉剥子用的搅车碾轴在元代还是木制的，明初改进为铁制。后来又进一步改造，使原来“二人掉轴，一人喂上棉花”变为仅用一人即可操作，“以一人当三人矣”，生产效率因此而提高不少。此外棉纺织业的发展，还引发了与之相关的一些手工业部门如棉布染织业的兴盛。

2）纺织业。明代的民间丝织业亦以长江三角洲为著名集中地，尤以南直隶的苏州府、浙江的杭州府和湖州府即江南三吴之地最为发达。另外，作为政治经济中心的北京，其丝织业也得到了长足的发展。

明代的丝织工具有了许多改进，大大提高了生产效率。此外，每种织机在构造上都有自己的特点，说明当时织造不同的丝织物已各有专门的织机。

明代丝织技艺的进步一方面使丝织产品更加美观、华贵，出现了许多名品、精品；另一方面，则是很多产品向着更加结实耐用，适合普通消费者需要的大众化方向发展，从而使丝织品走出了皇帝、贵族等少数人的圈子，成为销路广远的市场商品。

3）印刷业。印刷业在这一时期颇为活跃。明代，民间刻书的风气较宋元更盛，南、北二京以及苏州、徽州、湖州等地成为新的出版中心，出现了很多书坊。这些书坊大都由商人经营，雇工刻印，所出书有经史、诗文集、戏曲、小说、时文、医书、琴谱、尺牍、启蒙读物及各种日用杂书等。坊间刻书之外，又有不少文人私家刻书，此类刻书习称家刻或私刻（与官刻对称）。到明后期，受商品经济发展的影响，有的文人刻书也有向商品转化的倾向。

明代印书仍以木刻雕版为主，但中后期活字印刷有所发展，木活字、铜活字、锡活字、铅活字都曾加以应用，以铜活字的应用较广泛。

4）特种手工艺品的发展。明初为营建北京宫殿从全国征调的大批手工艺匠人，其后有不少人留居北京，他们把各地的优良传统手工艺技术，如塑工、玉工、雕工、漆工、镂铜工等技术也带到了北京，供宫廷驱役，为皇宫制造精美的珍玩和艺术品。这极大地促进了北京特种手工艺品的蓬勃发展。

手工业中的特种工艺、北京金属铸造工艺，在全国冶金史上具有辉煌成就，而且工艺精细，艺术价值较高，如香炉、镂金器物等，都十分精巧。

明宫廷“果园厂”雕漆工艺源于浙江嘉兴，是专供宫廷享用的名贵产品，雕漆、填漆、戗金产品富丽精美。

北京也是著名的玉器产地，同时西域与于阗（指现在的新疆和田地区一带）等地也纷纷向明宫廷贡玉，不仅玉质精良，而且雕琢细巧，技艺俱臻。

另外，明代中期，随着商品经济的发展，原来只供宫廷贵族赏玩的特种工艺品在北京的私营作坊中也开始制作出来。除以上手工艺品在民间的制作以外，还有烟火、花灯、风筝、风车等北京民间的艺术精华，也为明代手工业的发展锦上添花。总之，明代特种手工艺品种类繁多，绚丽多彩，技艺精湛。很多艺术精品都驰名国外，畅销全国，反应了工匠们的聪明才智和辛苦劳作。

总而言之，明代北京手工业在初期呈现衰退现象。在永乐帝迁都北京后，客观上刺激了手工业的恢复。后明廷为了调动工匠们的积极性，采取了一系列政策措施，也促进了手工业的发展。明代手工业仍然以官营手工业为主，行业种类繁多。在其发展的基础上，明代北京的特种手工艺品制作达到了较高的水平，如景泰蓝等艺术精品都反映了当时手工业的发展水平。进入清代以后，北京手工业发展到一个新的繁盛阶段，在各个方面都表现出与以往不同的特点。

1.2.6　清朝北京制造活动及其发展

公元 1644 年，满洲贵族与明山海关总兵吴三桂相勾结，进攻农民军，李自成失败，清王朝定鼎北京。继元、明之后，北京再次成为中国统一的多民族国家的政治中心，作为中国最后一个封建王朝的都城，历时 268 年。清代北京手工业，在传统的基础上发展到了一个新的繁盛阶段。在生产水平和组织形式方面，都表现出以前任何朝代没有的一些特点。这与当时全国经济的发展有关，也离不开北京本身具有的特殊条件。诸如民族文化的交融，南北工匠的汇聚，一些西方技术的传入都在不同程度上刺激和推动了手工业的发展。

宫廷和官办手工业在清代北京的制造业中占有重要地位，其规模较明代有过之而无不及。清代将明北京的官营手工业改隶于内务府和工部等官署。内务府在京设有内织染局、广储司七作，包括银作、铜作、染作、衣作、绣作、花作、皮作。营造司三作，包括铁作、漆作、炮作。工部在京设有五大厂、五小厂和外三厂。

清代匠役制度，较之明代有所改进。主要表现在取消工匠世袭和轮班制度，并将各省折工价银归入地丁银征收。从而减轻了工匠的经济负担和人身束缚。新的雇佣匠役制度是商品经济发展的一种表现，也有利于宫廷手工业与民间手工业的交流。

（1）丝织业

清代北京的丝织业仍分官营和私营两大体系，《清会典》载："织造在京有内织染局，在外江宁、苏州、杭州有织造局，岁织内用缎匹，并制帛诰敕等件，各有定式。凡上用缎匹，内织染局及江宁局织造；赏赐缎匹，苏杭织造。"雍正年间，清政府在京畿一带推广种桑、养蚕。北京织染局曾从四川、江浙雇来工匠，教授纺织之法。学徒领悟，如贡缎、江缎、大缎、浣花锦、金银罗绢等均能仿造。康、雍、乾（1662—1795 年）时期是北京织绣的鼎盛时期，在继承明代艺术程式基础上，追慕唐宋遗风，织绣纹样精美，色彩和谐丰富。到了晚清，织绣流于匠气，但仍不乏精美绝伦的珍品。

仅从北京德胜门外冰窖口公主坟清墓出土的花缎罩、白塔寺出土的十余件织绣品、北郊四道口清墓出土的 22 件织绣品即可以看出，清代出土织物品种齐全，形制丰富，有不少卓具工艺价值和审美情趣的织绣品。

北京地区清代传世织绣品更是不胜枚举，如现藏于北京艺术博物馆、具有新疆风格的织金簇花栏杆回回绵，用圆金、片金及孔雀羽 3 种线织就的普蓝地织金云蟒海水妆花缎坐褥面；现藏于雍和宫的深杏黄色妆花缎乾隆朝袍、乾隆御用锁子纹织金锦盔甲；以及现藏于首都博物馆的绛色缎绢米珠绣云龙海水江牙纹嘉庆皇帝早期龙袍等。

清代由于江南三织造的崛起，北京地区织绣生产规模虽略小于明代，但基于悠久传统的陶冶和工艺的精进，其织绣品日臻完美，尽显风韵。

（2）工艺品制作

清代工艺品的制作分为宫廷制作和民间制作。其中，宫廷手工业的成就主要表现在工艺品制造方面。主要工艺品有景泰蓝、玉雕及漆雕。

除宫廷制作外，北京民间工艺制造在清代也极兴盛。一些如通草花、荷包、宫灯的大众工艺品深受民间喜爱。由于当时妇女以戴花为风尚，造花业最为发达。北京生产的纸花，不但满足皇室、王府和各阶层的需要，还畅销全国各地。

清代北京民间工艺品的发展，与宫廷工艺技术的传播有很大关系。深宫的技艺一旦传入民间就获得了新的生命，并迅速在民间开花结果。最终逐渐取代宫廷作坊。

（3）景泰蓝

也称“铜胎掐丝珐琅”，因其釉料颜色主要以蓝色（孔雀蓝和宝石蓝）为主，又因其最初兴盛于明景泰年间，故称为景泰蓝。景泰蓝最后一个繁荣期便是乾隆时期。当时烧制大型景泰蓝的技术迅速提高，数量显著增多，高大的屏风、宝座，技术高、难度大。清乾隆三十九年（公元 1774 年）和乾隆四十七年（公元 1782 年），曾烧制两批十二座高大的珐琅佛塔，分别陈设于宫廷的佛堂内，塔高均在 230 厘米以上。这在以前的工艺制作中是不曾达到的一个纪录。

在乾隆年间，把古代书画作品巧妙地运用到掐丝珐琅制品中，是一种新的尝试。如《明皇识马图》，是以唐代大画家韩干的《明皇识马图》册为蓝本烧制的。画面上的色彩皴擦点染，乃至题跋和钤印均仿造绘画的效果，人物和马匹的不同姿态各具传神之妙。《五岳图屏风》，以紫檀木为边框，分为五扇，高近300厘米。画面以掐丝珐琅分别刻画东、南、西、北、中五岳。峰峦叠嶂，青绿苍茫，气势雄伟，堪称清宫造办处的杰作。

此外，用掐丝珐琅工艺仿制瓷器，是一种新的表现形式。铜胎掐丝珐琅制品的造型和纹饰，借鉴其他工艺门类是比较普遍的，但仿造瓷器的效果还是前所未有的。

乾隆皇帝嗜古，常常要求把古代青铜器等的造型运用到珐琅制品中，制作仿古尊、彝、鼎、卣、觚、篦等古代礼仪器的造型和图案。这一时期，用各种动物形象作器型的制品也显著增多，除明代传统式样的狮子、仙鹤等形象之外，还出现了犀、象、羊、兔、天鸡等造型，颇有新意。

乾隆时代的景泰蓝工艺相当发达，景泰蓝制品已应用于宫中生活的众多方面。图案内容更加丰富，并把绘画晕染的技法融会于珐琅制作之中，增加了艺术表现力。珐琅的釉色增多，出现了黑、粉红等色。铜胎制造均很规矩，掐丝起线粗细均匀流畅，填釉饱满蕴亮，镀金光泽灿烂。部分作品采用捶提起线的技法，颇为新颖，展现出中国历史上铜胎掐丝珐琅工艺的最高成就。

（4）玉雕

在玉雕漫长的工艺发展历程中，明清时期，玉器开始形成了固定的流派，即南玉作、北玉作。南玉作以苏州、扬州为中心，北玉作以北京为中心。清代，大批南玉作能工巧匠来到北京，形成了集两家之长，融南、北玉作之美的北京玉器。

清代玉器的发展提高，主要在康熙、雍正、乾隆年间，尤其是乾隆皇帝在位的60年中，品种、数量之多，作品样式之繁，琢玉技艺之精湛都已达到空前的境界。这主要表现在大件玉器的雕琢上。

乾隆二十八年到三十四年（公元1763年至1769年），由造办处玉作碾琢成重5000斤的云龙纹大王瓮，这是清代碾琢巨型玉器的首次尝试，为其后大玉的制造积累了经验。这以后，乾隆年间，巨型的玉雕作品《关山行旅图玉山》、《大禹治水图玉山》等玉雕巨制又相继制作完成。

能有这样的巨制，要具备很重要的客观条件，那就是玉料的来源地更加广阔。清乾隆二十年（公元 1755 年）和二十四年（公元 1759 年），平定了准噶尔和回部叛乱之后，清政府稳定了对该地区的统治，也包括对玉产地的控制。当时玉人所采之玉，要作为贡赋每年春秋两次上交官府。弘历诗中曾写到："于阗采玉春复秋，用作正赋输皇州。"

贡玉数量逐年增加，到乾隆三十年（公元 1765 年）后，每年多达二三万斤。其中包括叶尔羌玉。该玉储量大、体积大，这为雕制大件玉器提供了原料。据清宫造办处档案记载："乾隆四十一年（公元 1776 年）六月初九，谨奏：现在送到大玉六块，内五千斤一块，经如意馆料估，画样呈览，做玉瓮一件。"其他如《大禹治水图玉山》也重逾万斤，《会昌九老图玉山》重约 5000 斤，《丹台春晓图玉山》、《关山行旅图玉山》均重千斤和数百斤。这些巨大的玉料均采自叶尔羌的密勒塔山，这使工匠们制作大件玉雕成为可能。

清代琢玉的用料对质地的要求也更加严格。主要采用新疆和田地区和叶尔羌地区产的优质玉料，主要以青玉、碧玉、白玉、黄玉、墨玉为主。但羊脂白玉仍是玉中极品，能工巧匠们因材施艺，创造了不少旷世绝作。

值得一提的是，白玉错金嵌宝石碗的纹样仿照了"痕都斯坦玉器"的风格，但形制与制作技法仍具有中国传统特征。两者的区别即在于宝石镶嵌技法，前者表现出宝石周围的错金轮廓线极细，几乎和玉地表面相齐。而后所表现出的宝石边缘突起的错金轮廓线一般均较粗，高于玉地表面。可见，清代琢玉工艺不仅借鉴了域外的文化，而且还有所创新和提高，错金镶嵌技术已经达到了相当高的水平。

（5）漆雕

雕漆是北京特有的工艺。清代的雕漆工艺纹样更加细腻华贵，往往集绘画、雕刻和漆饰工艺于一身，创作出了难得的精品。

雕漆有金属胎和非金属胎两种，前者是珐琅里，后者为漆里。雕漆的颜色有红、黑、黄、绿等多种色彩，其中以红为主，所以雕漆又叫“剔红”。但清代的雕漆工艺最大的成就还不是“剔红”，而是“剔彩”。重色雕漆当时很流行，但色彩和雕刻技法都比明代有很大的进步。漆色虽仍以红、黄、绿等为主，但较明代更加丰富多彩，同为黄色，开始有了正黄、土黄、橙黄之分；绿也有墨绿、草绿、正绿之别，主要特征是出现了紫色漆。

不同色漆锦地的运用也是这一时期重色剔彩工艺艺术成就的体现。此外，堆色雕漆也得到进一步发展，此种技法常用以表现主题画面，像这一时期大量涌现出来的波涛中的海兽、鱼龙等题材，就多用增色法表现，常见的作品以剔绿漆表现海水，雕红漆海兽、鱼龙、人物形象，清中期剔彩《海水落花张果老渡海桃式盒》，就是这种技法运用的典型作品。

乾隆时期的剔彩漆器，在雕刻刀法上有两种风格：一种是既有元末明初浑厚圆润的特点，又具明晚纤巧细腻、刀锋显露的风格，往往一器之上既有磨工又见刀锋，多根据物体和纹饰的不同，采用不同的刀法；另一种是以刻竹技法雕刻漆器，这可是前所未见的。乾隆初年，弘历命在造办处“牙作”当差的刻竹名匠从事雕漆，把竹刻的奇俏清新、精致纤密的风格带到雕漆中来，使乾隆雕漆立刻呈现出刀锋犀利精密、棱线深峻的特色。

总的来说，清代的北京手工业进入了全盛发展时期。各种行业争相发展，无论在规模上还是种类上都较以前朝代有过之而无不及。而且在技术上更是达到了空前的高度，制造出了享誉全世界的名品。清代北京手工业中，官营手工业仍占较大比重，但民间手工业也开始出现勃勃生机。例如许多北京民间工艺的制造就极为兴盛，许多私人作坊的产品工艺精良，艺术价值高，最后逐渐取宫廷作坊而代之。

1.3　北京古代手工制造业发展的特征

1.3.1　北京古代手工制造业发展的行业体系及形态

通过上述对北京古代各阶段手工制造业发展过程的介绍，可以看出古代手工制造业的行业门类体系和形态（如表 1－1）。

表 1－1　北京古代手工制造工业发展的行业体系和形态

朝代	主要行业及发展	主要经营形态	主要目的	流通方式
原始社会	纺织业（麻布、麻衣、养蚕缫丝业）；陶瓷制造业（彩陶、黑陶、白陶）	自给自足的家庭式手工作坊	人类生存需要	没有市场流通
西周、战国、秦朝	纺织业（刺绣、高档丝织品）；陶瓷制造业（凤翔，兵马俑）；冶铁业（铁器主要用于农业和手工业）；造船业（出海）；玉器雕刻业；煮盐业；酿酒业	手工作坊为主	人类生存和交往	部分开始市场流通，商业开始出现
两汉	纺织业（丝绸、发明了织花机、丝麻织业、棉纺织业）；冶铁业（低温炼钢技术发明并推广）；造船业（用途、类型丰富）	官营手工业产生；私营手工业出现	人类交往、生存、部分用于贵族的贡品、军事扩张	部分流通
三国、两晋、南北朝	纺织业（规模扩大）；陶瓷制造业（青瓷）；冶铁业（灌钢法技术发明）；造纸业	官营制造为主；私营手工业存在	主要是用于贸易、军事扩张、贵族贡品、生存交往	大部分流通

续表

朝代	主要行业及发展	主要经营形态	主要目的	流通方式
隋、唐、五代十国	纺织业（规模大、产量多、分工细、品种多、技艺水平高）；陶瓷制造业（白瓷、唐三彩）；冶铁业（切削、抛光、焊接等工艺）；造船业（机械动力的轮船出现）；造纸业（印刷中心成立）；制茶业	官营制造为主	主要用于贸易往来、军事扩张、贵族贡品	大部分流通
辽、宋、元	纺织业（棉纺业比重上升、棉布代替麻布、毛织业是重要部门）；陶瓷制造业（青花瓷）；冶铁业（煤开始用于冶铁，规模扩大）；造船业（海外贸易）	官营制造为主；主要是农村副业	主要用于贸易往来、贵族贡品	大部分流通
明、清	纺织业；陶瓷制造业；冶铁业；造船业（高超的造船技术）	独立的手工业工场	主要用于贸易往来、贵族贡品	大部分流通

中国古代丝织品、瓷器大多为皇族、贵族的奢侈品而非商品，棉纺织品因为是农村自然经济产物而不具备商品性质，只有在明朝中后期随着商品经济发展，丝织业和制瓷业中才开始出现资本主义手工工场。

1.3.2 北京古代手工制造业发展与城市定位

北京是一座历史悠久的城市。据中国古代传说，早在黄帝时期，今北京一代就有人类活动了。除黄帝外，还有炎帝和蚩尤等都曾在今北京地区附近活动过。古代北京城市的发展及演变过程如下：

(1) 战国之前

到了商代后期，北京地区已有城市出现，如当时的燕和蓟都是自然形成的方国。公元前 1045 年周灭商后，周武王对当时的燕、蓟等国分封，使之成为周天子分封的方国都城，据《史记·周本纪》载，武王封帝尧之后于蓟，封召公奭于燕。这一事件使原有城市的性质发生了根本性的转变，标志着地域性的政治、文化中心的形成，对当时北京地区及广大北方地区的开发、建设及经济、文化的发展产生了深远的影响。因此，这是北京城市发展史中具有历史意义的重大事件，我国史学家将这一重大事件视为北京古代城市发展的重要起点。后来燕并蓟，迁都蓟城。到了春秋战国时期，燕国作为势力最弱的七雄之一，屡受秦国侵犯。战国末期，燕太子丹派壮士荆轲刺杀秦王失败，秦国随后攻打燕国，于公元前 226 年，占领蓟城。四年后，燕王喜为秦军所俘，燕国覆灭。

(2) 秦代至唐代

在秦、汉至西晋时期，蓟城是中原王朝的北方重镇。秦置广阳郡，治所在蓟城。东汉时期，蓟城属渔阳郡。三国时期，蓟城为幽州属地，是曹魏直到隋、唐的北方重镇。唐天宝元年（公元 742 年），幽州改称为范阳郡，仍设治蓟城。兼领范阳、平卢（治所在今辽宁朝阳）、河东（治所在今山西太原）三镇节度使的安禄山，于天宝十四年（公元 755 年）起兵蓟城，攻占洛阳。翌年，安禄山自称皇帝，国号大燕，以范阳（幽州）为大都。这是北京称大都之始。后发生内讧，被其子庆绪所杀；庆绪又为部将史思明所杀。史思明后来也自称大燕皇帝，并以范阳为燕京，北京开始称为燕京。唐平定“安史之乱”后，改范阳郡为幽州。

(3) 辽代至元代

五代初，契丹人的势力进入华北，并于公元 936 年将辽国版图扩展至今北京地区。公元 938 年辽国升幽州为南京（区别于今南京，为辽代五大京师之一），又称燕京，作为陪都成为辽朝五座京城之一。12世纪初东北的女真族崛起，于公元1115年建立金朝。公元1125年，攻打并占领燕京，辽亡。至此，金朝统治了整个中国的北部，结束了辽燕京85年的陪都历史。公元1153年（金贞元元年），金政府迁都燕京，改称中都，自此也就开始了北京作为封建王朝正式首都的历史。此后金朝被蒙古帝国所灭，忽必烈于公元1264年颁诏以燕京为中都，作为陪都。公元1271年11月，定国号为“大元”。次年2月，忽必烈改中都为大都，并从上都（今内蒙古正蓝旗上都郭勒）迁都于此。从此，北京正式成为全国的政治中心。

（4）明清之际

明太祖朱元璋于洪武元年（公元1368年）正月在应天（今南京）称帝。八月，定应天为南京，汴梁（今开封）为北京，元大都改称北平府。洪武三年（公元1370年）四月，朱元璋封第四子朱棣为燕王。洪武十三年（公元1380年）三月，燕王朱棣就藩北平。洪武三十一年（公元1398年）朱元璋死，其孙建文帝朱允文继位，是为建文帝。朱棣于建文元年（公元1399年）起兵北平，发动靖难之役，于建文四年（公元1402年）攻下南京，夺取帝位。朱棣在永乐元年（公元1403年）正月，升北平为北京，北京之名即由此始。二月，改北平府为顺天府。永乐四年（公元1406年），朱棣下诏迁都北京。永乐十九年（公元1421年）正月正式迁都北京，以北京为京师，南京为陪都。

清朝是满族贵族建立的王朝。奠基人太祖努尔哈赤最早建都于赫图阿拉城（今辽宁省新宾县），后金天命十年（公元1625年）迁都沈阳。崇德元年（公元1636年），皇太极改国号为清。顺治元年（公元1644年）四月山海关大战之后，辅佐福临的睿亲王多尔衮率清军尾追农民军，于5月2日进占北京。10月1日，清顺治帝登临皇极门（今太和门），颁诏天下，定都北京。

纵观历史，北京先是从燕国的都城变成北方的重镇要塞，后又逐步成为历代朝野的陪都，并最终升为京师首都，到元、明、清时期发展成为封建社会中国统一的多民族国家政治、经济、文化中心，大体上是沿着部落、方国、诸侯领地中心到华北地区的重要城市的轨迹渐次演变的。在北京这座城市的历史中，无疑凝结着一代代人的智慧和劳动。根据上述资料，北京城市的历史演化轨迹可归纳如下：

西周初年，武王封黄帝之后于蓟。蓟城是北京建城史的开端。秦至隋唐、五代，蓟城一直是中原王朝的北方军事重镇，在与少数民族的反复战与和的过程中，城市的政治、经济和军事实力逐渐发展。北京由地方的政治中心发展成为全国的政治中心的过程中，辽南京是承上启下的重要阶段。契丹政权利用北京的有利地理位置作为进攻中原的据点，并对北方的农业文明进行经济掠夺。这一时期开始，作为区域性中心城市，北京的政治地位和军事地位得到了进一步的突出。随着新的少数民族政权金强大起来，积弱积贫的北宋被金所灭。完颜亮将都城从会宁府迁到燕京并更名为金中都，开始进行大规模的扩建工程，北京作为封建王朝都城的历史正式开始。蒙古族发展起来后，铁木真在北方建立了蒙古政权。蒙古骑兵攻克金中都后，继续挥师南下。忽必烈继承汗位后，在金中都东北郊外建设新都——元大都，北京作为封建王朝统治全国的政治中心地位得到了彻底的强化。明代北京作为首都各行业的发展更加规范，逐渐成为全国政治、经济、文化中心，其位置进一步巩固，清朝末期复杂的社会环境在某种程度上影响了城市的发展，但是依然无法阻止城市前进的步伐。北京成为各朝代重要城市的原因有以下两个方面：

第一，北京具有特殊的地理位置。有关史籍对北京的地理形势做了准确而深刻的描述："幽燕之地，龙盘虎踞，形势雄伟，南控江淮，北连朔漠。且天子必居中以受四方朝觐，大王果欲经营天下，驻跸之所，非燕不可。""伏惟北京，圣上龙兴之地，北枕居庸，西峙太行，东连山海，俯视中原，沃野千里，山川形势，足以控制四夷，制天下，成帝王万世之都也。”① 因此自古以来，北京是北方的军事重镇，满、蒙和汉文化交汇融合的枢纽，同时又是古代蒙古游牧民族南下中原的捷径。可以说，这是对北京历史地理位置的最好概括。北京独特的地理位置造就了其在军事上的重要地位，军事地位的重要又决定了北京的政治地位更为重要。尽管北京作为首都的历史并非连续不断，但其政治地位在后来更凸显于其军事地位。无论是作为区域的政治中心，还是全国的政治中心，它所承担的政治作用和政治辐射能力已经被上千年的中国历史所证明。

第二，北京成为各朝代重要城市一方面由于其特殊的地理位置和气候，另一方面是先进的制造活动推动着城市各行业的发展。其一，手工制造活动的规模、制造工艺和技术以及制造行业体系不断丰富和提高促进了北京城市的农业、商业、交通等各行业的发展；其二，手工制造活动的发展为北京作为首都城市的军事地位的确立起着支撑作用；其三，手工制造活动的发展为人类的生活质量提高，为统治阶级的奢侈生活提供了必需用品，为城市的政治、经济、文化活动的丰富及发展提供了必要的物质基础。所以我们总结古代手工制造活动的产生和发展为北京城市的功能丰富和发展提供了必要的物质基础、文化基础，而北京城市的不断发展，定位不断调整也为制造活动的发展提出了高要求和标准，二者相辅相成。

北京古代手工制造业的产生和发展与北京城市的定位和发展紧密相关，手工制造业活动的发展为北京城市的功能转变起到了巨大的推动作用，其二者的历史关系见表 1－2。

① 宋濂：《元史·列传第六·木华蔡·霸突鲁条》，中华书局 1976 年版。

表1-2　北京手工制造活动与北京城市发展之间的关系

主要朝代	北京的历史名称	城市功能/性质	主要制造活动	主要制造活动特征	制造活动对城市发展的作用
远古时期（西周—秦）	蓟	奴隶社会向封建社会过渡；北京是地方性城市	织绣发展史上的第一个高峰；冶铁手工业和青铜手工业	行业少；规模小；工艺简单	主要为人类生存制造生产工具和生活消费用品；部分制造活动用于服务战争。与农业发展紧密相关
隋、唐	幽州	北方重镇；经济中心，政治中心	丝织业；造船业；造纸业；冶铸业	行业增多，规模扩大，工艺发展较大	除推动农业、军事发展外，促进经济交流；部分制造产品服务皇室
宋、辽	燕京	维系北国、雄视南方的城市；辽的陪都；政治经济中心	丝织业；瓷器制造；金属冶炼和制造；制船印刷和造纸等	门类繁多；规模技术以及工艺都有一定的发展	制造业已具备了产业形成的雏形；官办手工业产生；制造活动丰富了军事、农业、商业、交通事业等各行业发展
金代	中都	首都；是向全国政治中心过渡的重要阶段	手工业分为：纺织及加工业；交通工具及生活用具制造；食品制造；印刷及文具类；金属加工等五个部分	手工制造的体系形成，规模技术及工艺进一步发展	进一步刺激农业发展；制造产品更多的服务于皇室需要

续表

主要朝代	北京的历史名称	城市功能/性质	主要制造活动	主要制造活动特征	制造活动对城市发展的作用
元朝	大都	首都；东方政治、商业和文化中心	手工业体系丰富：丝织业、制毡业、采矿业、冶铁、军器、酿酒等	规模宏大、体系全、管理措施具体；工艺高超	手工业发展达到了历史高峰，多的制造产品服务于皇室需要
明朝	北京	明朝帝都，开始重视城市建设，政治经济中心	官营手工业和民间手工业同时发展，行业齐全，分工更细	制造工具有很大改进，重视生产效率的提高	制造产品的商品化程度提高
清朝	北京	政治中心，最后一个封建王朝的都城	官营手工业和私营手工业并存，民间手工业出现勃勃生机	生产水平和组织形式都形成新的特点	西方技术的传入，民族文化的交融，全国工匠的汇聚使得制造活动空前繁荣

1.3.3 北京古代手工制造业发展的主要特征

北京古代各个阶段手工制造业发展的主要特征如下：

第一，古代制造业的发展与手工业的发展紧密相连。一方面由于工业还没有成为一个独立的主导产业发挥作用，使得制造活动的规模、范围、技术、形式、目的等都受到很大限制；另一方面在北京古代的产业发展来看，主要还是以农业为主，商业发展虽然已经初见规模，但是并不完善。

第二，古代手工制造行业的门类不断增加。一方面由于服务对象不断发生变化，例如：制造活动从服务于人类生存需要，到满足军事需要，再到满足贵族的奢侈生活，使得制造的技术和精细程度不断提高，制造的门类也不断分化。另一方面商业活动的频繁使得地区之间的交往加强，产品、技术、技术工人的跨地区流动使得北京古代制造业的门类也不断演变分化。

第三，古代手工制造业的发展在一定程度上适应了气候和环境的变化，并依赖于气候和环境的变化。例如：棉纺织业的产生和发展。人类改造自然环境的活动才刚刚开始，对自然资源的利用还不是很充分，因此古代制造业的发展对于环境和资源的约束不重视。

第四，古代手工制造业的技术和工艺依然发展迅速，以冶铁技术的发展为例：春秋时期以木炭为燃料，用皮囊鼓风炼铁；西汉时期开始用煤炭做燃料；而技术的发展一方面对于制造规模的扩大起了重要作用，另一方面对于制造过程中的劳动分工和细化提供了动力。从而也使得手工制造业的经营和生产不断从家庭的自给自足的作坊发展到工场手工业。

第五，古代北京手工制造业依然以官办手工业为主，使得统治者对产业的发展起控制和垄断作用。在这样的背景下，一方面由于手工业的官办性质使得制造工艺和技术快速发展，加工精细，不计成本，但另一方面限制了私营手工业的发展，而影响了市场经济的发展和部分制造行业的生存。例如："受传统的盐铁专卖政策的影响，清朝的矿业政策表现出相当的保守性。政府把矿业紧紧地掌握在官府手中，不愿与民间商人分利，控制其规模，怕聚集穷民痞棍，一旦失控，啸聚山林"[①]。所以《律例》、《户部则例》对矿业有许多规定，多所限制。采矿冶炼，政府管理本是无可厚非，但清廷的作法却使尚处于手工业生产阶段的矿业失去了进一步发展的机会。

第六，古代北京手工制造业的发展在一定程度上适应了北京

① 宋濂：《元史》卷 85，中华书局 2005 年版。

城市发展的定位和要求，满足了北京作为各朝代首都或者主要城市的经济发展和政治功能，满足了统治阶级的领土扩张以及自身奢华生活的需要，满足了被统治阶级基本的生存需要，满足了商业发展初期的产品质量和数量的需要。但是随着城市的发展，其功能不断发生变化，国外资本主义市场经济的入侵以及广大劳动人民的生活需要也向手工制造业的发展提出了挑战。而社会的需要使得古代北京手工制造业的发展不得不进行调整，从清代以后，北京手工制造业逐步演化为近代制造业。

小　结

北京自古以来是中国北方的军事重地，在历史发展的进程中始终是中原的农业文明与北方游牧文化冲突与融合的前沿。自宋代以来北京作为中原政权与少数民族的相互争夺之要地，对于中原的汉族政权来说，它的掌控与否直接关系到中原国家的盛衰兴亡，其军事地位之重要自不待言。

通过对北京古代各阶段手工制造业的发展的描述和特征总结，我们可以清晰地观察到，随着人类文明的不断进步，北京地区的手工业发展在保留传统手工业的基础上，分类越来越细，门类逐渐增多、技艺也越来越精湛，并随着古代商业的出现承担了北京作为各个朝代重要城市和首都的城市发展目标和社会经济历史发展赋予的不同使命。在当时看来，其产品的制造工艺、规模、质量等都在全国处于领先地位。

时代的进步和城市的发展不断赋予制造业新的含义和使命，科学技术的出现也成为制造业发展的动力。伴随着外国资本主义的入侵、国家官办手工制造业的弊端不断暴露，新的统治者出现等，北京古代手工制造业迈入了近代制造业的阶段，并继续为城市的发展、产业的深入发挥着巨大的作用。

第 2 章

北京近代制造工业的产生与发展

中国近代一般指 1840—1949 年这一时段。近代时期的北京由封建古都沦为半殖民地半封建的城市，其制造业作为社会经济发展不可分割的重要组成部分也经历了从萌芽到繁荣的不断发展，中间不乏出现因为自然原因或人为原因而衰弱的情况和阶段，但总体上，无论从制造业的种类还是规模以及繁荣程度上看，北京都毋庸置疑是全国历史悠久的制造业发展的重要地区，在我国制造业的发展过程中起着举足轻重的作用。

2.1 北京近代制造行业发展的社会环境

近代工业的内涵发生了一些变化，凡是采用机械或半机械设备进行生产的工矿企业，不管其采取何种生产关系，由谁经营，均属近代工业范畴。近代制造活动在完成人类生产资料和生活资料的生产基础上，在生产方式和生产工具方面有进一步提高，其实质表现为机器制造。

北京近代制造活动的发展与近代的社会环境密切相关，清末，由于国力不断衰微以及清政府的卖国政策，殖民主义的势力不断深入北京，外来文化、技术的引入以及具有先进思想的国人的推动成为影响城市发展的外力和内力。在这些因素的同时作用下，古老的北京城无法延续原来固有的轨迹缓慢发展，城市原有的传统格局被突破，一系列的显著变化推动了城市近代化的起步。

近代特殊的政治环境成为北京制造业发展过程中不能忽视的重要影响因素，它一方面刺激了制造业的发展，尤其是军事制造业的快速发展，一方面也限制了制造业的发展。我国在近代出现资本主义萌芽，北京作为京师却是封建势力最强势的地方，加上帝国主义的侵略，使得北京近代制造业的发展呈现出与其他城市不同的结构特点。

2.1.1 近代北京社会性质的变化

在清末民初的30余年间及其前后阶段，除1912年初的短暂的南京临时政府时期以外，北京（北平）城依然是中国的国都，是中国最重要的城市之一。作为国家的政治中心，发生在这个地方的政治事件无疑是国家政治变革和社会变革的突出体现。近代时期的北京城，曾经是侵略与反侵略、爱国与卖国、进步与落后、建设与破坏等复杂力量激烈冲突的地方，是许多重大的历史事件发生的地方。

作为全国的政治中心，北京城内发生过许多重大的政治事件，仅在清末就有1898年戊戌变法，1900年的义和团运动，八国联军入侵，清政府实行新政，直到1911年辛亥革命，各派政治势力在北京城内的斗争错综复杂，紧张激烈。在长达268年的清王朝统治时期，共有十个皇帝在紫禁城内登基坐殿，清王朝中央政府设在北京的各个衙署分布城内。1860年以后，在东交民巷地区逐渐形成了一片使馆区，各帝国主义国家在这里设立使馆，后来又派兵守卫，禁止中国人随意进入，俨然成为国中之国。1900年时，大批义和团民众涌入北京城，他们围攻使馆，焚烧教堂，在中国近代史上写下了轰轰烈烈的一页。辛亥革命前后，革命党人也曾多次在北京城内开展革命活动，暗杀满清王公贵族。

1911 年辛亥革命爆发后，清朝统治崩溃，中华民国于 1912 年初在南京成立，孙中山就任临时大总统。但由于当时北洋军阀的势力比较强大，革命军方面也面临着诸多困难，临时大总统一职随即被袁世凯窃取。末代皇帝溥仪于 1912 年 2 月 12 日正式下诏退位后仍占据着紫禁城内廷，幻想着复辟。袁世凯则做起了“洪宪皇帝”的美梦，他决不愿意离开北洋军阀统治下的北京到革命军控制下的南京就任临时总统，于是他暗地指使部下搞假兵变，再以此为由赖在北京不走。于是从 1912 年起到 1928 年国民革命军北伐占领北京为止，北京一直是北洋军阀控制下的中华民国中央政府的所在地。

在这一时期，北洋军阀中的各个派系为了争夺中央政权，彼此钩心斗角，纵横捭阖，几番兵戎相见，不仅中央政府像走马灯一样换个不停，而且连京城内外也成为战场。作为冷兵器时代防御工事的北京城墙，其防御效果已大打折扣。在这一时期民国政府再也没有对北京的城墙和城楼进行修缮，反而因为阻塞交通等原因拆除了一些城墙和城楼。北京城内的一些房屋、街道、市政设施和城墙在战火中遭到不同程度的损坏。民国时期，北京城内的交通状况得到了较大的改善，各项文化教育事业取得了较大的发展，并成为“五四”运动、新文化运动的发源地，但是城市面貌没有多大的改变。

1928 年北伐军占领北京后，将原来的中央政府机构迁往南京，将北京改名为北平特别市，北平不再是中国的首都，而成为一座以文化教育事业为特色的古城。由于官僚政客纷纷南下，北平的市面趋于萧条，内战虽然平息下来了，外敌入侵的危险却日甚一日，“九一八”事变后日寇又向山海关内推进，企图将华北地区据为己有。国民党政府一味妥协忍让，直到 1937 年爆发“七七”事变。北平陷入日寇铁蹄之下，遭受了八年的掠夺和破坏，北平城的居民经历了八年的亡国奴生活。等到抗日战争胜利之后，国民党政府忙于打内战，根本顾不上北平的建设和复兴，北平城内堆满了垃圾，变成一座十分肮脏、破败的城市。直到1949 年初，北平城才迎来了新生。

2.1.2 近代北京国际环境和国内环境

第二次鸦片战争后，西方资本主义经济势力由我国沿海地区侵入内地，20 世纪初，随着帝国主义列强在军事和政治上对我国的进一步控制，扩大了经济侵略。北京本来并非规定的对外开放的商埠，这时外国商人却擅自开设洋行，直接运销洋货，收购北京地区的农副产品。为了强占北京市场，帝国主义的洋货倾销破坏了原来的封建经济基础，为近代工业和制造行业的产生提供了前提条件。

与此同时，帝国主义列强不断向内地输入资本，例如在北京投资办矿，建立机械、电力、毛织等工业部门，而清政府的官员和商人为了谋取个人私利，以私人名义入股投资，共同出卖国家利益，进一步促使封建的经济制度和经济基础的衰退。

由于战争和洋货的入侵，使得国内环境也发生了很大变化。一方面洋货泛滥使北京地区传统的手工制造生产遭受打击，例如：北京的纺织品因为多依赖市场，传统的手工制作无论从产品价格以及样式都受到冲击。从而迫使一部分官僚和商人开始投资近代的纺织工业，在《各省工艺汇志》中记载：1905 年直隶候补道杨来昭禀准商埠，在京、津集股创设实业纺织公司。另一方面北京地区不少小农和个体手工业者破产，为近代工业的产生和发展提供了劳动力。

总之，在闭关锁国的近代中国，作为首都，直接在封建最高统治集团的控制下，直接受到战争威胁和帝国主义侵略下，无论在主观上是否接受，近代的国际和国内环境都在客观上为北京近代工业的产生和发展提供了条件和基础，其表现为：

第一，帝国主义列强在入侵北京的同时，虽然在一定程度上破坏了北京传统的手工制造方式和产品交流的市场，但同时也带来了资本主义的近代物质文明、文化以及生活方式，其附加的大机器生产新式商品，以倾销的方式进入市场后，不仅被统治集团所接受，也渐渐进入了老百姓的生活，因此统治者的接受包容以及百姓的无奈和接受在客观上促进了北京近代工业的产生。

第二，清朝末期和民国初期，中国政府和国外帝国主义的关系非常微妙，一方面在经济方面慢慢融合，一方面在军事方面又相互防御，因此封建统治阶级为了保存自己的位置，也不断加强军备力量，尤其在 20 世纪初，一批爱国知识分子试图推行新政，挽救处在水深火热中的百姓，使得在北京军备武器的制造活动依然没有衰弱，例如在洋务运动期间在北京就创办了很多官办的军事工业，这在某种程度上促进了北京近代制造活动以及相关行业的产生和发展。

第三，帝国主义的入侵、清朝政府官员以及封建统治集团中的大商人以私人名义投资各种工矿企业，一方面为北京近代早期的工业发展提供了资金基础，另外一方面迫使小农生产者和手工业者破产，为近代早期工业的发展提供了大量的劳动力，客观上也为近代制造行业的发展提供了人力条件。

第四，帝国主义的入侵为北京带来了新的经营方式和生产方式，使得在近代科学技术武装下的近代民族工业也开始兴起，北京工业中的制造活动在机器生产方式下也开始探索新技术的融入从而提高产品的生产效率和工艺设计，因此科学技术的引入为近代工业和制造活动的产生发展提供了技术支持。

2.2 北京官办制造行业的产生和发展

2.2.1 中国官办制造行业发展背景

自1840年鸦片战争开始，中国社会进入到半殖民地半封建的社会阶段。中国近代资本主义发生和发展，刺激了中国政治、经济、社会、文化等各个方面的历史性的变革。同时，资本主义列强的侵略危及具有悠久历史传统的中华民族的生存。在近现代时期，中国人民为了取得民族的独立和发展进行了不懈的努力，为中华民族写下了一部可歌可泣的近代史。经过洋务运动、维新变法、推行新政、预备立宪等重大历史事件，中国最后一个封建王朝——清王朝的性质发生了变化，社会政治力量发生着剧烈分化和组合。1911年的辛亥革命结束了清王朝的统治，建立了资产阶级共和制的中华民国，将中国以及长期作为中国国都的北京城都推进到一个新的历史阶段。

鸦片战争前的中国，是一个自给自足的自然经济占统治地位的封建社会。在封建社会中无大机器生产可言，所谓工业，主要是指自然经济结构中的家庭工业和个体手工业以及封建的官府手工业，因此，当时的中国制造业尚处于原始的初级阶段。鸦片战争以后，外国资本主义的商品倾销和原料的掠夺，破坏了中国自然经济的基础，破坏了城市的手工业和农民的家庭手工业，在客观上促进了中国城乡商品经济的发展，使中国正在发生变化的初级制造业形态变化加剧，为产生近代制造业提供了商品市场和劳动力市场。到了19世纪下半期，中国大机器生产即近代制造业开始产生。

第二次鸦片战争以后，随着军队新式化建设活动的展开，清朝各类军队对新式武器的需求日益增加，除了从国外购买之外，逐渐注重自己制造，从而促进了新式军事制造业的兴起。

自江南制造总局、福建船政局成立之后，各省督抚都鉴于购买洋枪洋炮价格昂贵、采购不便、缓不济急，已设各局所产枪炮供不应求等状况，相继在全国各重要城市开设军工企业。到 1884 年，所建制造局（厂）已遍及 18 个省，大小共计 34 家。此后 10 年中，则仅有两家军工企业成立。一并计之，在这 34 个军工企业中，有 24 个一直坚持生产到 1894 年，官办军工企业的经费投资及各地分布状况见表 2－1。

表 2－1　1865—1894 年官办军工企业简况表　单位：两（白银）

	计算起止年份	设局城市	实支经费		规模
江南制造局	1865—1894	上海	5414898	8746777	大型
金陵机器局	1865—1894	南京	390849	2695020	中型
福州船政局	1866—1894	福州	3031540	10090024	大型
天津机器局	1867—1894	天津	1543724	6283964	大型
西安机器局	1869—1874	西安	13000	55000	小型
福建机器局	1869—1894	福州	14472	185183	小型
淮军行营制造局	1870—1894	天津	229391	2156016	中型
兰州机器局	1871—1882	兰州	60000	510318	小型
云南洋炮局	1872—1873	昆明	1000	4000	小型
广东机器局	1873—1894	广州	448550	2070155	中型
浙江机器局	1874—1887	杭州	84187	140256	小型
兰州机器局	1875—1894	兰州	38000	312000	小型
山东机器局	1875—1894	济南	250164	702602	中型
湖南机器局	1875—1880	长沙	13912	88137	小型
四川机器局	1877—1894	成都	331695	677052	中型
新疆库车火药局	1878—1894	库车	33000	250000	小型
新疆阿克苏制造局	1879—1894	阿克苏	45000	376000	小型

续表

	计算起止年份	设局城市	实支经费		规模
大沽船坞	1879—1894	大沽	223393	1264960	中型
福州火药局	1880—1881	福州	5000	20000	小型
贵州洋炮局	1880—1881	贵阳	2400	5600	小型
金陵洋火药局	1881—1894	南京	286642	515707	中型
宁波制造军械局	1881—1882	宁波	1000	2000	小型
吉林机器局	1881—1894	吉林	457678	835794	中型
浙江火药局	1882—1894	杭州	8000	78000	小型
神机营机器局	1883—1894	北京	450000	1050000	中型
云南机器局	1883—1894	昆明	110000	250000	中型
旅顺船坞	1884—1894	旅顺	18464300	850000	大型
威海水师机器厂	1885—1886	威海	14196	112005	小型
山西新火药局	1884—1894	太原	4000	42000	小型
台南机器局	1885—1886	台南	12100	10000	小型
绥巩军行营制造局	1884—1894	威海	46611	112166	小型
湖北机器局	1884—1885	武昌	5000	21800	小型
台湾机器局	1885—1894	台北	198570	310500	中型
湖北枪炮厂	1890—1894	汉口	1297000	50000	大型
共计 34 家	—	—	16911392	40873036	—

资料来源：张海鹏：《中国近代通史》，江苏人民出版社 2007 年版。

表 2－1 中所列的 34 家企业中，其规模结构状况是：属于厂房设备投资在 100 万两以上的大型企业 5 家，属于厂房设备投资在 10 万—50 万两的中型企业 11 家，属于厂房设备投资在 10 万两以下的小型企业 18 家。其所用经费结构状况：全部企业的厂房设备经费总额为 16911392 两，生产经费总额为 40873036 两，其中占企业总数 14.7% 的五家大型企业的设备经费和生产经费分别为 13133592 两（占 77.66%）和 26020765 两（占 63.66%）。其生产类别结构状况是：福州船政局、旅顺船坞、

大沽船坞、威海水师机器厂专造轮船，江南制造局和广东机器局兼造火器和轮船，其余均为制造枪炮、子弹、火药的企业。具体企业的分布如图 2－1 所示。

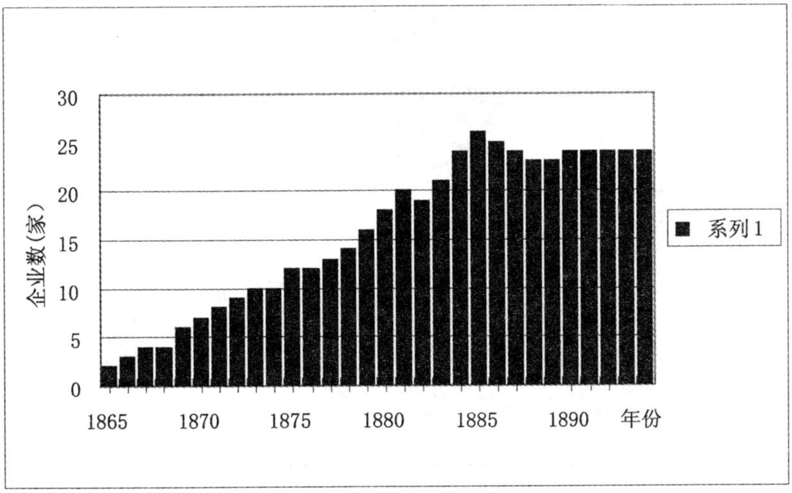

图 2－1　1865—1894 各年度官办军工企业的数量（家）

由图 2－1 可以看出，1865—1894 年各年度官办军工企业的个数总体上是递增的，1885 年军工企业的个数达到最多，之后便趋于平缓了，可见我国军工企业的发展态势是逐年递增的，之后趋于平稳状态。

由图 2－2 可以看出，在 34 家军工企业中，大型军工企业有 5 家，所占比重为 15%，中型军工企业有 11 家，所占比重为 32%，小型军工企业有 18 家，所占比重为 53%。

由图 2－3 可以看出，在全国军工企业中，北京地区军事制造业的实支经费所占的比重为 2%，和吉林、汉口、大沽各城市的经费支出比重相当，广州地区军事制造业的实支经费所占的比重为 3%，南京地区军事制造业的实支经费所占的比重为 5%，天津地区军事制造业的实支经费所占的比重为 14%，福州地区军事制造业的实支经费所占的比重为 18%，上海地区军事制造

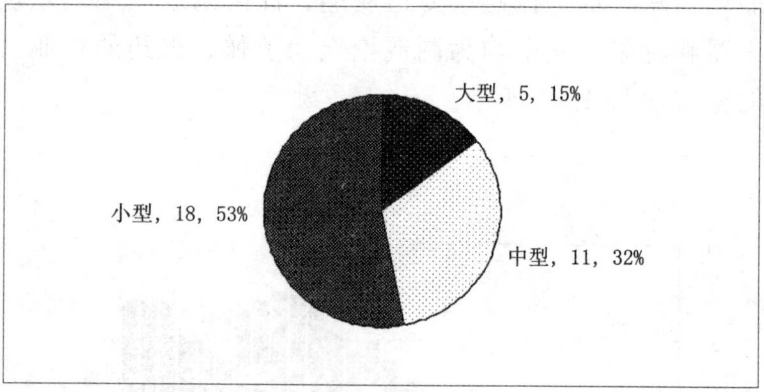

图 2－2　军工企业的规模分布

业的实支经费所占的比重为 19%，旅顺地区军事制造业的实支经费所占的比重最大，为 26%。

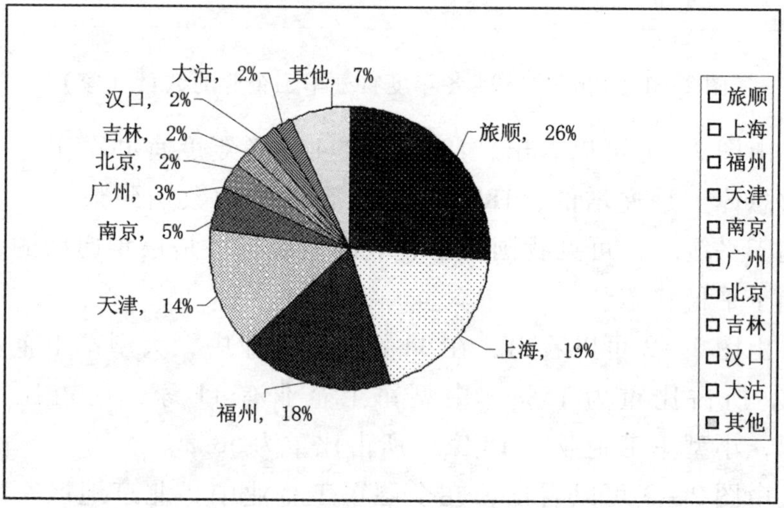

图 2－3　各城市军工企业实支经费占全国军工企业实支经费的比重

综上所述，中国近代军事制造业进入萌芽阶段，为此后完全机器生产的大型现代军事制造业的创建打下了基础。北京作为首都其军事制造业也开始悄悄萌芽，其产生比较晚，发展规模也比较小，因此，发展空间及发展潜力巨大。

2.2.2　北京官办制造行业的产生

从 19 世纪 70 年代开始，以“官办”、“官督商办”等不同形式，在我国沿海地区开办了一批采矿、冶炼、纺织等企业。最早的近代制造业始于 19 世纪 60—70 年代清政府官办的军事制造业，这是由于中国特定的历史条件决定的。当时面临内忧外患的双重威胁，清政府的洋务派感到不改良不能生存，开始兴办军事制造业，以适应他们对内对外的需要。北京近代早期的制造业发展具有代表性的包括：机械制造业、轻工制造业、近代印刷业等。

（1）北京近代机械制造业

19 世纪后半期，近代新式工业开始在中国发轫，重工业方面主要集中在“机船矿路”领域——“机”主要指兵器，“船”为战船，“矿”为煤矿，“路”为铁路。又由于四者的建造需要，钢铁生产也发展起来。北京除不能制造船舶以外，近代工业是按矿、机、路、钢四个方面展开的。1872 年，官商在门头沟创办通兴煤矿，以蒸汽为动力，用机器提升，为北京近代采煤工业之始，也是北京近代工业之始；1883 年，清政府在三家店创办神机营北京机器局，购置机器制造军械，三家店为京西大道起点，永定河出山口第一村，临近门头沟煤矿，是建厂的理想地点。当时营建厂房耗银 20 万两，又斥资 100 万两从欧洲购置机器，这是进入北京的第一批现代工业机床，为北京机械工业之始。神机营机器局主要制造机关枪、子弹、水雷、全钢后镗来复快炮等武器弹药，1889 年在位于南苑的神机营大营附近的永定河中演放制造的水雷。但 1890 年的一场大火，神机营机器局被毁。1901 年，法商创办长辛店铁路机车厂，为北京铁路机械修造之始，长辛店铁工厂为慈禧改造专列 20 年代的英制刨床保存至今。1898 年，满清铁路督办大臣盛宣怀奉旨修建卢沟桥到保定的铁路。修铁路的同时，就在长辛店建起了配套服务的铁工厂。长辛店铁工厂先后购置了当时先进的机床设备，作为见证北京工业最初萌芽的历史实物，机床虽不差，但并未造出技术含量高的产品。建厂时的一件大事是改造装修慈禧太后的专列“龙车”，厂里把进口的高级包车，重新照着“吉祥如意”、“龙凤呈祥”的意思雕龙刻凤，车厢内壁都衬上了黄绫子，包车内的座椅全换成了与宫里一样的宝座。1906 年清政府又在京绥铁路线上建立南口铁路工厂，长辛店和南口一南一北，成为北京两大铁路机车工厂，主要维修机车，在北京近代机械工业发展中占有重要地位。

（2）北京近代轻工业

北京近代轻工业可以以火柴、毛纺、印刷、啤酒为例。火柴制造业有 1904 年创办的丹凤火柴厂，系官商合办。虽当时只生产摩擦火柴，但以其强大的生命力而迅速占领市场。一时间，“洋火”取代了传统的“取灯”和火镰火绒。是今日北京市火柴厂之前身。面粉工业有 1906 年创办的丰顺面粉厂、1910 年创办的贻来牟和记面粉厂、1913 年创办的德隆面粉厂，均为商办。卷烟业有 1905 年创办的大象卷烟厂、1906 年创办的爱国纸烟厂，均为商办。玻璃业有 1909 年创办的京师玻璃厂，商办。建材业有 1908 年创办的大恒砖瓦公司，商办。从上述名录，不难看出北京早期的近代民族工业是从轻工业方面起步，与传统手工业有着深刻的联系。

北京的纺织业源远流长。早在春秋战国时期，北京地区已经“田畜而事蚕”，开始了养蚕织丝的历史。到隋唐时期，时称幽州的北京已经形成了固定的手工业和商业区，有绢行、布行、染行等，纺织业发达且水平很高。幽州所产的土产绵、绢、绫等纺织品，在全国闻名并作为贡品供奉朝廷。辽代以后，随着北京城市地位的不断上升，大批技艺出众的工匠云集北京，使北京的纺织业水平得到了进一步的提高。元明清时期，为了满足皇室宫廷和达官显贵奢侈生活的需要，北京的纺织和服装行业的工艺精益求精，在全国具有很大的影响。同时，一些外国的服装面料也进入了官僚贵族的生活当中。据马可·波罗记载，当时的元大都“凡是世界上最为稀奇珍贵的东西，都能在这座城市找到”，这其中也包括西方的一些羊毛和羽毛制品。至于到了清朝，西方的纺织制品更是受到了官僚的喜爱和追捧。但是，这一时期，西方的纺织制品只是作为一种奢侈品在社会上层流通，对北京基层社会基本没有影响。

鸦片战争以后，随着西方资本主义的入侵，北京市场上的西方纺织制品数量不断增加，种类也超出了原来的奢侈品范围，直接对普通百姓的生活产生了影响。其中，洋布在西方列强在北京倾销的各种商品中占据首位，使北京的土布和土纱纷纷被排挤，最终走向破产。纺织服装巨大的市场和丰厚的利润，也吸引了国内资本投资近代纺织服装工业，促进了北京近代纺织服装工业的诞生。1903 年，清政府在北京开设官办北洋工艺局，包括机械、彩印、染色等 11 科，招选工徒 200 多人。之后，慈禧太后还在宫廷内开办女工艺局，购办机器，教授宫女织造毛巾等物品。1905 年，京师习艺所创办，下设毛巾、织染、缝纫等科目。1905 年创办的永丰纺织厂、富华织布公司，1906 年创办的启化织布厂、华盛织布厂、益华织布厂，1908 年创办的同昌织布厂和 1906 年创办的京师毛织厂、1907 年创办的博利呢革厂，除最后一家为官商合办外，其余皆为商办。据清政府农工商部 1904 年至 1908 年统计，生产各种布料 14820 件，各种床单、毛巾 13750 件，大小印花布 1896 件，染漂各色线料 4385 件，除了供应宫廷以外，剩余的部分还作为商品销售。北京近代比较正式的纺织服装工业的代表是溥利呢革公司。1907 年，出于装备军队的需要，陆军部在“不失利权”的名义下，奏请兴办官商合办的溥利呢革公司，得到了清政府的批准。1908 年，溥利呢革公司动工兴建，公司定址于北京清河镇，投资 60 万两白银，从英国进口 180 台机器，并聘请英国技师进行技术指导，成为北京和全国当时最大的毛纺织厂，开创了我国大机器毛纺工业的新纪元。1909 年 4 月 18 日，公司正式开工，主要产品为军呢和军毯等。与此同时，还先后创办了一批属于民族资本的织布厂如富华织布公司、启华织布厂、华盛织布厂、益华织布厂、京师毛织厂、同吕织布厂等。此后，又有惠善、裕华、德泉、聚祥等织布厂开业。这些织布厂的规模也都不算太小，如裕华有布机 18 台，祥聚有布机 50 台左右，但所有的布机都是人力的。

除了纺织业，鞋帽制作、印染等行业也有很大发展。靴鞋业是北京古老的一个手工行业，前清时大量制作官靴，靴与鞋并重，而且只做男鞋，不做女鞋。民国以后不做官靴，鞋的种类、式样越来越多样化，而且兼做女鞋。

（3）北京近代印刷业

早在 1876 年同文馆成立就附设印书处，用手摇印刷机印制图书和政府文件，这是北京第一家官办的印刷厂。北京近代印刷业始于 1908 年清政府在南城白纸坊兴建的印钞厂，该厂 1914 年竣工。在 19 世纪 70 年代，西方天主教的传教士在京创办中文报刊《中西闻见录》，为出版刊物建立了一座印刷厂，这是北京第一家印刷厂。本时期北京制造活动的特征如下：

第一，19 世纪中后期到 20 世纪初，围绕近代机械制造、轻工制造以及近代印刷等，北京出现了数十个近代的制造企业，大部分企业的生产加工依然延续了手工制作。虽然从国外引进了制造机器，但是大规模的机器生产还占少数，同时其生产制造大多采用雇佣劳动，基本上建立起了资本主义的生产关系。因此北京近代早期的制造工业企业具有资本主义的性质。由于大部分的制造企业依然掌握在统治阶级手中，为封建王朝服务，因此近代早期的制造企业又具有封建主义的性质。

第二，绝大多数企业集中于外贸服务业、出口加工业和进口替代品制造业。火柴厂、面粉厂、造纸厂的产生，一是为了“塞漏卮、挽利源”，二是为了仿制洋货以供市场所需。船舶和机器修造厂的出现，最初直接出自来华外商轮船修理的需要，后来陆续发展到卖船、造船和造机器。1891 年（光绪十七年），天津武举人李福明开设北京机器面粉厂。

第三，各类企业资产额不大，规模小，资产和规模大小悬殊。规模最小的是船舶和机器修造业，平均每家企业的资本额仅有 625 两，规模最大的是造纸业，企业平均资本 11.8 万余两。企业平均资本数大小悬殊的状况是由各类企业的产生途径所决定的。船舶和机器修造业各厂都是在原有手工作坊的基础上添置少量机器设备而转化成的，因而手工生产和机器生产并存，技术水平低下，集资方式多系独资或合资，表明这类企业与原有的资本主义萌芽关系较为密切。那些规模较大的企业，则是以引进外国的生产设备而建立起来的，机械化程度较高，技术水平较先进，投资需要量也较大，大多采取招股集资的方式，因而与资本主义萌芽无多大关系。其他中等规模的企业的产生途径，基本属于新旧共存状态，或由手工作坊转化而来，或以手工生产与机器生产并存。总的来说，这一阶段的制造业企业或从手工作坊转化而来，或引进外国设备全新建厂，两者并存。另外，此时期的制造企业大部分由官方直接控制，部分为商人投资。

综上，1900 年前后的几十年间，北京民族资本经营的近代制造业数量小，规模小，发展甚微。1894 年甲午战争后，一方面由于帝国主义加紧对华经济侵略，进一步破坏了中国的自给自足的自然经济，破坏了城市手工业和农民家庭手工业，扩大了商品市场和劳动力市场。与此同时，在帝国主义对华进行大量资本输出的刺激下，要求准许民间自由设厂自造的呼声也日渐强烈，为北京民族工业发展提供了可以利用的机会，使其开始不断发展。它们的显著特点：一是在资本和技术上依附于外国的倾向明显，二是带有浓厚的封建性。有些企业内较少使用机器生产，大部分依然是手工操作。所以，近代早期的制造业企业，作为封建统治中心的北京的民族工业只能缓慢地发展。

2.3 北京民族工业的产生和发展

2.3.1 北京民族工业产生的社会背景

20 世纪初，在西方列强侵华造成中国严重的民族危机的形势下，由于收回利权运动的刺激以及清政府实行新政改革的推动，在中国大地上掀起了一股兴办实业的热潮。由于西方列强忙于欧战，暂时放松了对中国的侵略，使中国民族资本主义经济得到初步发展。20 世纪 20 年代开始，民族工业又呈下降趋势，主要是因为欧战结束后，帝国主义又卷土重来，又值欧美国家出现经济危机，向我国倾销大量的过剩产品，加上国内各派军阀混战，北京政局动荡，工业生产和发展日趋衰败。进入 30 年代，在“九一八”事变后，一部分爱国人士抵制日货，重视发展民族工业，兴办了新的工厂，才使近代民族工业出现了一个短暂的高潮。总之，这一时期北京近代工业的发展在错综复杂的社会环境下呈波浪式发展，制造业格局发生了变化，除了原有的粮、油、盐、木材、中药等传统农副产品的制造外，出现了大量的棉纱布、针棉毛织品、纸烟等制品。

由表 2－2 可知，纺织业方面，包括纺纱业、纺染业、轧花业、织麻业、呢绒、丝织业和其他纺织业，1901—1911 年共设厂 82 家，是 1840—1900 年设厂的 3 倍，纺织业在行业分类上较之前的时期又新增了织麻业、丝织业和其他纺织业，纺织业上不仅种类增多了，设厂的数量也较以前增加了。

政府和绅商的弊政革除和抵制外资侵略的行动与当时实业救国的思潮相互配合、相互推动，从投资量较少且见效较快的轻工业入手，尤以棉纺织业、面粉业、火柴业、卷烟业为主要投资对象，形成了有利于资本主义经济发展的一种社会环境。

表 2 -2　1840—1911 年北京主要近代制造业部门统计表

		1840—1900 年		1901—1911 年	
		家数	资本额（万元）	家数	资本额（万元）
纺织业	纺纱业	14	1161.0	10	662.0
	纺染业	1	12.0	49	157.4
	轧花业	8	85.7	3	12.8
	织麻业	—	—	4	100.0
	呢绒	3	73.0	8	369.9
	丝织业	—	—	3	26.0
	其他纺织业	—	—	5	4.0
	共计	26	1331.7	82	1332.1
缫丝业		125	1191.0	70	556.9
面粉业		11	109.4	53	786.8
火柴业		9	36.1	28	130.0
机器业		9	33.1	20	352.1

资料来源：杜恂诚：《民族资本主义与旧中国政府》，上海社会科学院出版社 1991 年版，第 285—528 页。本表根据该书附录的有关内容编制而得。

2.3.2　北京近代民族工业的产生和发展

以近代的经营方式、得到近代科学技术武装的近代民族工业，从 19 世纪末叶起，在北京得到了前所未有的发展，它是北京近代化进程的一个重要标志。既与中国历史的发展同步，自然也就打上了半封建半殖民地社会的烙印。

这一时期，一方面一些新的行业开始产生并发展，另一方面在原有制造行业的基础上部分行业也得到了发展。

（1）针织业

北京的针织业在这时期得到了迅速发展，受欧洲战役的影响，针织品的进口额由 1913 年的 191 万两降到 1915 年的 92 万两，说明北京本地的针织品制造已经得到较大发展。从辛亥革命到第一次世界大战，北京兴办的针织厂也明显增加，到 1915 年约有 43 家，产值合计 5 万余元①。

从 19 世纪末，西方国家陆续在北京开设洋行，洋行主要集中在东交民巷和王府井地区。在这些洋行中，不少是从事纺织品和服装销售的。如以经营丝绸、呢绒为主的新华洋行、力古洋行，以经营高级衣料、礼服、衬衣、妇女装饰用品为主的吴鲁生洋行、德隆洋行等。由于北京不是开埠城市，这些洋行大都属于支行性质。如吴鲁生洋行是俄国商人所创办，总行设在哈尔滨，专门采运美国的新式服装衣料和化妆品来北京发售。这些洋行一方面是为住在东交民巷使馆区、北京饭店、协和医院的外国人服务，另一方面则把各种产品推销给北京市民。

（2）棉纺织业

棉纺织业是这段时期发展最明显、最具代表性的一个行业。棉纺织工业的发展以张謇创办南通大生纱厂为代表。实业救国的思想是张謇决心办厂和不畏艰难的力量源泉，同时，官方的有限援助也是企业得以筹建的重要依靠，保守的社会风气是企业难以创建的主要社会原因，调整市场的供求关系和合理的经营方法是企业能否生存和发展的关键所在。1905 年后，在收回利权运动和抵制洋货运动中，中国人的实业救国思想更加深入人心，政府的惠商政策也有所完善，洋纱输入额大幅度减少，于是商办棉纺织工业开始了新的发展高潮。

（3）机械工业

1921 年美国长老会教徒创办海京洋行，主要经营进口机器并进行机器的安装。1926 年改组为海京铁工厂，主要修理自来

① 中共北京市委党史研究部：《北京早期工业史料选编》，北京出版社 1994 年版。

水、暖气管件，为协和医院制造手术台。日寇占领时期改名为“小系重机株式会社”，为井陉、大同等矿区生产铁斗车、卷扬机、水泵等矿山机械，也制造炮弹、地雷等武器。中国工人用破坏设备、磨洋工等手段与日寇进行斗争，制造的手榴弹八九成打不响。当时，日本增添了一些日本造机床以及日本硬质合金刀具，直到解放后北京机器厂还在使用。

1928 年，香山慈幼院创办慈型铁工厂，曾经试制简易车床，但是质量不佳、成本高昂，北京这次制造机床的尝试失败了。62 家工厂中最大的两家为永增、海京，二者是北京第一机床厂的前身。永增铁工厂是北京民族资本家封竹轩于 1912 年创办的，后发展成当时私营工厂中最大的一个。工厂最初只是揽杂活儿，修理黄包车等。1921 年扩建厂房，增购设备，开始为军队修理武器，生产矿山用的铁斗车、水泵和铆焊锅炉。日寇占领时期主要制造铁路上用的转辙器、搬道闸和修理军械武器。有记载称，永增铁工厂还曾制造一辆汽车，在先农坛国货展览会上参展，轰动京城，这是北京最早制造的汽车之一。

1935 年《工商半月刊》第 19—20 期连载的《北平机械工业调查》，该报告详细地记载了“七七”事变以前北京机械工业的状况，结论是当时“北平的机械工业尚十分幼稚”。这份调查报告的作者赵梅生又名赵作霖，是中共早期党员、北大学生领袖之一。该文共调查北京当时的机械工厂 62 家，但不包括长辛店、南口等交通部属下的铁路工厂。62 个工厂多为民营或外资，共有工人 2000 余人，旧式工作机 320 部，拥有 3 部及 3 部以上工作机的 33 家，当时工厂中最常用的工作机为旋床、刨床、钻床、铣床等，其中“大”工厂的机械多购自美、法，小工厂的机械多系北平产品。由此可见，当时北京已经能自制一些简易机床，供本市小工厂使用。

（4）织染、皮革等行业

除上述行业外，织染、皮革、面粉、酿酒等行业也有所发展，最有成效的例如双合盛啤酒厂，该厂建于1915年，资金5万元，生产的五星牌啤酒以水质甘美、工艺精良而著称。另外丹凤火柴厂也于1918年与天津华昌火柴厂合并，改名丹华火柴股份公司，资本额增加到120万元。进入30年代，一些新式的工厂建立，典型的像1933年汪传夫建立的燕京造纸厂，使用国产圆网造纸，制作毛边纸、牛皮纸及各色宣纸等50余种。根据20世纪30年代有关统计资料，北京近代工业发展概况如表2-3所示。

表2-3　北京（平）近代民族制造工业的分类体系及发展

类　别	厂数（家）	类　别	厂数（家）
织染	160（余家）	炼铁	1
针织	200（余家）	电力	12
毛织	3	玻璃	1
皮革	12	火柴	1
烛皂	11	造纸	4
面粉	2	印刷	30（余家）
酿造	4	煤炭	62
机械	60（余家）	自来水	1
厂数：101家	占全国比重：2.56%	资本额：10629000元	占全国比重：2.75%
工人数：4565人	占全国比重：0.99%		

资料来源：国民政府实业部：《中国经济年鉴》，1934年版。

综上，这段时期北京近代制造工业发展的特点如下：

第一，受国际环境和国内环境的影响，这一时期的北京制造工业在曲折中发展，一方面想摆脱封建主义和帝国主义的控制，一方面又依存其发展，因此这一时期的北京制造工业企业的性质依然具有浓厚的封建主义和帝国主义的色彩。只是因为各种势力的不均衡发展而色彩浓厚不均衡。

第二，北京近代制造工业的门类较之上个时期发展的更全，同时商办的轻工业发展比较突出，就产业的多样性而言，出现了很多新的产业。在制造工业中，也出现了诸如棉纺织、丝纺织、制革、毛纺织、造纸、印刷、水泥等新产业。其中比较有代表性的企业有：上海华盛纺织总局，北京清河溥利呢革公司，北京度支部印刷局，湖北织布、缫丝、制麻、纺纱等湖北纺织四局，苏州的苏纶纱厂和苏经丝厂，武昌毛呢厂和武昌皮革厂，广东士敏土（水泥）厂和启新洋灰有限公司，南洋印刷官厂，汉口度支部造纸厂，等等。充分说明，工人和农民阶级获得一定的自由，才能为民族工业的发展提供空间，从而使官办工厂和私营工厂都得到一定的发展。

第三，由于北京的特殊政治和经济文化中心的位置，帝国主义列强把目光聚焦到了北京，在一定程度上限制了北京地方制造工业的发展，因此，从表 2－3 我们可以看出北京各行业无论从企业数还是从资本总额以及雇佣的工人数，占全国总数的比重依然不高。

第四，北京近代制造工业发生了两个转变：一是军用企业民用化。随着甲午战争后中国经济社会环境的变化，一些军用企业迫于形势，或为追求更高的利润，开始部分向民用品领域发展，逐渐走向市场。二是官办企业的商办化，面对外国商品和外资企业的冲击，加之清政府财政拮据以及企业自身的管理经营不善，许多官办和官督商办企业每况愈下，难以为继，逐步由承租模式转变为完全商办的企业。

上述官办企业的发展状况说明，清政府的经济行为被迫从垄断专办转向引导商办。军用企业开始民用化和商办化，而非军用企业的创办和经营主体也开始向民间转移，从而不仅增强了民间资本的力量，激发了自主创办企业的积极性，而且使资产阶级的队伍得以发展扩大，进一步激发了其要求政府调整经济政策和改革政治制度的愿望。

2.4 抗日战争时期的北平制造工业的衰败

1937年日寇占领北平，北平近代工业经济迅速殖民地化，1937年7月下旬，国民政府在一次有军政各方参与的总动员大会上确立了实施战时经济统制的原则，并明确了分工及负责单位。会议决定：粮食统制，由实业部、财政部、内政部、军政部四部计划实施，由实业部负责；资源统制，由资源委员会、经济委员会、实业部、军政部、财政部、交通部、铁道部各部会同主办，由资源委员会负责召集；交通统制，由交通部、铁道部、军政部、资源委员会、经济委员会会同主办，由交通部召集；各地卫生人员及材料之调查统制，由军政部、卫生署、内政部会同主办，由军政部召集；财政金融之筹划，由财政部、军政部、实业部研究，由财政部召集。

为了最大限度地集中人力、物力、财力用于战争，国民政府对战时经济采取了全面控制的方针，对生产和贸易都采取了统制政策。1937年12月，国民政府公布《战时农矿工商管理条例》，1938年10月又将其修订为《非常时期农矿工商管理条例》，条例规定对如下四类物品进行统制：①棉、丝、麻、羊毛及其制品；②金、银、钢、铁、铜、锡、铝、镍、铅、锌、钨、锑、锰、汞及其制品；③食粮、植物油、茶、糖、皮革、木材、盐、煤、焦炭、煤油、汽油、柴油、润滑油、纸、漆、酒精、水泥、石灰、酸碱、火柴、交通器材、电工器材、电气机器工具、教育用品、药品、人造肥料、陶器、砖瓦、玻璃；④其他经经济部呈准行政院制定者。

在国内经济政策紧缩的基础上，日本侵略者也以多种形式吞并了北平的一些重要工矿企业，门头沟煤矿、石景山发电厂、石景山炼铁厂、长辛店机车修理厂、军政部制呢厂等重要的工厂，企业实权大多操控在日本人手中。日寇为了掠夺我国资源，执行其“以战养战”政策，除了霸占长辛店机车修理厂、清河制呢厂等官办企业外，还新建了琉璃河水泥厂、丰台桥梁厂和大台等四个煤矿，并把石景山钢铁厂建成投产；为了满足其奴化教育的需要，又开办了新民印书馆。由于工厂增加，电力负荷上升，1942 年日寇将北平、天津、唐山等地的发电厂联成电网，并对石景山电厂进行了扩建。这些厂的设备都是从日本拆迁来的破旧烂机器，经常处于检修状态，根本没有安全保护设施。日寇统治时期，一些较大的民族工业，如永增铁工厂等都被强行“收买”或“合办”，只有少数为军需加工或为社会急需的面粉、啤酒、酱油业略有发展。但在日寇的原料“统制”和市场垄断的情况下，也是朝不保夕，苟延残喘。据 1939 年《北平市政统计年鉴》资料，当年，北平市共有工厂 138 家。其中炼铜、铁工、制针、电镀企业 22 家；其余大部分属轻工业，主要有火柴、造纸、料器、造胰等工厂 11 家，啤酒、酱油、果脯、制冰等饮食制造企业 5 家，织布、地毯等纺织制造企业 78 家，印刷工业 20 家，卫生材料制造企业 2 家。

1941 年全市有工业企业 192 户，其中五金、炼铜、铁工、制针等重工业企业 54 家，火柴、造胰、制纸等化学工厂 11 家，啤酒、汽水、酿造、制糖、果脯、烟草等饮食及烟草制造企业 9 家，织布、地毯纺织制造企业 49 家，印刷企业 22 家，制帽、织品、棉花制品等制造企业 35 家，玻璃、料器、花砖、制瓶、珐琅等玻璃工艺品制造企业 8 家，制药、墨水、体育用品、三轮车等其他制造企业 4 家。

在极其困难的条件下，已经积累了一定基础的北平民族工业遭到了扼杀，一些较大规模的或与军需有关的民族企业被日本侵略者霸占，但是一些民族企业和广大工人为了争取生存和发展，也为保存和发展民族工业作出了努力。例如，双合盛啤酒厂虽然营业日趋不振，但是依然竭尽全厂职工的力量，力求企业不散。

总之，抗日战争时期的北平近代制造工业开始走向衰败，经济建设和工业发展步伐缓慢。

2.5 解放战争期间北平制造工业的发展

抗战胜利后，美帝国主义取代了日本独占中国的地位，其主要任务就是恢复经济，支持国民党政府在收复区接收敌伪财产。由新成立的河北平津区敌伪产业处理局统一处理，凡属重要的工矿企业，均没收为“国营企业”，实为官僚资本主义所有。国民党政府趁机控制了一部分企业，例如：石景山发电厂，石景山制铁矿业和琉璃河水泥厂，其他如机械、造纸、制革等类工厂由经济部接管，在此背景下，北平工业经济发展没有任何建树。

1946 年以后，内战爆发，北平市制造业尤其萧条。私营部门主要集中在食品加工、印刷、织染、造胰、铜铁机器业、度量衡制造等行业。

1949 年北平解放前夕，北平城区内轻工业企业、个体私营经济比重较大，多数是烧制砖瓦、酿酒、粮油加工、木器、食品工业和修理业。大部分处于停工和半停工状态。

1949 年前，北平工业结构以轻工业为主，企业规模较小，家庭手工业作坊、个体私营企业占多数，企业集中于城区。1949 年 8 月，新中国成立前夕，北平市人民政府外侨事务处调查统计，当时外国人在北平开办的企业共有 67 家。

解放战争时期，国民党政府只会争权夺利，对于发展则昏聩无力，根本不问生产。因而使接收的厂矿长期处于停滞状态，如清河制呢厂由于原料、器材供应不足，生产奄奄一息。民族工业在美货排挤、通货膨胀和苛捐杂税的摧残下陷入绝境。只有国民党制造杀人武器的“修械所”大为增加。到新中国成立前夕，北平工业已是“群趋凋敝”，更加“满目疮夷”了。全市虽有 13286 家工厂（百人以上的只有寥寥几家），但是停工者占半数以上；职工 83178 人；产值不过 10500 万元。到 1948 年，制造业多数为手工生产，百人以上的工厂仅有石景山钢铁厂、北平发电厂、门头沟煤矿、长辛店铁路工厂、琉璃河水泥厂、面粉厂等十几家。

到 1949 年，北平的机械业也只能敲打修配，可谓无机床行业，更无新技术而言。1949 年新中国成立前夕的北平机械工业凋敝不堪。根据北平机器同业工会在 1948 年 8 月的一份调查材料，全市 570 家铁工厂使用的各式旧机床只有 800 余部，与 1935 年赵梅生调查时相比没有大的改观，而且基本没有制造大型机床的能力。

2.6　北京近代制造业发展的特征

2.6.1　北京近代制造业发展的行业体系及发展形态

从近代制造工业出现到北京解放，北京工业发展极其缓慢。这一时期北京制造业的情况如下：

（1）制造工业的布局

清末及民国初，在崇文门外大街、打磨厂、木厂胡同、茶食胡同及前门大街一带，出现了万和成、义信成、公聚德、万庆和、万庆成、万盛号、同和祥、恒泰、正信隆、元法成、同泰、天泰、长泰、广裕、仁丰、义丰、大兴昌、信义龙、玉盛、巨盛、正兴中、永兴、德顺成、吉元成、义全兴、三合公、三义成、兆丰、裕丰等 100 余家大小五金铺。前门外珠宝市内聚集了聚丰、德顺、同元祥等 26 家将碎银铸成大小元宝的炉房。前门外东河沿路南还有德兴永金箔铺。前门外廊房头条灯笼铺相当集中，有文盛斋、华美斋、秀珍斋等20多家。前门外的廊房头条、廊房二条、廊房三条和崇文门外的花市，被称为“玉器街”。廊房二条里有三盛兴、恒盛兴、聚丰厚、宝权号、聚源楼、富德润、三义兴、德源毓兴、永宝斋、荣兴斋、利贞斋、王盛公、毓宝斋、永记、瑞文斋、万义斋、泰源号、兴斋、宝昌隆、润亿合、杨敬记、德文斋等20多家玉器铺。廊房三条里有同义斋、全兴盛、全盛永、合成永、德顺兴、德山斋、瑞珍斋、恒聚斋、景华斋、仁和斋、蕴珍斋、万兴涌、永盛玉、同升号、恒盛斋等十几家玉器铺。崇文门外花市中三条有德顺成、正兴隆、广聚斋、万宝斋、聚盛公、祥聚公、公记号等近十家玉器铺。

民国时期，打磨厂一带集中了荣发电镀厂和中华昶、双盛公、鑫新等早期的电镀企业。在城南前门、崇文门一带集中了全市大部分染织和电镀行业。北京几个比较大的工业企业，如石景山钢铁厂、石景山发电厂、清河制呢厂等主要集中在西北郊。

早期的城区工业及手工作坊，业主依自身条件随意选址建设，工业布局凌乱，处于自然形成状态。

（2）制造企业的所有制结构

清末民初，北京工业主要由封建官僚资本经济、私人资本经济、农民和手工业者的个体经济以及外国资本经济等构成。其所有制形式如下：

1）个体私营形式。北京自封建社会开始出现私营经济。民国时期，北京私营企业在地毯业、石材加工业、造胰业、猪毛业、织染业、工艺美术业、铜铁机器业、修理业、酿酒业、食品业、造纸业等有一定的发展。1916年，现西城区境内祖家街开设的度量衡器厂，工艺美术工厂有隆顺花厂、刘氏兴隆花厂2家，木器业工厂有兴隆、祥茂、万昌3家。1931年后，北平市民族工业又有了新的发展。到 1936 年，仅现西城区境内有 7 个行业新办私营工厂 33 家。京西私人煤窑众多、石灰、砖瓦等建筑材料行业也建立了许多私人工厂。1937—1945 年，日本侵略者实行日货倾销，市场垄断，北平市私营工业及手工业作坊纷纷倒闭。1946 年以后，内战爆发，北平市工业萧条。私营工业部门主要集中在食品加工、印刷、织染、造胰、铜铁机器业、度量衡制造等行业。1949 年北平解放前夕，城区内轻工业企业、个体私营经济比重较大，多数是烧制砖瓦、酿酒、粮油加工、木器、食品工业和修理业。大部分处于停工和半停工状态。

2）股份制形式。清代末期，近代民族工业兴起，主要采取集股方式开办，主要包括官股、私股、外资股等。1922 年，由欧美留学生集资创立的仁立股份有限公司在王府井大街 97 号正式成立。公司下设地毯工厂，雇工自织地毯。1931 年，仁立股份有限公司建立毛纺织厂，1935 年，在北平朝阳门内旧“五爷府”的地址，新建生产钩针地毯厂房，1937 年，总部迁往天津。1941 年，中国大喜酿酒股份有限公司开始营业，股金不足 18 万元，年酿酒 90 桶。1943 年资本增加到 100 万元，年酿酒 150 桶。1945 年资本扩充到 450 万元。

3）外资形式。中日甲午战争后，西方资本进入北京采煤业。其后，外国资本和中国的一些官僚商人合办了裕鄰煤矿等。1915 年，英国资本参股门头沟煤矿。1920 年，该煤矿被英国资本控股，改名中英门头沟煤矿公司，资本达到 150 万元。1916 年，日本资本控制了杨家坨煤矿。至此，北京煤矿资源基本上被英国、日本等帝国主义国家所垄断。随后，美国、德国先后在北京开办地毯厂和汽水厂。“七七”事变后，日本侵略者控制了门头沟煤矿，进行掠夺性开采。先后建立水泥厂、啤酒厂，并成立兵工厂，制造马枪、轻机枪等军械。1949 年 8 月，新中国成立前夕，北平市人民政府外侨事务处调查统计，当时外国人在北平开办的企业共有67家，工业企业有酿造业、牛奶食品业11家。至此，外资经济在北京已有了一定的发展。

（3）产业结构

据1939年《北平市政统计年鉴》资料，当年，北平市共有工厂138家。其中炼铜、铁工、制针、电镀企业22家；其余大部分属轻工业，主要有火柴、造纸、料器、造胰等工厂11家，啤酒、酱油、果脯、制冰等饮食企业5家，织布、地毯等纺织企业78家，印刷工业20家，卫生材料企业2家。

1941年全市有工业企业192户，其中五金、炼铜、铁工、制针等重工业企业54家，火柴、造胰、制纸等化学工厂11家，啤酒、汽水、酿造、制糖、果脯、烟草等饮食及烟草企业9家，织布、地毯纺织工业企业49家，印刷企业22家，制帽、织品、棉花等企业35家，玻璃、料器、花砖、制瓶、珐琅等玻璃工艺品企业8家，制药、墨水、体育用品、三轮车等其他工业企业4家。

1949年前轻工业以手工业为主，手工业中又以工艺美术品驰名中外。象牙雕刻、玉器、景泰蓝、雕漆、花丝、金漆镶嵌、刺绣、绒绢、纸花、地毯、宫灯、挑补花等，品种繁多，做工精细。还有手工造纸、手工织布、缝纫、木器、刀剪、金银锡箔、农具、中药等日用小商品。

（4）员工结构

清朝末期，北京近代工业兴起。工人主要从城市贫民及农村招募。1933—1949年的统计数字表明，北平市工业从业人数在逐年增加，其中男工和女工的比例相对缩小，工人大部分集中在纺织业。1949年，全市全部工业年末职工人数15.63万人。是年，在北京市社会劳动者的行业构成状况中，产业工人仅占10.6%，而第一产业工人占71.8%，第三产业工人占17.6%。

北京近代制造业的行业体系及发展形态参见表2-4。

表 2 – 4　北京（平）近代制造业行业体系及发展形态

时期	主要行业及发展	主要经营形态	主要服务对象
19 世纪五六十年代至 20 世纪初	机械制造业、轻工制造业、近代印刷业等	官办企业、官督商办企业；企业具有资本主义和封建主义色彩和特征；大部分依然延续手工制造，机器生产少，规模、资金等规模小；技术落后	军事需要、统治阶级的奢侈生活
20 世纪初至 20 世纪 30 年代	机械制造业、轻工制造业、其中棉纺织、针织业兴起	官办企业、官督商办企业、商办企业；民族工业开始发展；企业具有资本主义和封建主义性质	军事需要、民用产品、统治阶级奢侈生活
20 世纪 30 年代至 20 世纪 40 年代	机械制造业、轻工制造业	官办企业和私营企业均归政府统一控制，具有殖民地化趋势	主要为军事需要服务，百姓生活艰难
20 世纪 40 年代至解放前	机械制造业、轻工制造业等	个体私营企业比重较大，生产规模、技术等没有较大提高；企业在资本主义、封建主义、帝国主义的压迫下缓慢发展	统治阶级的疯狂敛财

通过表 2 – 4 我们可以看出，北京近代制造工业在这一时期的发展是机遇和挑战并存。由于战争和资本主义的侵略，一方面在客观上促进了近代制造工业的发展，举办企业、提高技术、提高生产效率、行业门类细分、开始雇佣工人等等，而这是北京近代工业为了适应当时的环境而被迫无奈做出的选择，因为传统的手工制造行业已经不能适应社会发展和经济发展的需要，必须做出调整，所以可以说资本主义的入侵是促使北京近代制造工业调整并发展的必要条件；另一方面统治阶级的奢侈生活和崇洋媚外的态度以及贪婪的敛财行动使得官办企业和官督商办企业发展缓慢，进一步刺激了民族制造工业在夹缝中产生并发展。所以说，

封建的统治阶级不顾百姓的生活，不顾社会经济的发展和进步，在一定程度上也刺激了民族制造工业的发展；由于战争不断，其中包括欧洲战役、日本的侵华战争以及国内的内战，使得开始产生的民族制造工业以及在传统手工制造行业发展来的新式制造行业缺乏一个稳定良性的环境，导致其发展呈波浪式缓慢前进，其企业规模小、资金额少、工人少、产量少、工艺提高速度慢等等。综上来看，北京近代制造业只是在必要条件具备、但是充分条件不足的基础上发展。

2.6.2 北京近代制造业发展与城市定位

北京近代制造业的发展与北京城市的定位和发展密切相关，其关系参见表2－5。

表2－5　北京（平）近代制造业与城市定位的关系

时　期	北京的名称	城市功能/性质	主要制造活动	主要制造活动特征	制造活动对城市发展的作用
19世纪五六十年代至20世纪初	北京	由封建社会向半封建半殖民地社会过渡；全国首都	机械制造业、轻工制造业、近代印刷业等；主要以重工业为主	新式制造行业兴起、企业具有一定规模但是规模较小；开始雇佣工人，形成资本主义的生产关系	推动着北京近代工业的产生，工业的现代化建设开始萌芽
20世纪初至20世纪30年代	北京	半殖民地半封建社会形成；全国首都	机械制造业、轻工制造业、其中棉纺织、针织业兴起	民族制造工业开始发展，企业规模增长缓慢，资金额少，发展速度缓慢	促进了城市民族制造工业的兴起

续表

时期	北京的名称	城市功能/性质	主要制造活动	主要制造活动特征	制造活动对城市发展的作用
20 世纪 30 年代至 20 世纪 40 年代	北平	半殖民地半封建社会；北平不再是全国首都，而成为一座以文化教育事业为特色的古城	机械制造业、轻工制造业	制造业门类没有太大变化，制造业发展没有任何建树	制造业的发展和城市的发展都因为战争的因素，开始停滞
20 世纪 40 年代至解放前	北平	半殖民地半封建社会；不再是全国首都	机械制造业、轻工制造业等	制造业发展速度缓慢，由于战争原因开始走下坡路	制造业的发展和城市发展都处在黎明前的黑暗状态

正如前面所讲，本时期由于战争因素，使得北京首都的地位发生了动摇，1928 年国民党军队占领北京后，将原来的中央政府机构迁往南京，将北京改名为北平特别市，北平不再是中国的首都，而成为一座以文化教育事业为特色的古城。北京的社会性质由封建社会过渡到了半殖民地半封建社会，国家矛盾和民族矛盾突出，这一切变化都影响了制造业发展的速度和方向。但是，近代制造行业依然在夹缝中取得了新的发展，例如一些新兴行业产生，在国外引入的新技术上开始进行改良，利用机器生产提高生产效率；在传统制造行业瓦解后，解放出来的工人成为企业工人的后备军，也成为工人阶级的代表，使得民族工业开始兴起，近代制造活动的目标不仅仅是为统治阶级服务，不仅仅是服务于军事战争的需要，而是开始面向百姓的生活。这些宝贵经验的积累为新中国成立后北京恢复首都的地位打下了基础。

2.6.3 北京近代制造业的特征

北京近代制造业的特征如下：

（1）制造业主要部门直接为统治者服务

从北京近代制造业的兴起来看，最早时期的一些制造业部门都和北京最高统治者的需要有关。有些制造业部门是为了加强护卫皇室的军事力量而设立的，例如神机营机器局；由于北京近代制造业未能摆脱传统的封建帝都经济的束缚，必然产生不良后果。不仅使近代制造业结构极不合理，还使已经建立的近代制造业部门难以顺利发展。

（2）制造业资本主要由官僚资本转化而成

在我国，尤其是在北京，制造业资本有相当大一部分是从官僚资本转化而来的。主要有两个原因，一是随着洋货的不断增多，北京市场逐渐扩大，使得一些官僚出于不同的目的掀起了创办制造业的热潮。有的认为有利可图，有的则出于爱国之心，热心倡导民族工业。二是清政府颁布了一系列奖励工艺的章程和措施，吸引了一些官僚投资。这样的投资对城市经济发展起到了一定的推动作用，但由于官僚创办企业存在着制度腐败、经营管理不善等一系列致命缺陷，再加上局势动荡，使得制造业发展很不稳定。

（3）民族企业的资金中，外资占相当大的比重

我国民族资本力量薄弱，北京更是如此。在很多方面都依赖于外国。列强就利用这种渠道对民族工业加以控制。民族企业也愿意吸收外资，可以借助帝国主义经济力量求得生存与发展，反映了北京民族工业对帝国主义极强的依附性。

（4）制造业起步较晚

与制造业比较发达的沿海城市相比，北京近代制造业兴起的时间较晚、发展速度慢、基础落后，在城市经济中所占比重极

小。直到抗日战争胜利以后，北京工业中手工制造行业仍占80%以上，在全国工业产值中的比重甚小，只占1.93%。

我国近代制造业产生于19世纪60年代。而北京近代制造业的产生晚于沿海地区，即使到20世纪初，仍落后于沿海地区。据有关资料显示，辛亥革命前我国民族资本创办的工厂总计536家，但北京只有5家。究其原因，既有历史根源，也有人为的政治和思想障碍，导致民族制造业的发展缓慢。

总之，北京近代制造业是在一种内忧外患的状态下不正常发展起来的。一方面受到外国侵略势力的残酷剥削，虽然在一定程度上刺激了制造业的发展，但其深重的压迫仍然阻碍了近代制造业的正常发展；另一方面，封建统治者迫于外部压力而发展的官办制造业和依附于外国势力并具有浓厚封建性的民族制造业都有其先天不足，使得北京近代制造业只能缓慢发展。

近代北京制造业是在外国资本主义势力入侵后渐生的。一方面在国外资本的刺激下，清政府以及一些有志之士开始兴办产业，带动了制造业的发展；另一方面，近代制造业仍然受到国外势力的阻碍，使其在不稳定的环境中、不正常的条件下艰难地发展。另外，北京是清朝的首都，封建势力强大，虽然清政府在压力之下开始发展制造业，但保守的封建意识、落后的封建制度仍然是北京近代制造业发展的绊脚石。两种影响因素结合，北京近代制造业只能缓慢发展。

从近代制造业出现到1948年北平解放，在这漫长的八九十年当中，由于帝国主义、封建主义和官僚资本主义的种种压迫和限制，北京制造业发展极其缓慢。企业的规模狭小，设备简陋，技术落后；产品成本高，质量低；原料和市场多依赖外国和外地；而本市所需用的产品却仰赖于洋货或津、沪供给。企业经营管理腐败落后，对工人实行封建统治和超经济剥削；劳动条件恶劣；工作时间很长，工伤事故频繁；工资极端低薄。因此，新中国成立初期北京制造业的建设是从百业凋零、满目疮痍的基础开始的。北京制造业发展所面临的任务主要是恢复、改造与发展生产，大力恢复原有企业、发展生产和提高生产力水平，对北京制造业进行一些基本建设。

小 结

北京近代制造工业起步于清光绪九年（公元 1883 年），清政府在京西三家店创办了为军械服务的神机营北京机器局。1897 年后为京汉等铁路的通行，建立了长辛店机车修理厂、长辛店电器修缮厂等。民国初期北京的工业只有一些小型的玻璃厂、火柴厂，大工业、重工业基本无从谈起，为新北京的民族工业留下的基础十分薄弱。北京近代的制造工业在帝国主义、封建主义、官僚资本主义三座大山压迫下缓慢地呈波浪式发展，1911 年辛亥革命以后，北京在总体上仍停留在封建性的消费城市阶段，现代工业不发达。直到抗日战争胜利后，北京工业中手工业仍然占 80% 以上，在全国工业产值中的比重也很小。受当时特殊的政治环境的影响，近代工业的产生和发展，是依附于帝国主义的经济而生存的，并且经过了极为曲折复杂的过程。

北京工业的发展状况也与当时特殊的政治经济、文化环境有关。辛亥革命（公元 1911 年）以后，经过北洋军阀时期，直到抗日战争结束，北京的重工业很少发展。第一次世界大战期间，由于受到战争的影响，北京的轻工业发展较快，大战一停，帝国主义卷土重来，洋货又充斥市场，北京民族工业又遭到了严重的打压。1931 年“九一八”事变以后，在全国提倡国货、抵制日货的爱国高潮下，北京的民族工业有些抬头。1937 年“七七”事变后进入日寇统治时期，一些较大的民族工业企业都被强行“收买”或“合办”，只有少数为军需加工或为社会急需的行业企业略有发展，但由于受到日寇的原料“统制”和市场垄断，也是朝不保夕。日寇为了掠夺我国资源，执行其“以战养战”政策，后又为了满足其奴化教育的需要，开办了新民印书馆。抗日战争胜利后，国民党接收大员满天飞，他们和经济机关只会争权夺利，不管民生。这个时期，民族工业受到美货排挤、通货膨胀和苛捐杂税的摧残，几乎陷入绝境。

旧中国的北京是一个生产极为落后、商品经济不发达的畸形消费城市。从行业发展状况来看，除为封建王朝和贵族服务的一些手工业外，在晚清及民国时期现代工业少得可怜，城市的工业基础也十分薄弱。北京从清朝末年开始建立了一些现代工业，主要是随着铁路的建设发展了一些铁路附属企业，此后，从北洋军阀统治时期直到“七七”事变抗日战争全面爆发前夕，工业发展几近停滞。抗战胜利后，北平作为国民党南京政府的直辖市，没有真正的机器制造业，没有基本化学工业，只能出铁，不能炼钢，不能纺纱。

在整个民国时期，近代工业波动远远大于农业。特别是以 1937 年为界，明显地分为两大时期。抗战以前，有一个相对统一和稳定的局面，近代工业的发展较为正常，在各种因素中，经济因素起主导作用。而在抗日战争爆发以后，由于长期的全面战争，包括工商业活动在内的几乎所有经济活动都受到了战争的巨大冲击，并在很大程度上被纳入了战争的轨道。

在 1949 年以前，北京工业结构以轻工业为主，企业规模较小，家庭手工业作坊、个体私营企业占多数，企业集中于城区。早期的城区工业及手工作坊，业主依自身条件随意选址建设，工业布局凌乱，处于自然形成状态。北京工业的所有制结构在清末民初，主要由封建官僚资本经济、私人资本经济、农民和手工业者的个体经济以及外国资本经济等构成。北京工业产品出口主要是传统的手工艺品，数量很少，创汇量也很小。外资经济和对外贸易在这个时期有了一定的发展，但大都是建立在西方列强与清政府签订的一系列不平等条约的基础上。

随着清王朝的覆灭，北京城市也由半封建社会过渡到了半殖民地半封建社会，其社会地位也一再受到威胁。国民党统治中国后，北京由全国的首都开始转变成文化教育的地方性城市，这些变化为北京近代制造工业的发展提出了挑战，也创造了客观条件。新中国成立后，北京重新成为祖国的首都，如何调整北京的定位，如何恢复制造行业的发展和生产活动，北京城市的发展和制造行业的发展都将面临新的挑战和机遇。

第3章

新中国成立以来北京制造业的发展

1949年前，北平工业落后、零散、规模偏小、产量低、发展迟缓，结构畸形、布局不平衡。中国近代工业基础十分薄弱，旧中国工业留下的“家底”可谓是“一穷二白”，新中国工业发展只能是“白手起家”，可以说，新中国成立初期的北京工业建设是从百业凋零、满目疮痍的基础开始的。在半封建、半殖民地发展起来的民族工业就像一个脆弱的襁褓，号称大企业的石景山钢铁厂，实际上有铁无钢；颇有名气的清河制呢厂，每年产毛呢不过7000米。连一些最普通的消费品如牙膏、香皂、缝衣针等也全靠外埠供应。绝大多数工业原料、设备和日用消费品依靠外地供应和国外进口。因此治理这样混乱的经济，争取财政经济状况好转，恢复制造业生产，成为中国共产党在建立政权后发展制造业最重要的任务。

1949年新中国成立后，改北平为北京，北京定为首都。60多年来北京制造业随之发生了重大变化，我们把这一阶段的制造业发展分为几个阶段：

第一个阶段，新中国成立初期至20世纪50年代末。这个阶段初步形成了东郊棉纺织区，东北郊电子工业区，东南郊机械、化工区和西郊冶金、机械重工业区。以上工业区分布在当时的城区之外，与城市的功能并不相悖，同时为解决城市就业和城市建设提供了物质保证。

第二阶段，20 世纪 60—70 年代。在建设首都的前 4 个五年计划内，基于计划经济体制和当时的经济状况，北京制造工业从产业结构上向基础原材料工业倾斜。相当大的投入是在已发展为城区和城区边缘的工业企业。因而在取得工业经济总量增长的同时，逐渐显现了城市中心区地域扩展与城市功能的矛盾。经过上两个阶段的工业建设，北京成为以钢铁、石油化工、机械、仪表为重点的，包括轻纺在内的，门类齐全的新兴制造工业基地。

第三阶段，20 世纪 80 年代至 21 世纪初。随着我国社会主义市场经济的不断发展，北京开始调整工业定位和经济增长模式，从建立现代化工业城市逐步转到发展适合首都经济建设的轨道上来，改变以冶金化工等传统工业为主的局面，大力发展高新技术产业，积极发展环保、服装、食品、饮料等都市型产业。这个调整主要表现在工业布局的调整、搬迁污染扰民企业、改善环境等方面。从 1979 年到 1988 年，北京完成了 5400 个项目，260 个工厂、车间、工序的关停。1985—1994 年，搬迁了 156 个企业。“九五”期间，又搬出 74 家。随着北京焦化厂、首钢公司等一批老工厂逐步搬迁，老北京的工业符号逐渐淡出了人们的视野。

3.1 新中国成立初期北京制造工业的恢复

3.1.1 北京制造工业生产经济环境的调整

1949 年 4 月 16 日，中共北平市委在《关于北平市目前中心工作的决定》中指出：“恢复改造与发展生产，乃是北平党政军民目前共同的中心任务，其他一切工作都应该围绕着这一中心任务来进行，并服从于这一任务。”市政府要求公营企业迅速订出一年生产计划，按计划进行生产；合理改善机构，调整人事与职薪；发扬民主，建立工厂管理委员会。对私营制造工业着重进行“发展生产，劳资两利”的政策教育，调整劳资关系，并进行深入地调查，了解情况。同时，采取增加物资储备，平抑物价，统一货币，整顿金融的措施来整顿制造工业生产环境。这些措施极大地改善了北京制造业生产环境，为北京制造业的发展提供了强有力的支持。

北京市人民政府成立后，为整治制造工业生产经济环境、发展制造业所进行的工作大体上可以分为两个阶段：第一个阶段是从 1949 年 10 月新中国成立到 1950 年 6 月，历时 8 个月。在这个阶段，新政府的主要工作是没收国民政府资本和征用外国在华制造业企业，建立社会主义国营制造业体系，打击投机资本，统一财经，平抑物价和控制市场，为恢复制造业经济创造最基本的条件。从 1950 年 6 月中共中央七届三中全会到 1952 年为第二阶段。这个阶段的主要工作是完成土地改革和工厂的民主改革，调整工商业，建立和稳定以国营制造业为主导的中国制造业经济新秩序，恢复农业生产和交通运输事业，建立社会主义统一市场，发展商业，为制造业生产的全面恢复提供保证。

这也是符合 1953 年提出的过渡时期总路线的要求：在此后相当长的一段时间里，国家的主要任务是实现工业化和对个体手工业和资本主义工商业的社会主义改造，简称为“一化三改造”。

根据中共中央制定的“利用、限制、改造”的政策，北京市也经历了收购产品、委托加工、计划订货、统购包销、委托经营代销、单个企业公私合营、全行业公私合营等一系列从低级到高级的过渡形式。各种形式互有交叉，逐步做到以全民所有制代替资本家所有制。这期间，人民政府还对私营工业和个体手工业采取低息贷款等办法进行扶持和改造，使之得到发展。解放初期，北京的私营工业在全市国民经济中占有比较重要的地位。当时国家采取了加工订货等形式，对私营工业予以扶持的政策。1952 年全市加工订货总值已达 1.4 亿元，为 1950 年的 2.8 倍，占当年私营工业总产值的 38.3%。到 1953 年底，全市已有 35 个行业 4450 多家私营工厂不同程度的接受了加工订货，占私营工厂总数的 63%，加工订货总值达 2.6 亿元，为 1950 年的 5.1 倍，占私营工业总产值的 64%。

在全国政治经济形势的推动下，北京市私营工业者中的先进分子和代表人物，于 1954 年主动向政府提出实行公私合营的申请。因此，在全市普遍推广国家资本主义的中、初级形式的同时，有计划的扩展单个企业的公私合营。新华橡胶厂、三星铅笔厂、中国水暖铁工厂等 21 个企业在这一年先后被批准实行公私合营。实行全行业公私合营之后，资本家将自己占有的生产资料交给了国家，国家依照折合的股金，按规定支付股息，为期 12 年。根据中共中央的方针和政策，北京市采取这种赎买的办法，保持了社会的稳定，在生产没有受到影响的情况下完成了对资本主义工业的社会主义改造。1953—1956 年，全国工业总产值平均每年递增 19.6%，经济发展比较快，经济效益比较好，重要经济部门之间的比例比较协调，市场繁荣，物价稳定，人民生活显著改善。

北京市解放后五年，全市公私营工业（包括手工业，不包括军事工业）迅速恢复并有相当大的发展。总的来说，电力工业部门中的供电、钢铁冶炼工业部门中的生铁、建筑材料工业部门中的水泥一直全部为国家所掌握；造纸工业部门私营比重原来很小，几年来又稍有降低；燃料采掘、化学加工、火柴和食品（主要是面粉）工业部门由私营工业占优势变为国营工业占优势；橡胶加工、皮毛皮革、陶瓷、油脂肥皂、木材加工、纺织、缝纫和文教用品工业部门中私营比重虽然下降，但仍占优势；金属加工、印刷工业部门中私营比重虽一直不占优势，但都增加了一倍以上。

1956 年 1 月 15 日，北京市 20 多万各界人士在天安门广场举行庆祝首都社会主义改造胜利联谊大会。由于基本上完成了对农业、手工业和资本主义工商业生产资料私有制的社会主义改造，为北京制造业提供了更有利的发展环境。这一天标志着北京实现了从新民主主义到社会主义的伟大转变，从此进入了社会主义的新时期。

3.1.2 北京制造工业恢复、改造与调整

北京市从 1953 年开始执行发展国民经济的第一个五年计划。这个计划的核心是努力发展生产，目标是使北京实现由消费城市向生产城市的转变。第一个五年计划规定，北京工业战线的基本任务是：在优先发展重工业的基础上，有计划地建立新厂和充分发挥原有企业潜力，并逐步完成对资本主义工业和个体手工业的社会主义改造。

第一个五年计划期间，全市手工业建设投资共达 9.49 亿元以上，新建工业企业 41 个，改建和扩建 329 个，其中大部分企业都属于制造业，而这些企业都是以当时的先进技术装备起来的，如第一棉纺织厂、第二棉纺织厂、第三棉纺织厂等均属国家的重大基本建设单位，物料及其规模，包括装备技术水平，都是全国第一流的。建成投产后，结束了北京地区当时纺织工业半个世纪以来“有布无纱”的历史，成为 50 年代新建中国五大棉纺织工业基地之一。新建企业还有华北无线电器材厂、北京电子管厂、北京有线电厂、第一汽车附件厂、北京机织印染厂和北京毛纺厂，有供应建筑材料的钢筋混凝土构件厂、窦店砖瓦厂、北京木材厂、大理石厂和花岗石厂，有支援农业生产的细菌肥料厂和农药厂等。改建、扩建的企业有石景山发电厂、京西煤矿、第一机床厂和琉璃河水泥厂等。

北京市还对原有企业进行了系统的生产改造。中共北京市委于1954年9月作出《关于北京市地方工业局工作的决定》，要求“必须从提高质量入手整顿现有工厂”。许多企业开展了群众性的质量检查，建立了质量责任制。全面经济核算和定期的经济活动分析，也在许多企业中进行。由于党的指导思想正确和广大干部的勤奋努力，工人群众的社会主义积极性空前高涨，全市广泛开展了增产节约运动和社会主义劳动竞赛，超额完成了第一个五年计划的各项指标。1957年的北京市工业总产值达到19.1亿元，比1949年的1.7亿元增长10.2倍。现代工业在工业总产值中的比重达74.3%。1957年全市工业总产值占全国工业总产值的比重，由1949年的1.2%上升到3%。为北京现代工业建设的发展创立了良好的开端。而北京制造业也在“一五”期间得到了很大的发展（详见表3-1）。

第一个五年计划期间，北京不仅建设了三百多个工业项目，而且相应地发展了农业和商业，进行了城市基础设施和文教科学卫生事业的建设。至1957年，北京市各行业职工已达108万人，比1949年增加2.4倍。1953—1957年，社会生产力有了较大的发展，国民收入按可比价格计算，以平均每年19.5%的速度递增，产业结构也发生了巨大的变化。在全市国民收入中，工业所占比重从1949年的25.9%，上升到1952年的39.6%，1957年又上升到47.4%①。工业和农业，轻工业和重工业、生产建设与生活建设等方面的发展比较协调，使北京初步改变了消费城市的面貌，并且向着生产发达、经济繁荣、文化昌盛的社会主义新城市迈进。

① 曹子西：《北京通史》全十卷，中国书店出版社1994年版。

表 3-1　第一个五年计划时期北京经济发展情况

项　目	1949 年	1952 年	1957 年	增长倍数		
				1952 年比 1949 年增长（倍）	1957 年比 1952 年增长（倍）	1957 年比 1949 年增长（倍）
社会总产值（亿元）	3.8	14.8	35.7	2.9	1.4	8.4
工业总产值（亿元）	1.7	7.8	19.1	3.59	1.4	10.2
农业总产值（亿元）	2.1	3.6	5.0	0.71	0.39	1.4
社会商品销售总额（亿元）	2.8	8.7	17.1	2.1	0.96	5.1
国民收入（亿元）	1.9	6.2	14.3	2.3	1.3	6.5
人均国民收入（元）	—	135	235	—	0.74	—

在此期间，北京市人民政府对北京农业、手工业、资本主义工商业进行了社会主义改造。北京解放之初，就对个体手工业者进行了互助合作的组织和引导。通过试办生产合作社、合作组，扶植和发展已经衰落的手工业，抢救将要失传的优秀技艺，安排城市失业、闲散人员。1949 年 3 月，东城泡子河地区首先建起牙刷生产合作社。随后又建立了以缝纫、制鞋和棉织等行业为主的一批手工业社，到 1949 年底即有 42 个。如第二棉织社由 13 个失业工人组成，最初只有 40 元股金和三台旧织布机及 20 捆棉纱，经过三年的艰苦奋斗，到 1952 年底已积累资金 2.3 万元，盖厂房 20 多间，购电力织布机 24 台，人数发展到 150 人。1952 年底，全市手工业合作社发展到 73 个，社员达 9888 人，占全市手工业总人数的 13%。为加强对手工业者和手工业合作社的领导，1954 年和 1955 年先后成立了北京市手工业合作总社、手工业管理局和手工业者协会，制定了手工业改造规划，并从贷款、税收、原料和设备等方面积极扶植手工业合作社。市手工业合作社在各区设立办事处，并先后组成棉织、针织、鞋帽、皮件、服

装、呢绒服装、印刷装订、木器等7个专业联社，加强了各行业的领导，促进了合作化运动的巩固和发展。

1956年年初，在全市城乡合作化高潮带动下，各行各业的手工业者也都成群结队地申请入社，到1月12日，全市先后组织起来的手工业者共约9万人，占全市手工业总人数的95%以上。后来，经过扩社、建社，全市共有手工业生产合作社648个，供销社45个，生产小组102个。在完成手工业合作化的过程中，一方面促进了手工业的恢复和进一步发展，使社员的生活得到了逐步改善；另一方面也集中过多，统得过死，把一些便于零散经营的服务项目合并成固定的门市部，造成城市生活的诸多不便。

从1958年开始，北京的经济建设进入第二个五年计划时期。"二五"期间，北京工业发展的任务是：在比较先进的技术基础上，全面规划，进一步改造、改组、扩建现有的工业企业，并有计划地进行新建企业，增加新产品，提高产品质量，以积极支援国民经济的发展和满足城乡人民在生活上日益增长的需要。1958年全市工业建设总投资5.9亿元，相当于"一五"期间工业基建投资总额9.49亿元的62%。新建、扩建的企业800多个，其中大中型项目43个①。由于"大跃进"的影响，上了一些耗能高、用水多、占地广的工业企业，加以布局的不合理，打乱了"二五"计划的部署。但是，1958年至1960年的建设，在北京出现了不少新兴的工业部门，如半导体、电子计算机以及汽车制造业等，北京工业在全国的地位也得到进一步加强。

在第一个五年计划期间北京市制造业发展是比较平衡的。各个制造业部门之间的比例基本上是协调的，和整个首都建设的发展方向也大体上相适应。但是在"大跃进"的影响下，一些项目的安排影响到"二五"计划的部署。利用"过道作车间，大

① 刘国良：《中国工业史》（近代卷），江苏科学技术出版社1992年版。

院作厂房”，设立大小工厂 3000 多个，虽对壮大北京工业力量产生了一些作用，却带有较大的盲目性，给首都工业建设增添了麻烦。北京市工业结构，重工业比重开始大于轻工业。1958 年，重工业产值所占比重又从 1957 年的 41.8%，上升到 51.1%，轻工业则同期由 58.2% 下降到 48.9%①。1958—1960 年，由于“大跃进”，重工业发展过快，造成结构的不合理，发展也不协调，同时国民经济发生严重困难。为此，北京市对工业进行调整和整顿，认真贯彻中央关于“调整、巩固、充实、提高”的方针，压缩基本建设规模，压缩重工业产业，抑制重工业的过快发展，缩短工业战线。将原来发展“高、大、精、尖”的方针转变为“既抓高、精、尖，又抓吃、穿、用”的方针，对工业企业进行全面整顿。不强调“大”，实际上是要抑制重工业发展过快，不搞大而全；同时，缩短工业生产和基本建设战线，对 1958 年“大跃进”中盲目上马的企业进行关、停、并、转，动员 1958 年后进入城市的大批职工还乡，扭转工业战线过长的局面。1949—1960 年，是北京工业发展的一个重要阶段。由于工业的发展，使北京由过去的消费型城市向社会主义现代化的生产型城市大大迈进了一步，打下了工业化的初步基础。如果排除“大跃进”中高指标、瞎指挥、浮夸风带来 1959 年、1960 年生产的不实际因素，1958 年，全市工业总产值为 1949 年的 27.15 倍，主要工业品产值如钢为 1949 年的 365.8 倍，煤为 1949 年的 4.12 倍，电力为 1949 年的 4.12 倍，生铁为 1949 年的 19.9 倍，水泥为 1949 年的 15 倍。由于生产的迅速发展，北京工业在全国的地位显著加强，工业总产值占全国工业总产值的 3.9%，1949—1958 年的 10 年中，全市工业基本建设投资达 16.8 亿元，新建和扩建 713 个企业，其中限额以上的 78 个，成为北京工业的骨干力量，建立了炼钢、纺纱、基本化学、机器制造和无线电

① 刘国良：《中国工业史》（近代卷），江苏科学技术出版社 1992 年版。

等新兴工业部门，轻工业也都有很大发展。经过几年来的调整、巩固、充实、提高，北京市的制造业得到了恢复和稳步的发展，建成了一批大中型的骨干企业。制造业技术水平也有了很大提高，不少企业试制了许多新产品、采用了许多新工艺，填补了北京和全国工业的空白，培养锻炼出一大批技术骨干。1965 年，全市制造业系统质量提高的产品和新产品共有 260 多种①。高级精密产品重点发展了半导体、光学仪器、精密仪器仪表、自动化元件、精密机床、精密合金和有机合成材料等国家急需的短线产品。在农业生产资料及轻工业方面，重点抓了农业急需的化肥、农药和半机械化农具，市场需要的纺织品、塑料制品、玻璃制品、文化用品、搪瓷用品、手表、缝纫机等。

从 1960 年到 1962 年年底，全市工业企业减少 841 个，工业总产值减少 40.2%，各工业企业和广大职工，在困难面前不低头，千方百计克服原材料供应不足的困难，努力增产节约，增加市场所需要的日用工业品的生产。

经济工作中急躁冒进的“左”倾错误，使国民经济遭受严重挫折，人民生活受到很大的影响。从 1961 年起，国家不得不用 5 年时间进行经济调整。

1962 年底，按照中央提出的以调整为中心的八字方针，市委、市政府正式决定对北京市国民经济进行全面调整。工业方面是重点，着重进行产业结构和产品结构的调整，加强薄弱环节，努力增加生产，尤其是农业生产资料和日用工业品的生产得到迅速恢复和发展，支援了农业，改善了市场供应。1965 年年底，全市工业企业为 1790 个，职工 61.3 万人，工业总产值为 59.2 亿元，比 1962 年增长 40.78%。工业内部比例关系趋向协调，轻工业占 45.1%，重工业为 54.9%②。

---

① 银行学会、周开庆：《民国经济史》，台湾华文书局 1967 年版。

② 祝慈寿：《中国现代工业史》，重庆出版社 1990 年版。

新中国成立初期北京制造工业的第一个阶段的建设，最初采取了在旧北京城外的郊区分散建设的办法，分别在郊区建立和形成一批工业小区，每个小区设有专业相同或相近的企业。从 50 年代开始陆续在西郊以石景山发电厂、钢铁厂为核心建成石景山钢铁、机电工业区，在西南郊以丰台铁路桥梁工厂为核心建成丰台桥梁机车工业制造区，在东南郊大郊亭以几座化工厂为核心建成大郊亭化学工业区，在东郊以“京棉”一、二、三厂为核心建成十里堡棉纺工业区，在东郊广渠门外以机器厂、机床厂为核心的双井机械工业区，在东郊九龙山建成以玻璃厂等企业为核心的九龙山玻璃化工工业区，在东南郊建成炼焦工业区，在北郊清河建成毛纺、建材工业区，在清河北的北沙河建成机械、冶金工业区，在东北郊酒仙桥以北京电子管厂为核心的酒仙桥电子工业区，在南郊建成莲花池冶金机械工业区，在西南郊琉璃河建成窦店建材工业区。同时也在城内东南部建立龙潭湖电子工艺美术工业区，在城南部建成天坛东侧轻纺工业区。60 年代后又建成燕山石油化工城、东郊和西郊汽车工业区，南郊大兴塑料、化纤工业区，通县化工工业区等。这些工业区的规模，从几千人到十几万人，构成北京地区的工业网，在城市功能从消费转向生产的过程中起着推动的作用。

各个工业小区环立在以旧北京城为核心周围四郊，形成了以市区为中心、向外扩展的“同心圆”形状格局，分成几个环状地带，每个环状工业区之间又有隔离间隙，这种环状布局的从内向外扩展的特点，有利于各工业区内实行专业协作，以及适当的防止、减少有些工业对城市中心区生活环境的影响，对城市建设来讲是适当的。

北京市四个区拥有的工业企业，多为食品业、纺织业、电子业、印刷业、民用电器业、仪器仪表业、光学仪器业以及轻工业、造纸业、文具用品业等。郊区的工业，绝大部分是新中国成立以后建立起来的大中型企业。它们集中分布在各专业小区内，包括机械业、冶金业、汽车业、化工业、纺织业、轻工业、建材业、电子、仪表业等企业，它们占全市大中型企业的60%左右。特点是厂房新，设备先进，技术力量雄厚，生产能力强，多数是在北京市同行业中居于主导地位的企业。例如首都钢铁公司、国棉三厂、化工六大工厂、东西郊的六大机械厂、两大汽车工厂和酒仙桥电子大企业等，它们分别是本市各行业中的骨干企业。

北京市远郊区、县的工业企业主要属于煤炭、建材、石油化工等行业，它们的布局较为分散。例如，远郊拥有市级以上工业企业 273 家，却分散在 79 个地方，其中 37 个地方仅各有一家。这些企业虽然数目少，但是全市的许多企业的原材料，则多由它们提供。远郊区县地域辽阔，远离市区中心，兴办工业有良好的前景。

从北京市工业布局我们可以得出，绝大部分企业都属于制造企业，其产品既满足了机器化生产的需要，又满足了居民生活消费的需要，制造工业的发展促使北京由消费性城市向生产性城市转变。

3.2 新兴制造工业的建立与发展

3.2.1 “三五”计划与北京制造工业发展的战略调整

1961—1965 年是新中国工业史上第一次战略重大调整时期，制造业也在这一时期发生了很大变化。为了克服“大跃进”所造成的严重经济危机，整个制造工业被迫转入包括战略、体制、规模、结构和具体政策等在内的全面调整。在历时 5 年的调整过程中，中国制造业经历了“大跃进”之后持续 2 年的严重衰退，直至 1962 年年末才开始逐步走出谷底，并在 1965 年实现了制造业的全面复苏，整个制造业的发展才得以重新走上正轨。

在这段时期中，北京市确定了发展高（高级）、精（精密）、尖（尖端）工业的方针，并以生产精密仪器、光学仪器、电子产品为发展重点，改变北京制造业结构的状况。到 1965 年年底，北京市制造业部门发展正常，形势很好，工业系统内部的比例关系比较协调。

20 世纪 60 年代末期的北京制造工业以新兴工业发展为主。电子工业、仪器仪表、自动化设备、汽车、医疗器械、电器、塑料制品等行业发展迅速。为了适应生产的发展，以及促使生产力有更大的发展，在这之后的 10 年间，按照专业化协作原则调整改组了生产组织结构和管理体制，改革了市区工业管理体制，加快了北京制造业现代化的进程。

1966—1970 年是实行国民经济发展的第三个五年计划时期。在全国“文革”动荡的情况下，国家在北京安排了一批重点工业项目，并抓紧了国防、钢铁、化工等部门的生产。1966 年，北京市第二汽车修理厂开始生产 BJ130 轻型载货车。1967 年 9 月，大型联合企业燕山石油化工公司动工兴建，1969 年 9 月，东方红炼油厂一期工程建成投产。同时，首都钢铁公司初轧厂建成，并扩建成为一个采矿、冶炼和开坯配套的钢铁联合企业。1970 年 9 月，北京二七机车车辆厂自行设计并试制成功 5400 马力液力传动货运内燃机车，次年试制成功 2700 马力液力传动客运内燃机车，成为中国内燃机车制造基地之一。“三五”计划期间，北京市工农业总产值突破了 100 亿元大关，其中，从工业总产值看，1970 年比 1965 年增长 89%。

原材料工业是北京市国民经济中的一个薄弱环节。原材料工业特别是钢铁工业能不能高速度发展，不但关系到备战，而且关系到整个国民经济的发展，因此要大力发展钢铁工业和其他原材料工业，为国民经济新飞跃打下物质基础。

1966—1970 年，北京制造工业有三个重大的变化：一是年工业总产值突破100亿元大关，1970年全市工业总产值为129.18亿元；二是北京工业总产值比1960年的55亿元增长1.34倍，翻了一番还多；三是这一时期原料工业即钢铁工业、化学和石油工业增长比较快，重工业的增长速度为19.6%，轻工业仅8.6%，使得轻重工业的比重起了很大的变化。在全市工业总产值中，重工业所占比重由1965年的54.9%上升到1970年的65.7%，轻工业则由45.1%下降为34.3%①，详情参见图3-1。

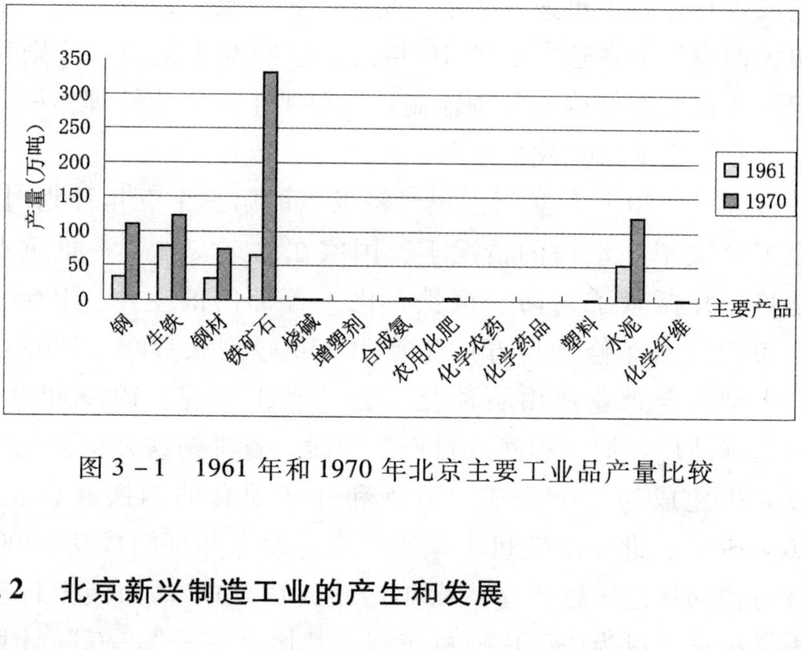

图3-1 1961年和1970年北京主要工业品产量比较

3.2.2 北京新兴制造工业的产生和发展

1971年9月，在毛泽东主席支持下，由周恩来主持中央日常工作。在这期间，根据周恩来总理的指示，北京市重新设立计划机构，恢复了年度计划工作。尽管计划比较粗糙，计划管理工作很薄弱，但多少改变了“文化大革命”前期无计划、无政府的混乱状态。同时，中央在北京安排了一批重点工业建设项目。

① 北京市社会科学院：《今日北京》，北京燕山出版社1986年版。

这些重点项目的实施使得一些新兴的制造行业开始产生并得到发展。结合从 1971 年开始执行的第四个国民经济发展五年计划，北京制造工业从五六十年代发展传统工业和原材料工业为主，逐步转变到发展新兴的工业为主。电子工业、仪器仪表、自动化设备、汽车、医疗器械、电器、塑料制品等行业发展迅速。经过 20 多年的建设，北京成为以钢铁、石油化工、机械、仪表为重点的，包括轻纺在内的，门类比较齐全的新兴制造工业基地。新中国成立初期确定的由消费城市向生产城市转变的目标基本上实现。到 1977 年，北京工业总产值完成 169.22 亿元，比 1976 年增长 8%，比 1949 年增长 98 倍；工业总产值占总产出的 65.70%；工业增加值占全市地区生产总值的 63.12%。北京制造工业在全市经济生活中发挥着极其重要的作用。

1971—1980 年的主要工业品增长情况为：袖珍计算器由 25 台增长到 6.46 万台，增长 2.59 万倍；半导体器件由 2835 万只增长到 4961 万只，增长 74.99%；收音机由 26.1 万台增长到 194.3 万台，增长 6.44 倍；电视机由 15 台增长到 27.97 万台，增长 1.86 万倍；无线电元件由 1.54 亿只增长到 4.83 亿只，增长了 2.14 倍；塑料由 2.56 万吨增长到 30.42 万吨，增长 10.89 倍；汽车由 1.19 万辆增长到 2.82 万辆，增长 1.36 倍；印刷机由 200 台增长到 330 台；起重设备由 3239 吨增长到 17566 吨；汽轮发电机由 27.7 万千瓦增长到 38.8 万千瓦；交流发电机由 80.1 万千瓦增长到 152.5 万千瓦。1975 年 2 月，北京市石景山发电厂高井电站首次应用电子计算机对一台 10 万千瓦汽轮发电机组进行运行监测。同时，燕山石油化工公司相继建成向阳、胜利、东风、曙光等化工厂，至 1976 年 6 月，以年产 30 万吨乙烯为中心的“四烯”扩建工程完成投产，使燕山石油化工公司形成了一个门类比较齐全的石油化工基地。1975 年全市工业总产值比 1965 年增长 1.9 倍[①]。

“三五”、“四五”计划期间，北京的钢铁、化工等原材料制造工业上得过猛，对适合首都特点的轻纺、电子、食品、服装等制造工业则扶持不够，从而加剧了北京制造工业内部结构的不合理。1966—1970 年五年内，全市重工业的增长速度每年平均为 21.2%，而轻工业仅为 10.7%。在建设投资上，生产性建设与非生产性建设的投资比例，1961—1965 年是 1：0.5，而 1965 年至 1976 年则演变到 1：0.1。这样，新兴的制造工业在为北京工业发展作出贡献的同时，也造成北京能源、水源供应紧张，工业废水、废气、废物污染及噪声扰民日益严重，北京城区环境遭到严重破坏。

综上，从新中国成立至 70 年代末期，北京的经济建设始终是以发展大工业为指导思想的。在这种思想指导下，北京迅速成为我国重要的新兴工业基地，实现了从“消费城市”向“生产城市”的转变。这种转变的效应是双向的，一方面，为促进经济和社会的发展作出了重要贡献，但同时也带来经济结构不合理、资源消耗过度、生态环境恶化等一系列问题，影响了首都功能的发挥。

3.3 北京制造业向高、精、尖方向发展的新阶段

1980 年 4 月，中共中央书记处在听取了北京市领导人的汇报后明确指出，首都是全国的政治中心，是神经中枢，是维系党心、民心的中心；首都又是中国对外的橱窗，全世界就通过北京看中国。中央书记处对首都建设方针作了四项重要指示：

第一，要把北京建设成为全中国、全世界社会秩序、社会治

① 曹子西：《北京通史》全十卷，中国书店出版社 1994 年版。

安、社会风气和道德风尚最好的城市。

第二，要把北京变成全国环境最清洁、最卫生、最优美的第一流的城市。

第三，要把北京建成全国科学、文化、技术最发达，教育程度最高的第一流城市。

第四，要使北京经济不断繁荣，人民生活方便、安定。要着重发展旅游事业、服务行业、食品工业、高精尖的轻型工业和电子工业。

直到 1983 年 7 月，中共中央、国务院批准了《北京城市建设总体规划方案 1991—2010》（以下简称《总体规划》），并作了重要批复，同时决定成立首都规划建设委员会，加强对首都规划和建设的领导。这个《总体规划》的内容包括北京的城市性质、城市规模等 17 个部分。在《总体规划》中明确了北京城市的性质是全国的政治、文化中心。北京城乡经济的繁荣和发展，要服从和服务于北京作为全国政治中心和文化中心的要求，亦即经济发展要适合首都特点。

当时根据《总体规划》的指导思想，北京严加控制工业建设的规模。以旧城为中心，向四周扩建。在近郊，发展起十几个相对独立的新建地区，与旧城区共同组成北京市区。旧城区和各新建区之间以及各新建区之间，保留了绿化带或成片的好菜地和高产农田，使市区形成了“分散集团式”的布局。工业的发展主要依靠技术进步，制定全面的工业技术改造规划，运用 20 世纪 70 年代、80 年代成熟的现代化技术，逐步地改造和装备北京的工业。国务院各部门在制定行业改造规划时，把北京作为重点，给予大力支持和帮助。自此之后，北京考虑不再发展重工业，而应着重发展高精尖的、技术密集型的工业。在当时，尤其要迅速发展食品加工工业、电子工业和适合首都特点的其他轻工业，以满足人民生活和旅游事业的需要。

3.3.1 改革开放以来北京制造业的新发展

1979年初，北京市开始调整经济结构，疏通和扩大商品流通渠道。在城市经济体制改革进行试点的同时，北京市对产业结构进行了调整，控制固定资产投资规模，调整固定资产投资结构，以促使适合首都特点的行业和生产门类加快发展。调整制造工业内部的行业结构，紧紧围绕着提高经济效益这个中心，加强技术改造，改善企业装备水平，推动技术的不断进步，并结合调整制造工业布局，治理工业污染。经过几年来的逐步调整，轻重工业的比重已经有所变化。北京市轻工业产值所占比重由1978年的35.2%上升到1988年的43.9%，而重工业则由64.8%下降为56.1%。适合首都特点的制造工业如食品、纺织、电子、家用电器、家具、服装等行业发展迅速，也使重工业部门调整内部生产结构和外部服务方向，积极增产轻工业所需要的原材料和机电产品等。1988年与1980年相比，食品、缝纫、电子工业的产量分别增长1.2倍、1.2倍和2.5倍；而电冰箱、洗衣机、彩色电视机等家用电器的产量，则分别增长8.1倍、8.9倍和38.8倍。

根据《总体规划》的要求，北京制造工业按照技术密集程度高、产品附加值高和能耗少、水耗少、排污少、运量少、占地少的原则进行调整，广泛利用高新技术改造传统产业，加快技术结构和产品结构的调整改造，形成适合首都特点的制造业结构。重点发展电子、汽车工业，积极发展机械、轻工、食品、印刷等行业，冶金、化工和建材工业要严格控制发展规模，积极治理污染，在控制总能耗、物耗、水耗和污染物排放标准、排放总量的前提下求发展。

北京还逐步改变制造工业过分集中在市区的状况。要求在20年内在防止污染转移和产生新污染的条件下，基本完成市区内污染扰民工厂和车间的改造和迁移。进一步调整改造通惠河两岸、铁匠营、宋家庄等工业区，腾出部分用地发展第三产业。大力发展远郊工业，建立各县（区）的工业区，集中建设建制镇或乡的乡镇工业小区，努力改变“村村点火、处处冒烟”的状况。利用首都的科技、人才优势，按照自愿互利、平等协商、优势互补、协调发展的方针，促进和加强与津、冀地区的经济技术协作，为区域经济的繁荣发展作出贡献。

从 20 世纪 70 年代末到 2000 年，是北京制造业改革开放、结构调整时期。在这 20 多年的时间里，北京市根据中共中央书记处对于首都建设方针的四项指示和中共中央、国务院对北京城市建设总体规划方案的批复，以改革为中心，以制造工业结构调整为重点，调整北京制造工业定位和经济增长模式，从建立现代化制造业城市转变到发展适合首都经济的轨道上来，逐步改变以冶金、化工等传统制造工业为主的局面。大力发展高新技术产业，并利用高新技术产业改造传统产业，积极发展环保、服装及装饰材料、食品、饮料、印刷、家具、工艺品等都市型制造工业。在此期间，北京制造业工业逐步进行了制造业工业布局、产业结构以及所有制结构等三个方面的调整与改革。1984 年 10 月，党的十二届三中全会通过了《中共中央关于经济体制改革的决定》，确定了以增强企业活力作为城市经济体制改革的中心环节。北京市学习、对照文件，总结了前几年改革的经验教训，在统一认识的基础上，加快了以城市为重点的整个经济体制的改革。

（1）利用外资

1958—1982 年，北京没有外资制造业企业。1983 年北京吉普汽车有限公司成立，标志着改革开放以来北京首家制造业外商投资企业诞生。到 2000 年年底北京市已批准成立外商投资工业企业 1.1 万户，占全市“三资”企业 1.6 万户的 69%；协议投资总额 191.13 亿美元；合同外资额 88.6 亿美元。北京工业外商投资企业开业 2828 户，实现工业总产值 1157.57 亿元，实现销售收入1244.51亿元，直接进口27.98亿美元，上缴税金68.56亿元，吸纳职工就业27.7万人。

通过利用外资发展国内和北京市空白产品，如大规模集成电路、大型程控交换机、大型电站锅炉、彩色显示器、机器人、光通讯、移动通讯、新医药、新建材，促进了制造业工业产品的升级换代，带动了产业结构调整。有利于提高全市工业总产值，与此同时，对于上缴税金以及全市工业利润总额的提高起到了积极作用。

（2）对外贸易

北京市进口商品主要是工业制成品，历年均占进口总额的80%以上，占比重最高的年份是2000年，为94.7%；1996年居次，为93.4%。主要进口地区为亚洲、欧洲和北美洲。主要国家和地区有日本、韩国、美国、加拿大、德国、意大利、英国、法国、澳大利亚、瑞典等。

北京市制造业出口产品，从1978年开始，产品构成从主要出口初级产品向工业制成品发展。20世纪80年代，北京市轻工业品出口最多，其次是重工业品。1979—1988年，北京市通过对老企业的技术改造和技术引进，提高了工业产品的质量，加快了产品的更新换代，扩大了出口能力。到了20世纪90年代以后，北京市以贸易方式对独联体及东欧国家出口。从1998年开始，工业产品出口商品结构逐步深化，出口产品由初级产品、低附加值产品向工业制成品、高附加值产品转变。

由图3-2可以看出北京市进出口额在逐年增加，但在1991年后，进口额一直高于出口额，对此，北京在发展对外贸易的过程中要努力扩大出口，力求在国际市场中占有一席之地。

北京市进出口业务的管理工作在不同时期，相应的经营方式也有所不同。1979年，国家外贸管理体制开始改革，从由外贸部对外贸易专业公司统一经营改为有条件的部门、地方和企业分头经营。

1979年2月，北京市成立对外经济工作领导小组，11月改组成立市进出口管理委员会。1980 年 1 月，北京市对外贸易总公司成立，北京市的工业产品出口开始逐步转到北京市属单位直接经营出口。1983 年 9 月，市进出口管理委员会改为市对外经济贸易委员会。1987 年 6 月，北京市对外贸易总公司撤销，下属单位划归北京市对外经济贸易委员会。到 2000 年，北京市除 490 家有自营进出口经营权的企业外，还有 16 个专业外贸公司出口、7 个工贸公司出口、49 个技工贸企业出口等多种形式。

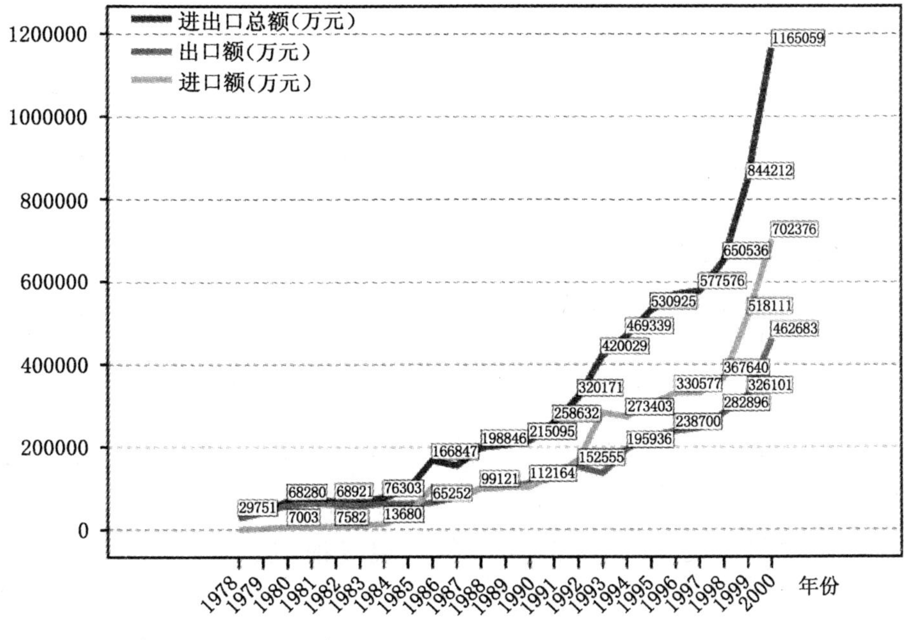

图 3－2　1978—2000 年北京工业品进出口情况

（3）北京制造工业科研和新产品开发

北京制造工业的科研和新产品开发工作是和北京现代工业的发展历程同步的。党的十一届三中全会以后，北京制造工业开始调整产品结构，引进技术，改造挖潜，大大加快了企业的技术进步，科研工作和新产品开发取得了前所未有的进展，主要表现在三个方面：

科研和新产品开发提高了产品水平，达到国际水平和国内先进水平的产品增多。据对 343 个企业的调查分析，已有近 2/3 的产品达到国际 70 年代和 80 年代的同类产品水平。自 1986 年以来，每年都有近 3000 种新产品试制出来，近 2000 种新产品投入生产，其中有 100 多种新产品达到国际先进水平，有 400 多种新产品达到国内先进水平，新产品创造的产值每年增长 10% 以上，新产品利税增长 5% 以上。由于资料有限，仅针对 1986 年至 1988 年三年的新产品开发情况作了统计，数据如表 3 – 2 所示，与上述分析相吻合。

表 3 – 2　　1986—1988 年新产品开发情况

指标 年限	开发数量		技术水平		新产品产值		新产品利税	
	试制成功（项）	投入生产（项）	国际水平（项）	国内水平（项）	产值数（亿元）	产值率（%）	利税（亿元）	利税率（%）
1986	3086	1972	160	637	22.4	12	3.83	10
1987	3010	2199	150	571	27.5	13	4.03	11
1988	2900	1850	170	650	31.2	13	4.20	11

这其中具有代表性的新产品有：第一机床厂研制的数控龙门加工中心和精密数控仿形铣床，人民机器厂研制的对开四色胶印机，广播器材厂 UHF 速调管彩色电视发射机，计算机研究所与计算机三厂研制的微型计算机，北京电视机厂和东风电视机厂国产化的彩色电视机，电冰箱厂和冰箱压缩机厂国产化的雪花牌双门电冰箱和压缩机，洗衣机总厂开发的无波轮、双桶洗衣机，维尼纶厂自行开发的高强高模量维尼纶和水溶性纤维，化工研究院开发的 PBT、PPO 工程塑料等。这些产品的技术和质量指标都赶上或超过了国外同类产品的水平。

积极推广微电子等 10 项新技术，加快了传统工业的改造。利用微电子技术改造传统工业的工作从 1984 年到 1988 年的四年中，上了三个台阶。第一个台阶是利用数显技术和单板机改造机床，提高机床加工精度和半自动化水平。第二个台阶是利用可编程序控制器改造机械设备及利用微型电子计算机心态改造工业炉窑。第三个台阶是将微电子技术应用到工业生产过程控制和企业管理以及产品智能化方面。四年中改造各类机床近 3000 台，占工业系统机床总数的 7%，超过国家“七五”期间机床总数 2.2% 的指标。改造炉窑 200 座，改造生产线和专用设备 358 台套，开发智能化的产品 200 多种，用于企业管理的计算机应用项目 500 多项。这些成果共取得 9000 多万元的经济效益。

其他新技术的应用也取得很好的效果，如高强度低应力铸铁用于冰箱压缩机铸件上，实现了七种铸件国际化，节约资金 1000 万元。北京第一机床厂应用这种铸件进行 300 台铣床不热时效试验取得成功，开创了我国机床铸件不经热时效直接进行冷加工的先例。

群众性合理化建议和技术革新活动蓬勃发展，为双增双节作出了贡献。1987 年以来，在全市开展每个职工提一项合理化建议，每个班组搞一项技术革新的活动。据统计，两年共有 140.7 万名职工提出 106.8 万件合理化建议，采纳了 79.5 万件，实施的有 66.2 万件，实现技术革新 7.2 万项，创造经济效益 6.53 亿元。这项活动增强了职工在企业里的“主人翁”意识，形成了职工关心企业、为企业排忧解难的良好风气。如表 3－3 所示，1987 年工业系统科研机构从事科技活动的人数已经达到各领域总人数的 55% 以上，其中中高级科技人员达到各领域总人数的 17% 以上，技术性收入和完成课题数也有了一定的基础。

20 世纪 80 年代初，北京制造工业开始进行产业结构的调整，发展适应首都特点的电子、轻工、汽车等工业。适应这种情况，相应建立了计算机、广播、电视、微电子、电冰箱、内燃机、汽车等研究所。当时北京的制造工业科技人员已有 7 万多人，高中级职称的占 1/5，形成了一支较强的技术力量。制造工业的科研机构已形成三个层次，第一层次是市属独立科研院所，第二个层次是行业性的研究所，第三个层次是厂办研究所。这些科研结构贯彻“科学技术面向经济建设，经济建设依靠科学技术”的方针，积极与企业相结合，将科研成果转让给企业，转化为生产力。如日化研究所、乐器所、化工研究院、医疗器械研究所。

表 3－3　工业系统科研机构情况（1987）

机构＼指标	职工总数（人）	从事科技活动人数（人）	中高级科技人员（人）	年收入（亿元）	技术性收入（亿元）	完成课题数（项）
工业市属科研院所 30 个	14161	8925	3249	1.9	0.45	1296
工业行业性研究所 32 个	6664	3670	1142	0.98	0.22	4287
厂办研究所 61 个	6014	5242	2173	—	—	733

可以看出，北京制造工业科研和新产品开发已经取得了一定的成果。

总体看来，在改革开放以后的整个发展过程中，北京制造工业出现了一系列新的变化，主要表现在：

第一，农、轻、重工业比例比较协调。

第二，以电子、电气和通信设备制造业为代表的新兴制造工业成长迅速，而多数传统制造业部门在制造业发展中的地位则相对下降。

第三，工业投资规模持续扩张。北京制造业虽然取得了很大成绩，但也存在一些不容忽视的问题。如：产业结构、产品结构需进一步调整；现代企业制度有待进一步规范；企业整体效益低下状况迫切需要改变；这些问题的出现既有历史积累的原因，也有在改革中出现的新问题、新矛盾。它们也只能随着改革的不断深入，逐步解决。

第四，行业协会的兴起。1979 年 9 月，北京市企业管理协会成立，它是北京市 1966 年后成立的第一个工业协会组织。

1985—1986 年，由于北京市一批行政性的二级工业公司解体或转型，北京市工业系统在机构改革的同时，经北京市经济委员会批准，组建了一批工业行业协会。

北京市工业行业协会的主要职责是：开展行业调查，编制行业发展规划草案，向政府提出制定经济技术政策的建议并参与有关活动；为企业提供咨询服务，推广新技术，促进行业进步、企业发展；发挥中介组织协调服务的职能作用，促进企业横向经济联合；开展行业评比、评优，举办展览会、成果交易会等活动并开展培训工作，提高企业素质和全行业技术水平。

3.3.2　党的十一届三中全会及“新八字方针”的确立

1978 年 12 月，党的第十一届三中全会在北京召开。会议指出了当时国民经济中存在的不少问题，包括一些重大比例失调状况没有完全改变，生产、建设、流通、分配中的一些混乱现象没有完全消除，城乡人民生活中多年积累下来的一系列问题必须妥善解决。为此，会议提出必须在几年中认真地、逐步地解决这些问题，切实做到综合平衡，特别是基本建设必须积极而又量力循序地进行，以便为今后的迅速发展奠定稳固的基础。以此为起点，无论是在中央还是在地方，要求对国民经济实行调整的呼声也越来越高。

经过一番曲折，在 1979 年 4 月召开的中共中央工作会议上，中共中央在对国民经济重大比例严重失调的分析以及对 1978 年经济工作中新失误的检讨后，正式做出了用三年时间调整国民经济的重大决策，并提出了对国民经济实行“调整、改革、整顿、提高”的方针（史称“新八字方针”）。“新八字方针”的正式提出，是北京制造业全面整顿的开始。

1980 至今是调整、改革、整顿、提高，稳步向高、精、尖方向发展的新阶段。粉碎“四人帮”以后，特别是党的十一届三中全会以来，北京制造业系统认真贯彻调整国民经济的方针和中央关于首都建设方针的四项指示，“六五”期间，转向以提高经济效益为中心，走内涵挖潜改造的路子，积极调整工业布局和产品结构，大力发展适合首都特点的制造业，开创了建国以来北京制造业发展的新局面。经过艰苦努力，取得了显著成效。主要表现在：

第一，适合首都的特点的制造工业得到较快发展，轻重工业比例趋向协调。

第二，技术进步加快，企业装备水平改善，制造业产品品种增加，质量显著提高。

第三，合理调整制造业布局、综合治理制造工业污染取得积极成效。

第四，深化改革，完善承包，提高企业经济效益。

由于不断深化改革，进一步完善生产、经营机制，调动了各方面的积极性，生产连年上升，以平均每年 7.4% 的速度递增，经济效益和社会效益均明显提高。

党的十一届三中全会之后，北京市总结发展制造业的经验，在改革开放的方针指导下，调整制造工业布局和产品结构，着重发展适合首都特点的制造业，形成了新局面。

在调整产业、产品结构方面，北京制造工业重点解决首都人民吃、穿、用等问题，对轻纺等消费品制造工业在原材料、燃料、电力供应、基建、贷款、外汇、引进技术、交通运输上都优先安排。同时，制定了食品、纺织、电子、家具、服装等行业及多种重点消费品的发展规划，扩大消费品制造工业的生产规模。重工业生产也调整了服务方向，努力生产轻工业所需要的原材料及机电等产品。其次是积极进行技术改造，并将技术改造的重点放在发展适合首都特点的食品、轻工及纺织、电子、汽车等制造工业部门。这些制造工业部门在进行技术改造时，许多企业都采用了新技术、新工艺、新材料及新设备，进一步提高了生产水平。如食品制造工业先后建成方便食品、配餐等多种生产线，制成大量新食品供应首都市场；电子工业先后建成彩色电视机、黑白电视机生产线各 4 条，基本形成了电视机的装配能力。化学工业通过技术改造，已开始向深度加工和精细化工发展。汽车制造工业的发展速度加快，北京成为国内轻型汽车的制造基地之一，中美合资的北京吉普汽车有限公司已能成批生产具有国际先进水平的高级吉普车。北京的制造工业产品如毛纺织品、酒类、服装、工艺品、中成药、印刷机、节能电机、洗衣机、电视机等都在全国同类产品中占有质量上的优势。1988 年，北京工业部门试制的新产品 2200 多种，投入批量生产的有 1540 种，其中达到 80 年代国际同类水平的有 100 多种，达到国内先进水平的有 400 多种。另外，20 世纪 80 年代以来，北京远郊区县制造工业已经是北京市制造工业的重要组成部分，产品中的地毯、工艺品、白酒、服装、皮鞋、钢窗等占全市产量一半以上。

为了适应改革开放的形势，在企业管理工作上也开始改变过去长期形成的产品经济管理模式，逐步建立社会主义市场经济的体制。经过探索和实践，已经取得了初步的成效。

北京市制造工业企业在 70 年代末期进行了整顿，在调整企业的管理班子之后，进入以提高经济效益为中心任务的整顿，包括领导班子建设、劳动组织工作、完善规章制度和严格财经纪律等。通过全面的整顿，企业的素质有了明显的提高，基础管理工作得到了加强，形成了基础管理工作和岗位责任制、经济责任制相结合的企业管理体系。其后，认真执行了扩大企业自主权的规定，使企业的责、权进一步明确，能够根据市场的需求安排生产；同时还适当地减少中间管理层次，调整了国家与企业、企业与职工之间的分配关系。国家对企业实行利润留成、利改税等办法，并通过适当减免企业调节税减轻企业负担，提高经济效益。企业内部的分配则实行工资总额与上交利税挂钩按比例浮动的办法，分别采取结构工资制、岗位工资和岗位等级工资制、浮动工资制、计件工资制、提成工资制、职务工资制等具体办法，改革了企业用工制度与工资制度。

北京市工业企业管理体制的改革，还表现在成功地推行承包经营责任制上。首先是试行和推广了以利润包干、“两保一挂”为主要内容的承包经营责任制，从而调动了企业和职工的积极性，使企业的所有权与经营权分开，明确了企业的责、权、利。对企业的领导体制也进行了必要的改革，实行厂长（经理）负责制和加强职工的民主管理，充分发挥这两个方面的积极作用。同时按照城市经济改革深入发展的需要，大力推行企业管理现代化。通过普及现代化管理知识、推广现代化管理方法和手段，对管理人员进行业务培训，增加了制造工业企业的活力，实行这些管理上的改革措施，使许多制造工业企业的经济效益和社会效益显著得到提高。

3.3.3 北京工业布局调整及制造业结构调整

从20世纪50年代开始，旧北京城形成了以市区为中心、向外扩展的“同心圆”地理格局，分成几个环状地带。每个环状地带的各工业区之间又有隔离间隙，各工业区的生产区附近又安排设立职工生活区及文化生活设施、服务设施，以方便职工生活及其他活动。

（1）北京市工业布局的主要特点

北京工业布局总的特点是以市区为中心，大体呈同心圆状向外扩散，即城区最密，近郊区次之，远郊区最稀。北京工业主要集中在城近郊区，1983年城近郊区土地面积仅占全市的8.1%，却集中了全市工业职工总数和工业产值的3/4左右。从工业产值密度上看，若以远郊区为1，那么城区、近郊区、远郊区的比例为153.1∶25.6∶1。[①]

---

① 邬翊光：“北京工业结构与布局调整建议”，《地理学报》，1987年第1期。

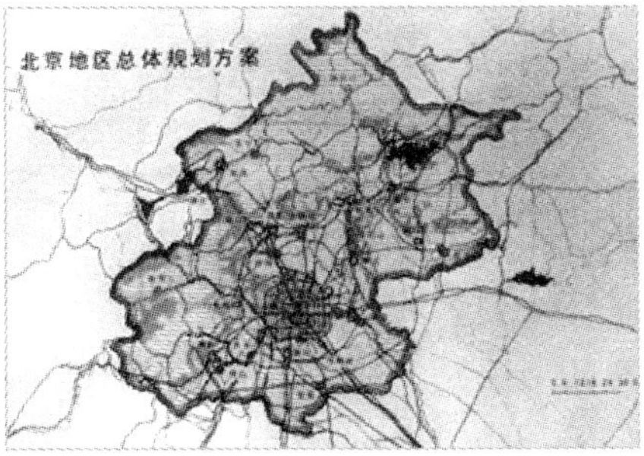

图 3 -3　1982 年总体规划(市域)

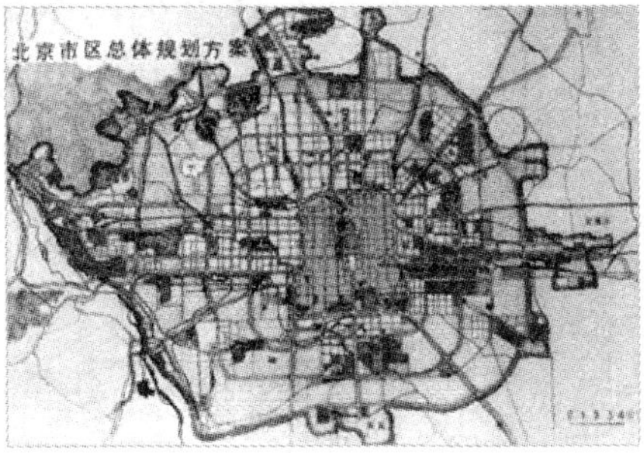

图 3 -4　1982 年总体规划(市区)

(2) 北京市工业布局存在的主要问题

北京城区和远郊区的工业布局中存在的问题比较多。北京城区工业布局的主要问题是过于拥挤与过于分散并存。从工业整体来看，城区工业过于拥挤，在 87.1 平方千米的范围内，集中了 1022 个企业，平均每平方千米 11.7 个，城区工业用地占土地面积的 19%。崇文、宣武、西城工业尤其密集，每平方公里 17 家工厂，工厂用地竟占一半左右，这种现象在世界各国首都中都是罕见的。另一方面，从单个企业来看，布局又过于分散。城区内的企业大多数是由原来的街道集体小厂合并而成，车间分散在四面八方，根本形不成比较完整的工业小区或工业街道。即使有些工业比较集中的街道，也由于各工厂之间没有内在联系，无法组织专业化协作，反而互相干扰、影响。城区工业布局上的这种拥挤混乱现象，严重干扰了首都城市建设，给交通环境带来了很多问题。

远郊区工业布局的主要问题是过于分散。北京远郊区 1983 年有市级以上的工厂 270 多个，分散在 79 个点上，除燕山石化区以外，其余各工业点规模都不大，有的厂孤零零地摆在深山沟里。这些工厂地处偏僻，对其他厂缺乏吸引力，生产协作条件很差；本身规模太小，无法建设完整的基础设施；距城市太远，生活福利设施又差，再加上交通不便，管理不善，企业经济效益普遍较差，远郊工厂劳动生产率大约只相当于全市平均水平的2/3，人均利润只相当于全市平均水平的1/3。

(3）北京市工业布局调整的指导思想

北京工业布局的这种“城市过于拥挤，远郊区过于分散”的特点，既不利于首都城市建设，也不利于北京工业进一步发展。20世纪90年代初，适应深化改革、扩大开放，发展社会主义市场经济新形势的需要，北京市组织开展并完成了《北京城市总体规划（1991年至2010年）》的编制，制定了跨世纪发展的新目标及规划方案。总体规划就增强城市功能、完善城市布局提供了理论依据。北京工业布局的调整，应根据城区、近郊区、远郊区的不同特点和存在问题，分别采取不同的方针和措施，通盘考虑，整体规划，综合治理，总的方针是改造、疏导城区工业，调整控制近郊工业，积极发展远郊工业。布局调整的重点是城区，今后发展的方向是建立新的工业卫星城镇以及沿市中心区向外放射的干线公路和京津高速公路展开带状工业小区，工业布局仍应继续贯彻相对集中与相对分散相结合的方针。

1）改造、疏导城区工业。城区是首都中心区，是党中央、国务院等首脑机关所在地，又是文物古迹精华荟萃之地，必须严格控制城区工业规模。城区内，包括三环路内不应再建新厂，扩建项目也应严格控制。特别是城区中心天安门周围七八平方千米，是首都的心脏，更应重点保护，为中央创造一个优美、安静的环境，确保国家中枢不受干扰。

2）调整控制近郊工业。北京市近郊区三环路以内，工业已很拥挤，基本连成一片，隔离带很少。针对这种情况，必须控制工业规模，占地面积不得任意扩大，三环内不能再安排新建企业，城内迁出的工厂一般也不要安排在三环内，以免二次搬迁。要抓紧近郊的调整配套，尽快增加基础设施，住宅服务设施，克服长期存在的有骨无肉现象。

3）积极发展远郊工业。北京市远郊区在工业用地、用水、矿产资源及农产品资源等方面都拥有明显优势，为北京工业发展提供了广阔的空间。发展远郊工业，对于疏散城市工业和人口、繁荣郊区经济有着重要意义。发展远郊工业的核心是建设工业卫星城镇和工业小区、辅之以发展区县工业和乡村工业。

图 3 - 5　1993 年北京市域总体规划图

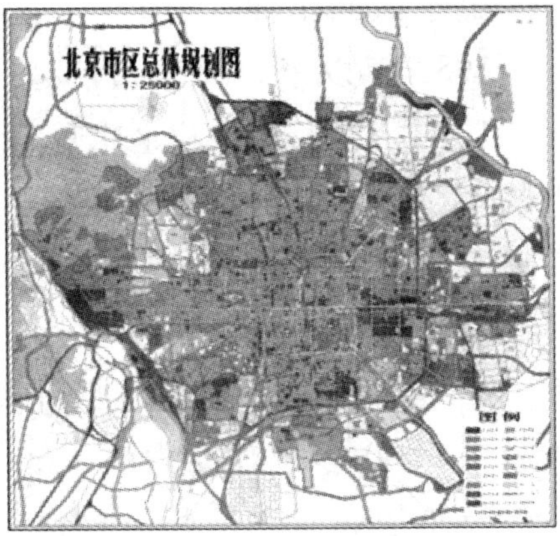

图 3 - 6　1993 年北京市区总体规划图

北京工业布局经过调整以后，工业布局向心集中的基本特点是不会改变的，但基本可以解决城区工业过密、远郊工业过疏的现象，使工业布局趋于均衡分布。

（4）北京市制造业结构存在的问题

1949—1989 年，北京的制造业经过 40 年的发展，门类已较为齐全，在全国的 164 个制造业门类中，北京拥有 149 个门类。据 1988 年的统计，全市共有制造工业企业 5932 家。其中，中央部门所属企业 276 家，地方市、区、县所属企业 5656 家；大型企业 178 家，中型企业 312 家，小型企业 5442 家。行业组成如下：

冶金工业：分为黑色冶金（钢铁）和有色金属工业两部分；

机械工业：包括机电、仪器仪表、农机工业；

能源工业：包括煤炭和电力工业；

化学和石油化学工业；

汽车及机车车辆工业；

建材工业及印刷工业；

轻、纺、食品工业；

电子医药工业。

1980 年以来，北京市制造工业结构存在两个突出的问题：

1）原材料制造工业比重偏大。北京市制造工业内部一个突出的不合理现象是原材料制造工业（包括采掘）所占比重偏大，而加工工业比重偏低，并有不断下降的趋势。

北京原材料与加工工业比例不合理，主要表现在大量调出初级产品上。北京工业基本原料大部分是从外地调进的。目前，每年运进 1800 多万吨动力煤，600 多万吨原油，400 多万吨铁精矿粉以及其他物质。这些原材料在北京加工成初级产品后，又有相当一部分运往外地进行再加工，每年调出几十万吨生铁、几十万吨钢坯、100 多万吨焦炭及大量化工原料等。1982 年北京市化工局 21 种主要产品有 32% 的产量、燕化 12 种主要产品有 80% 的产量是供应外地的。北京 30 多万吨塑料就地加工的仅占 1/3。北京有相当雄厚的制造业基础，有较强大的技术力量，却没有在产品的深度加工充分发挥其优势，那些所谓能耗多、用水多、占地多、运量大、污染严重的企业，大部分都属于原材料制造工业，然而由于产品的加工深度不够，北京以大量的能源、水资源、运输能力及环境为代价，却没有相应的从提高制造业生产水平和改善人民生活方面得到足够的补偿。

2）以工业品为原料的轻工业比重偏低。原材料供应是否充足，历来是制约轻工业发展速度的关键问题。30 多年来，北京重工业发展很快，而以工业品为原料的轻工业却没有相应迅速发展起来，以农产品为轻工业重要原料的状况至今仍未根本改变，这与北京重工业基础比较雄厚的长处很不相称。

北京轻工业农产品原料供应的保证程度是不太高的。北京及其周围地区农业虽然较发达，但在满足自身消费以外，拿不出足够的产品去支持一个庞大的工业生产规模。北京轻工业的原料很大一部分要远距离调运，甚至要靠一部分进口原料，如羊毛等。

北京轻工业的发展应立足于本市工业原料基础上。这不仅因为工业原料在生产工具上有许多优点，诸如受自然条件影响较小，生产周期易于计划和管理；可以广泛采用化学合成方法，不断生产新材料；较易于按照人们生活需要设计和制造出新产品。而且，北京重工业基础较为雄厚，完全有能力为轻工业提供日益丰富的原材料，尤其应利用化学工业比较发达的长处，大力发展各种有机合成材料，以替代棉花、皮革、羊毛、橡胶等农产品原料，这样轻重工业相互促进，才能共同发展。

（5）北京市制造业结构调整的优势与制约因素

北京制造业结构的调整，除了要考虑解决制造业结构中的现存问题以外，还必须从实际情况出发，把握北京制造业发展的有利条件和制约因素，考虑如何扬长避短、发挥优势。

北京制造业的发展最突出的优势是北京拥有极其丰富的智力资源，为制造业向高精尖、技术密集型方向发展提供了极为有利的条件。北京的科研教育力量雄居全国之冠。有各种研究机构四五百个，高等院校 70 余所，科教人员五六十万，约占全国总数的 20%，其中高级研究人员占全国同类人员的 35% 左右，比天津、上海多几倍。北京职工队伍的普遍文化水平也比较高，并拥有大量的技术骨干。如北京市属电子行业职工中，工程技术人员就占 12.2%。遗憾的是这种优势还没有充分发挥出来，没有对生产力的发展起到应有的推动作用。应采取切实措施，把科研教育同生产发展密切结合起来，把潜在优势转化为现实优势，以迎接世界新技术革命的挑战，使北京成为全国制造业新技术革命的先锋。

北京制造业发展最突出的制约因素是水资源不足。在平水年刚刚够用，一遇偏枯年或枯水年，水资源紧缺的矛盾就十分尖锐。如果考虑到今后工农业的发展，城市规模扩大，人民生活水平提高，现实可利用的水资源就根本不够用。水是不可替代的资源，而且北京地区现有可开发的水资源所剩无几，从外流域调水，2000年以前难以实现，因此必须对各行各业用水实现限量供应。在北京制造业结构的调整中，发展低耗水型制造工业，控制高耗水型制造工业，在各部门中，要调整那些耗水多、产值小的产品，提高水的复用率。

（6）北京市制造业结构调整的建议

根据以上分析，北京制造工业发展应以中央四项指标为指导，充分利用北京制造工业现有的良好基础，以提高经济效益为中心，依靠技术进步和首都科技力量雄厚的优势，有计划有步骤地用新技术、新工艺、新设备、新材料改造现有企业和传统工业，提高传统工业的集约化程度，同时大力开发适合首都特点的新技术领域，发展物质消耗少、价值高的新兴工业，在高精尖和第一流产品上下功夫。在北京制造业结构的调整中，尤其要注意从北京自然资源和社会经济条件出发，凡是适合首都特点的制造业就大力发展；凡是同首都特点相适应又相矛盾的制造业，就应调整产品结构，控制发展规模；凡是不符合首都特点的制造业就要限制其发展。对于北京制造业结构调整的具体建议是：

1）优先发展的制造工业部门。这些部门通常应具有能耗低、用水省、占地少、运量小、不污染扰民、技术密集、劳动密集、产品销售前景良好的特点。

①食品工业。北京食品工业的发展不仅关系到1000万人口吃饭的问题，而且直接关系到北京这座历史名城和对外橱窗的声誉。北京食品工业应注意解决以下几个问题：一是产品方向，要注意发展中低档适合居民消费习惯的大众化方便食品；着眼于提高人民生活水平的营养食品、疗效食品；适应发展旅游及打入国际市场需要的具有北京特色的传统食品、各地风味食品、高档食品等。二是提高产品加工深度，在质量、花色品种和精细加工所占比重较大的局面。三是注意解决食品工业原料来源，同北京周

围地区加强协作，建立食品工业原料基地。

②电子工业。这是新技术革命的主要内容，其发展水平和应用程度是衡量一个国家现代化水平的重要标志之一。北京电子工业的发展要抓四个方面：一是以大规模集成电路为中心的电子元器件；二是以微电脑的开发、生产、应用为近期目标，进而组织电子计算机，特别是微型机的生产，注意软件开发，搞好推广应用；三是民用电子设备，主要包括电视机、收音机、录像机、音响设备及家用电器中的电子设备；四是电子测量仪器，包括大、中规模集成电路的测量仪器、高频超高频测量仪器、显示仪器、传感器等。

③新型建筑材料。中央要求把北京建成最优美的第一流的现代化城市，预计20世纪内北京新建房屋总面积还要增加1.5亿平方米，这就要求北京建材工业在质和量上都有一个较大的发展。北京建材工业发展的重点是：轻质、高强、多功能的新型建材；高级建筑装修材料。要注意产品的标准化、通用化、系列化，发展以废渣为原料的建材生产。

④机械工业。其特点是技术密集、产值高；能耗用水不多，对环境影响也不大，较易治理，故除少数中型机械外，北京是比较适宜发展机械工业的。北京应集中力量发展机密仪器仪表、数控车床、轻型汽车、大中型成套火电设备、各种成套加工设备、日用机电产品生产等。

⑤轻纺工业。全国纺织工业发展很快，外地优质产品大量涌进北京市场，面对这种挑战，北京应在产品结构上做出较大调整，重点应抓好以下几个方面：一是大力发展化纤、毛纺织品生产，稳定棉纺织品生产。二是发展室内装饰及工业用纺织品生产。三是发展针织物和无纺织物生产。四是大力加强印染后整理。至于适合首都特点的轻工业，如皮革、文教用品、工艺美术、金银首饰、各类玩具、塑料用品等，应根据市场需要和北京条件尽量发展。

⑥化工新型材料工业。在世界新技术革命中，一场新材料革命已经兴起。新型材料是计算机、通讯、宇宙开发、生物工程、海洋工程等新技术的物质基础。化工新型材料工业用水少、耗能少、效益高、污染较轻又可治理，与国民经济各部门和人民生活关系密切。北京化学工业要为食品、电子、建材、汽车及轻纺工业的发展服务，产品结构要向轻型化、精细化、高档化和深度化加工转移。北京要充分发挥有机合成材料产量居全国首位的优势，优先发展精细化工和高分子加工应用。

2）调整改造、适当发展的制造工业部门。化工基本材料工业、冶金工业现有一定规模，由于其资源消耗较多、污染较重，同北京城市建设有一定矛盾，今后不应再继续扩大规模。然而他们又是工业和城市建设的基础，其产品多数是短线产品，因此对他们既要控制又不能控制太死，重点放在实行技术改造，调整产品结构、提高质量、进行深度加工等方面。

3）控制发展的制造工业部门。这些部门或因能耗多、用水多、污染严重而不宜在北京发展，或因本地资源条件不好，不应在北京发展。属于这类制造工业的有：电力工业，尽管北京供电不足，今后电量还将有较大增长，但发电用水太多，而且污染环境，运煤发电对铁路运输压力很大，因此北京不宜大规模扩大发电能力，北京供电主要通过山西能源基地输电和华北、西北电网并网后调剂解决；煤炭及炼焦工业，北京煤炭大多为无烟煤，不适宜工业用，应限制煤炭产量，维持目前生产规模（乡村小煤窑可适当发展），炼焦规模要严格控制，不能扩大。造纸工业用水过多、污染严重，北京又缺乏造纸原料，应限制生产规模，纸浆生产规模压缩，木材加工工业因原料供应不足，生产能力闲置，故亦不宜发展。

3.3.4　北京制造业布局及基地建设

从 20 世纪 80 年代起，北京在调整制造业布局过程中，为发展区域经济，在黄村、沙河、通县、垡头建立了卫星城和制造工业小区，一些城区企业陆续迁入。1992 年后，北京经济技术开发区成立，各区县也相继成立科技园区、开发区和工业小区（以下简称“三区”），使北京市工业及高科技园区达到 28 个。2000 年 12 月 8 日，北京天竺空港工业开发区、北京林河工业开发区、北京大兴工业开发区等 10 个开发区被北京市列为市级工业开发区。这些开发区侧重发展电子信息、生物医药、光机电一体化、新材料、食品和环保等高新技术产业，逐步实现北京城区传统工业的转移和替代。“三区”的建设为北京市城区工业“退二进三”（退出第二产业转入第三产业）和“退四进二”（退出四环外，发展第二产业）的工业布局结构调整和经济协调发展提供了有效空间，为科学合理安排北京的工业布局提供一条可行路径。

3.4　新中国成立后北京制造业发展特征及规律

新中国成立后，北京制造业的发展与城市的定位相比前几个历史阶段结合得更加紧密，二者之间的协调也经过了几个阶段的调整。总体来看，北京要解决的问题很多，如恢复生产、发展经济、提高老百姓的生活，加快产业结构的调整、完善城市功能、把北京建设成为全国的政治、经济、文化中心，等等。在北京大搞经济建设的过程中，制造工业的发展与城市功能的协调也出现了一些矛盾（见表 3－4）：

表 3－4　新中国成立后北京制造工业发展特征及规律总结

时　期	北京城市定位	制造业体系	制造行业发展特征与城市功能协调
新中国成立初至50年代末	城市发展目标：解决城市就业，提供城市建设的物质保证；北京由消费型城市向生产型城市转变	棉纺织区、电子工业区、机械区、化工区、冶金区、机械重工业区；国营企业占较大比重	制造工业多分布在城区外，城市功能和工业发展矛盾不显著；城市任务：恢复改造与发展生产，建立社会主义国营制造业体系；优先发展重工业
60年代至70年代末	生产向基础原材料工业倾斜；确立了发展高级、精密、尖端工业的方针	钢铁、石油化工、机械、仪表、轻纺，精密仪器、光学一起、电子产品成为重点	城市功能和制造工业发展出现矛盾，出现“重重轻轻”的问题，制造工业内部结构不合理，城市污染严重、制造工业发展大量的耗费了城市资源例如：水、煤、电等
80年代至21世纪初	现代化工业城市转变到发展适合首都经济建设的轨道上来	高新技术产业，环保、服装、食品、饮料等都市型产业	重视产业结构升级和调整，建立工业园区，发展加工型的制造工业，提高产品附加值是目标

通过表 3－4 我们可以发现，北京作为首都，要建设成为政治、文化、经济中心，所要发展的制造工业必须与城市拥有的资源密切相关，否则就有可能脱离城市功能，出现矛盾。而在这样的历史条件下，哪些制造工业是适合首都经济建设的我们还需要进一步论证。

小　结

中国近代制造业基础十分薄弱，新中国刚成立时制造业千疮百孔，而处在这一大环境下的北京制造业也十分落后。北京采取一系列措施恢复发展制造业。从社会主义改造，到依次进行的“一五”、“二五”、“三五”、“四五”的经济建设，到改革开放后一系列措施，都为北京制造业的发展提供了良好的经济环境和政策支持。虽然在这段时期受到“大跃进”和“文化大革命”的影响，北京制造业的发展走了一些弯路，加上重工业上得过猛，导致制造业结构不太合理，但是经过四十多年的发展，和解放初期落后薄弱的制造业状况相比，北京的制造业已经取得了较大的进步，初步形成了北京制造业基地雏形及行业体系格局，而一些新兴工业的兴起，也为北京制造业向高、精、尖方向发展提供了良好的基础。

改革开放以后北京制造业的发展已经不仅仅是以振兴经济为目标，还考虑了对生态环境的影响。中共中央、国务院批复并修订了《北京城市建设总体规划方案》，明确了北京城市的性质是全国的政治、文化中心。北京城乡经济的繁荣和发展，要服从和服务于北京作为全国政治中心和文化中心的要求，亦即要发展适合首都特点的经济建设。以《总体规划》作为指导方针，北京制造业的发展按照技术密集程度高、产品附加值高和能耗少、水耗少、排污少、运量少、占地少的原则进行调整，广泛利用高新技术改造传统产业，加快技术结构和产品结构的调整改造，并逐步形成适合北京自身特点的制造业结构。这一时期是北京制造业飞速发展的时期。根据北京市城市定位，北京制造业发展以中共中央的四项指标为指导，充分利用北京制造工业现有的良好基础，以提高经济效益为中心，依靠技术进步和首都科技力量雄厚的优势，有计划有步骤地应用新技术、新工艺、新设备、新材料来改造现有企业和传统工业，提高传统工业的集约化程度，同时大力开发适合首都特点的新技术领域，发展消耗少、价值高的新兴工业，在高精尖和第一流产品上下功夫。从北京自然资源和社会经济条件出发，大力发展适合首都特点的制造业，不断调整北京制造业结构。经过这一时期的发展，北京制造业无论是在规模还是在技术含量上都有了质的飞跃，为北京现代制造业的形成和发展奠定了坚实的基础。

第4章

北京现代制造业的产生及发展

新中国成立后北京的制造业经过几十年的发展，无论在企业数量、企业规模、行业细分、加工技术等各个方面都取得了重大进步，为北京的经济发展发挥了重大作用。但是，由于在发展传统制造业的过程中没有与北京拥有的资源以及北京作为首都的功能定位很好地协调，导致制造业的内部结构以及内涵出现了问题，“重重轻轻”的局面出现，使得制造业的发展给经济带来较高增长的同时，也对北京的资源利用和生态环境造成了较大压力，因此提升制造业发展的质量和内涵是市委、市政府面临的重要问题。

2002年在北京市工业经济形势分析会上，北京市政府明确提出“大力发展现代制造业，培育新的经济增长点”的发展战略。在此基础上北京市对现代制造业的门类做了细分，但是由于现代制造业在发展过程中，轻两头（即轻研发、轻销售）重中间（重中间加工）的现象出现，使得现代制造业加工的整个过程没有很好协调，依然没有摆脱现代制造业的发展对北京资源和环境的压力。因此北京市政府于2004年将发展战略调整为“适度发展现代制造业”。“适度”的提出对北京发展经济非常重要，对北京现代制造业的发展也提出了新的要求。本章将详细介绍北京现代制造业的内涵演变、发展状况、对北京市的经济贡献以及存在的主要问题。

4.1 北京现代制造业的提出与布局

4.1.1 技术变革对制造业发展的影响

近年来，随着高新技术和知识经济的迅猛发展，生命科学、材料科学、信息技术、微电子技术、航空航天等新兴的科学技术不断涌现。以计算机技术、信息技术、自动化技术与传统制造技术相结合的先进制造技术应运而生，对传统制造业的内涵和功能产生了重要影响：

（1）制造业内涵的扩展

随着通讯和网络的发展，全球性的贸易壁垒正在逐步消失，制造技术已发展成为一个涵盖整个生产过程、跨多个学科且高度复杂的集成技术。制造的概念和内涵得到大大扩展，它是一种涵盖面很广的广义制造概念，是“大过程”、“大制造”，包括光、机、电产品的制造，工艺流程设计，通用产品和高精尖产品的制造以及材料制备；不仅包括机械加工方法，而且还包括高能束加工方法、硅微加工方法、电化学加工方法等；它不但包括从毛坯到成品的加工制造过程，而且还涉及产品的市场信息收集与分析、产品的选型决策、产品的设计制造过程、产品的销售和售后服务、报废产品的处理以及产品的疲劳强度和全寿命过程的预估等产品整个生命周期的全过程。

（2）先进制造技术、制造系统和制造模式的发展

近年来，制造工程与制造科学取得了前所未有的成就，先进制造技术、制造系统和制造模式层出不穷，制造业得到空前的发展。建立在以现代信息技术为核心的制造技术基础上发展起来的现代制造系统，给未来的制造业带来更多意想不到的奇迹。

（3）制造技术的多学科交叉

经济的发展和社会的进步对制造科学提出了新的要求与期望，它与信息科学、生命科学、材料科学、管理科学等不同学科之间的交叉融合更为紧密，形成了多学科交叉、多方位立体发展的模式。一方面，制造技术为信息科学、生物科学和材料科学提供观察、实验、检测、制造的装备和技术支持；另一方面，信息科学、生物科学、材料科学的最新成果也会应用于制造业，进一步丰富制造科学的内容，同时，它们的发展也给制造业不断提出新的使命和挑战，从而促进制造科学的进一步提高。制造生产模式对制造过程、制造系统和产品的优质起着关键的作用，而制造生产模式是管理科学、社会人文科学与制造科学的交叉、融汇和发展而成的结果，有着统率生产过程、加速高新技术的发展、决定产品质量和市场竞争能力的作用。

（4）信息技术成为现代制造技术发展的重要保障

先进制造技术的发展与信息技术的发展密不可分。信息技术，特别是计算机技术，极大地改变着制造的面貌，是先进制造技术的发展与制造科学形成的客观条件。信息这一要素已成为现代制造业中最重要的资源和最宝贵的竞争要素。制造业不仅加工、处理信息，而且将制造信息录制、物化在原材料上，提高其信息含量，使之转化为产品。现代制造业，尤其高科技、深加工企业，其主要投入已不再是材料和能源，而是信息和知识。其所创造的社会财富实际上也是某种形式的信息，即产品信息和制造信息。未来的产品一般应是基于信息或知识的产品。未来的制造技术将向数字化、智能化、网络化发展，信息技术将贯穿整个制造业①。

制造技术的全球化和加入 WTO 给我国的制造业带来了前所

① 张有义、王全聪："现代制造技术的发展趋势及我国制造业的对策"，《机械工程与自动化》，2004 年第 1 期，第 12—14 页。

未有的发展机遇，同时也面临着巨大的挑战。随着中国制造业的成熟和经验不断丰富，制造业不仅通过低成本的竞争力，还将通过提高技术含量的竞争力来提升价值。推动力和拉动力两个方面将共同促进制造业的发展。

（1）推动力

产生推动力的主要原因在于“十五”计划推动企业学习和吸收先进的信息技术以推动改革；政府制定措施优先发展 IC 卡设计和制造、生产计算机和网络产品；国内外 IT 厂商在中国建立的生产和研发能力则产生了对专门技术的需求。

（2）拉动力

产生拉动力的主要原因在于中国正在成为“世界制造中心”和“世界研发中心”，更高价值的制造设备落户中国，从而产生对各种技术的需求；中国正在成为“世界最大的消费市场”，产品分化的压力需要更多处理器应用的系统解决方案，如智能电话、PDA、家庭应用、游戏等。

这些力量的合力要求中国制造业不能只满足于在别人技术的基础上制造产品，必须开发自己持续的、有竞争力的核心能力，更多地进行自主开发和提高产品的技术含量，同时要根据自己的短期、中期和长期战略制定出相应的技术研发战略。

4.1.2 振兴北京现代制造业的提出

振兴北京现代制造业的行动起始于本世纪初。

2001 年 7 月 23 日，经北京市人民政府批准成立北京市光机电一体化产业基地（英文全称 Beijing OPTO－Mechatronics Industrial Park，简称 OIP），并被确定为振兴北京现代制造业、扩充首都经济总量重点支持和发展的四大产业基地之一。基地位于北京市东南部，规划总面积 7.5 平方千米。基地地处五环路和六环路之间，东临京沈高速路，南临北京经济技术开发区，西临京津塘高速路。北京市光机电一体化产业基地重点发展微电子、光电子、数控机床、印刷机械、智能仪器仪表、医疗设备、电子专用设备、激光技术、机器人等主导产业。

2001 年 12 月 28 日，当时的北京市经委、北京市发展计划委员会、北京市科学技术委员会和北京市药品监督管理局，正式公布了《北京生物工程与医药产业发展振兴纲要》，确立了“产业振兴思路”、“产业振兴原则”、“产业振兴目标”等。

2002 年 5 月 17 日，时任中共北京市委书记的贾庆林在中共北京市第九次代表大会上明确提出：“大力发展电子信息产业，加快培育环保、生物工程和新医药等新兴产业，建设软件、微电子、光机电一体化等产业基地，扶持名牌产品和企业集团，尽快形成具有首都特色和竞争优势的高新技术产业群。广泛运用高新技术改造传统产业，加大技术改造投入，加快工业布局调整，促进产品升级换代，发展都市型工业，振兴北京现代制造业”。贾庆林指出，振兴现代制造业，符合中央精神和国家发展需要。从北京的实际看，振兴现代制造业，完全符合首都经济发展和产业结构优化升级的需要。一方面，工业增速表现出的新问题，迫切需要寻找新的产业增长点。另一方面，近些年加大产业结构调整力度，传统产业处于压减状态，也迫切需要用新的产业增长点来弥补。在传统产业出现减量的情况下，要扩充北京经济总量、壮大经济总体实力，就必须坚持“两条腿”走路：既要盘活现有存量资产，加快利用高新技术和先进适用技术，改造和提升传统产业；更要积极培育新的产业增长点，通过壮大增量部分，更好地支撑北京工业增长。在 2002 年上半年经济形势分析会上，贾庆林又一次强调，振兴现代制造业，与大力发展高新技术产业并不矛盾，而且是首都经济发展战略的延伸和拓展。

2002 年下半年，北京市人民政府第 54 次常务会议通过的《关于振兴北京现代制造业的意见》中明确指出，北京制造业在规模、工艺及关键设备、技术研发投入、原创性的核心技术和产品等方面，已经不及上海、江苏、浙江、广东和山东等省市。《意见》首次提出振兴北京现代制造业作为首都经济发展的主要增长点。而在振兴北京现代制造业的计划中，以微电子集成电路和光机电一体化产业基地为中心的IT制造业占了主要部分。根据《意见》，光机电一体化产业基地的建设模式是“一个基地、四个园区”。四大园区分别是北京经济技术开发区、电子城科技园、丰台科技园和昌平科技园。

2003年，北京市委、市政府公布了《关于振兴北京现代制造业的意见》（京发［2003］3号）。至此，振兴北京现代制造业就成为发展北京经济的重要战略举措。

4.1.3 北京现代制造业与传统制造业的区别

（1）现代制造业的概念

现代制造业是在我国经济结构调整过程中提出的新的产业概念。现代制造业，就是用现代科学技术武装起来的制造业，是现代科学技术与制造业相结合的产物。现代制造业的实质是制造业结构的升级优化，是指采用高技术和先进适用技术对原材料（采掘业的产品和农产品）进行加工或再加工以及对零部件装配的工业的总称。与传统制造业相比，现代制造业更加强调以知识和技术为投入要素，即应用现代制造技术、现代生产组织系统和现代管理理念所进行的以现代集成制造为特征、知识密集为特色、高效制造为特点的技术含量高、附加值大、产业链长的产业组织体系。

现代制造业从外延上一般分为两大类：一是高新技术产业中的制造业。这是高新技术发展成熟而形成的新型制造业形态，是现代制造业的典型形态。二是先进适用技术制造业，是通过用高新技术或现代管理手段，对传统产业进行改造提升后的产业形态，也是现代制造业的有机组成部分。

现代制造业的主要特征如下：

1）高科技，高附加值。更加强调以知识和技术为投入要素，企业的工艺、装备、材料高技术化，产品的科技含量和附加值较高。

2）发展势头良好，产业关联度高，对国民经济带动作用大，能迅速成为产业发展的重要支撑。

3）符合现代社会可持续发展理念，具有资源节约、有利于环保的优点。

（2）现代制造业与传统制造业的区别

1）传统制造业关注土地价格、规模生产、服务对象的需要，而现代制造业关注技术的创新，关注投资成本的优化。

2）传统制造业关注制造和生产，而现代制造业关注研发、销售、制造、物流等各个环节。

3）传统制造业关注单个企业的生产及竞争实力，而现代制造业更侧重于产业集群的规模效益和范围经济。

4）传统制造业关注经济利益，而现代制造业关注经济利益和社会利益，强调制造业发展以人为本，可持续发展。

4.1.4　北京现代制造业的行业分类及空间分布

按照国民经济行业分类和内部关联性，北京市统计局将现代制造业分为电子信息产业、机电产业、交通运输设备产业和医药产业四大产业以及其他产业。涵盖了 15 个行业大类、45 个行业中类、95 个行业小类。

（1）电子信息产业

电子信息产业包括通用设备计算机及其他电子设备制造业中的通信设备制造、雷达配套设备制造、广播电视设备制造、电子计算机制造、电子器件制造、电子元件制造和家用视听设备制造 7 个行业中类中的 19 个行业小类。

（2）机电产业

机电产业包括金属制品业中的金属结构制造、通用设备制造业行业中的锅炉及原动机制造等4个行业中类中的4个行业小类；专用设备制造业中印刷设备制造等3个行业中类中的7个行业小类；电气机械及器材制造业中的电机制造等6个行业中类中的15个行业小类；仪器仪表及文化办公用机械制造业中的通用仪器仪表制造等5个行业中类中的20个行业小类。

（3）交通运输设备产业

交通运输设备产业包括铁路运输设备制造、汽车制造、航空航天器制造3个行业中类中的7个行业小类。

（4）医药产业

医药产业包括医药制造业中的化学药品原药制造、化学药品制剂制造、中成药制造、兽用药品制造和卫生材料及医药用品制造5个子行业；专用设备制造业中的医疗仪器设备制造中类中4个行业小类。

（5）其他产业

其他产业包括饲料加工、食品及饲料添加剂制造；记录媒介的复印、生物化学农药、信息化学制品等6个行业小类；车辆飞机及工程机械轮胎制造、轻质建筑材料制造、光学玻璃制造。

北京市从2005年开始执行现代制造业统计标准。参见表4－1。

表4－1　　现代制造业统计分类目录

类　别　名　称	国民经济行业代码
一、电子类	
通信传输设备制造	4011
通信交换设备制造	4012
通信终端设备制造	4013
移动通信及终端设备制造	4014
其他通信设备制造	4019

续表

类　别　名　称	国民经济行业代码
雷达及配套设备制造	4020
广播电视节目制作及发射设备制造	4031
广播电视接收设备及器材制造	4032
电子计算机整机制造	4041
计算机网络设备制造	4042
电子计算机外部设备制造	4043
电子真空器件制造	4051
半导体分立器件制造	4052
集成电路制造	4053
光电子器件及其他电子器件制造	4059
电子元件及组件制造	4061
印制电路板制造	4062
家用影视设备制造	4071
家用音响设备制造	4072
二、机电类	
金属结构制造	3411
内燃机及配件制造	3512
金属切削机床制造	3521
起重运输设备制造	3530
衡器制造	3577
印刷专用设备制造	3642
照明器具生产专用设备制造	3645
电工机械专用设备制造	3661
电子工业专用设备制造	3662
航空、航天及其他专用设备制造	3669
环境污染防治专用设备制造	3691
社会公共安全设备及器材制造	3695
发电机及发电机组制造	3911
电动机制造	3912

续表

类　别　名　称	国民经济行业代码
微电机及其他电机制造	3919
变压器、整流器和电感器制造	3921
电容器及其配套设备制造	3922
配电开关控制设备制造	3923
电力电子元器件制造	3924
其他输配电及控制设备制造	3929
电线电缆制造	3931
绝缘制品制造	3933
其他电工器材制造	3939
电池制造	3940
电光源制造	3971
灯用电器附件及其他照明器具制造	3979
其他未列明的电气机械制造	3999
工业自动控制系统装置制造	4111
电工仪器仪表制造	4112
绘图、计算及测量仪器制造	4113
实验分析仪器制造	4114
试验机制造	4115
供应用仪表及其他通用仪器制造	4119
环境监测专用仪器仪表制造	4121
汽车及其他用计数仪表制造	4122
导航、气象及海洋专用仪器制造	4123
地质勘探和地震专用仪器制造	4125
教学专用仪器制造	4126
核子及核辐射测量仪器制造	4127
电子测量仪器制造	4128
其他专用仪器制造	4129
光学仪器制造	4141
电影机械制造	4151

续表

类　别　名　称	国民经济行业代码
照相机及器材制造	4153
计算器及货币专用设备制造	4155
其他文化、办公用机械制造	4159
其他仪器仪表的制造及修理	4190
三、交通类	
铁路机车车辆及动车组制造	3711
铁路机车车辆配件	3713
汽车整车制造	3721
改装汽车制造	3722
汽车零部件及配件	3725
飞机制造及修理	3761
航天器制造	3762
四、医药类	
化学药品原药制造	2710
化学药品制剂制造	2720
中成药制造	2740
兽用药品制造	2750
生物、生化制品的制造	2760
卫生材料及医药用品制造	2770
医疗诊断、监护及治疗设备制造	3681
实验室及医用消毒设备和器具的制造	3683
医疗、外科及兽医用器械制造	3684
假肢、人工器官及植（介）入器械制造	3686
五、其他类	
饲料加工	1320
食品及饲料添加剂制造	1494

资料来源：北京统计局：《北京统计年鉴 2008》，中国统计出版社 2008 年版。

按照国民经济行业分类和内部关联性，我们将现代制造业

（95 个行业小类）分为电子信息产业、机电产业、交通运输设备产业和医药产业四大产业以及其他产业（参见表 4 –2）。

表 4 –2　　2008 年各大产业占现代制造业比重情况

	现价产值（亿元）	比重（%）	实现利税（亿元）	比重（%）	资产总额（亿元）	比重（%）
电子信息产业	2536.76	52.06	2.25	39.68	1409.66	38.67
机电产业	809.99	16.62	1.21	21.34	970.88	26.63
交通运输设备产业	1075.32	22.07	1.29	22.75	703.94	19.31
医药产业	280.26	5.75	0.63	11.11	369.41	10.13

从表 4 –2 中可以看出，在资产总额、实现利税和现价产值上，电子产业表现出明显的优势，均占全市现代制造业的 1/3 以上。交通运输设备制造业的现价产值列第二位，汽车整车制造业 2008 年实现产值比 2007 年增长 1.4 倍，是交通运输设备制造业的主要拉动力量。机电产业虽然涉及行业最多，但经济总量不大，产值比重较交通运输设备制造业低 5.45 个百分点。医药产业所占各项比重均不高，尚处在发展阶段。

从 2008 年现代制造业内部结构分布看，北京市工业结构已经发生了一些积极变化。振兴现代制造业的重点项目——北汽控股公司与韩国现代汽车公司合资生产的现代轿车产值迅速提高，2008 年全市汽车整车制造实现产值 669.89 亿元，比 2007 年增长 1.4 倍，占全市规模以上企业产值的 13.75%，同比提高 9.8 个百分点。北京市发展现代制造业，以振兴汽车制造业为突破口取得了初步成果，交通运输设备制造业对工业经济的支撑作用明显增强。

现代制造业的发展以园区为主要载体，初步形成了产业集群。如高新技术产业中的电子信息产业主要分布在海淀科技园区的电子信息产业群、朝阳的电子城和亦庄星网工业园的移动通信产业群等。新兴的汽车制造业分布在顺义。近几年顺义区利用自身得天独厚的地理位置，结合资源优势发展很快，形成了现代制造业的生产配套基地，拥有北京现代、松下和爱立信等大型汽车、电子企业。目前我市初步形成了以中关村科技园区特别是海淀园为现代制造业的研发基地和技术创新中心，远郊区县工业园区逐步成为现代制造业的生产配套基地。

4.2 北京现代制造业的资源环境

4.2.1 北京现代制造业的资源优势

（1）传统产业积累的雄厚基础

北京制造工业的最初形态是手工制造业，经过几百年手工制造业的发展及近代制造工业的发展，北京形成了具有一定规模和生产能力的一批传统的制造工业，例如：纺织业、机械制造、金属加工、冶铁、印刷等。这些企业大部分拥有较全的管理制度，部分企业因产品特色形成了百年老店。伴随企业的成长，也培养出一批掌握传统工艺的工人。传统制造工业的悠久历史为北京现代制造业的发展积累了宝贵的技术工人、管理制度、深受北京老百姓欢迎的消费品，为北京的经济建设积累了大量的资本，建立了多个制造工业区，形成了一套产业体系。因此，发展现代制造业不是在完全摒弃传统制造工业的基础上发展，而事实也证明北京传统的制造工业并非是夕阳产业，如何用现代的科学技术、生产加工理念和现代的管理模式来改造传统制造工业才是需要思考的问题。因此，传统制造工业为北京现代制造业的发展创造了机会和必备条件，而如何协调与传统制造工业的关系即该改造的改造、该升级的升级、该保留的保留、该放弃的放弃，是关键问题。

（2）人才优势

北京是我国高等教育最发达的城市，高等院校特别是重点院校的数量和学生总量都遥遥领先于全国其他地区。科技资源得天独厚，拥有世界知名、全国一流的高等院校和科研机构。2009年年末，全市共有普通高等学校88所，普通本专科在校生达到57.7万人，毕业学生15.2万人。全市具有招收研究生资格的普通高等学校52所，毕业研究生5.1万人，在校研究生18万人。

较多的教育和科研机构使得北京的高端人力资源中心地位十分巩固，人才的集聚效应日益显著。北京雄厚的人才储备为发展北京现代制造业提供了急需的高端技术人才、管理人才。与此同时，北京如何利用人才、留住人才、培养人才是在发展现代制造业的过程中需要有关决策部门认真考虑的问题。

（3）技术优势

北京是全国最大的技术商品集散地。北京的技术商品向全国各地辐射的力度和范围不断加大，2009年，北京输出技术合同成交额1236.23亿元，比2008年增长20.35%，占全国的40.68%。在全市36家技术市场服务机构和在京科研机构的努力下，北京成功应对金融危机，技术交易市场保持快速发展。“当前，技术转移要素正在向新兴产业聚集。”以新能源环保、生物医药、文化创意等为代表的新兴产业技术成交额占全市成交额的“半壁江山”。其中，由中国原子能科学研究院研制的车载NQR爆炸物探测设备，其技术水平是当前国内最先进的，并应用于奥运安保。以中关村为核心的高新技术企业技术交易继续保持较快的增长势头，成交额占全市的3/4，占全国成交额的近1/3。中关村企业技术创新规模和水平大幅提升，国际竞争力显著增强，重大技术合同和技术出口合同成交额均占全市的近80%，初步形成了优势产业集群，中关村创新高地的核心地位进一步凸显。

这一切充分说明，北京是全国技术创新基地；北京技术市场成为了全国最大的技术商品和技术信息的集散地；北京的技术商品正越来越多地被应用于全国各地的经济建设，为解决经济建设中的难点、热点、重点问题发挥着越来越大的作用。因此，北京技术市场的繁荣为北京现代制造业的发展与高新技术的结合提供了有利条件。

（4）金融优势

北京是全国的金融决策和监管中心，国务院主管经济的各部委、中国人民银行和中国银监会、证监会、保监会的总部都设在北京，中国最大的四家商业银行的总行也都设在北京，北京的金融资源可以说相当丰富，金融竞争规范有序，具有良好的金融发展环境。截至 2005 年年末，北京共有银行业金融机构 161 家，其中具有独立法人资格的 22 家；证券公司总公司 14 家，分公司 2 家；证券营业部 171 家，证券服务部 14 家；证券投资基金管理公司 10 家，管理证券投资基金 42 支；期货经纪公司 20 家。已经实现了金融机构聚集的局面。截至 2004 年末北京的金融机构总数达到 677 家，超过上海等其他城市。2007 年北京金融业实现增加值 1126.3 亿元，占全市 GDP 的比重达到 12.5%，是全国各大城市中最高的；金融业对北京经济贡献率达到 10.1%，已成为首都经济的龙头和支柱产业。北京地区也是大型、特大型企业最为密集的地区，150 多家中央直属企业的总部大部分设在北京，信贷、资金往来和结算需求十分旺盛。在金融管理控制、金融业支付结算、金融信息收集处理、金融行业标准制订、资金调度、金融中介服务等领域，北京都确立了自身的核心竞争力和中心地位。强大的金融中心将为北京现代制造业的发展提供雄厚的资金支持。

（5）地理优势

古代的许多史籍就对北京的地理位置做了准确而深刻的描述："幽燕之地，龙蟠虎踞，形势雄伟，南控江淮，北连朔漠。且天子必居中以受四方朝觐，大王果欲经营天下，驻跸之所，非燕不可。”“伏惟北京，圣上龙兴之地，北枕居庸，西峙太行，东连山海，俯视中原，沃野千里，山川形势，足以控制四夷，制天下，成帝王万世之都也。”因此，自古以来，北京就是北方的军事重镇。满、蒙和汉文化交汇融合的枢纽，同时又是古代蒙古游牧民族南下中原的捷径。可以说，这是对北京历史地理位置的最好概括。北京独特的地理位置造就了其在军事上的重要地位，重要的军事地位又决定了北京的政治地位更为重要。新中国成立以来，北京作为环渤海地区规模最大的经济区域，其地理优势依然有增无减。环渤海地区（包括北京市、河北省、内蒙古自治区、辽宁省、山西省、山东省、天津市）是我国北方规模最大的经济区域，其面积约占国土面积的12%，人口约占全国人口的20%，拥有丰富的石油、天然气、煤炭、盐、石灰石、白云石以及有色金属等多种资源。该地区产业基础雄厚，在全国经济中占有重要地位。大城市具有比较好的基础设施和工业技术装备条件，综合配套能力和职工素质水平也较高，在环渤海地区5800千米的海岸线上，近20个大中城市遥相呼应，数千家大中型企业梯次排开，60多个大小港口星罗棋布。因此，环渤海地区成为中国经济新的增长级有其内在的必然规律。环渤海地区有条件、有能力也必将成为中国经济发展的新热点，起到推动中国经济新一轮腾飞的先导作用。但是，环渤海地区也存在一些问题，比如地区经济差距很大，经济基础、自然条件和人力资源等很不平衡，行政割裂制约了环渤海地区的协同发展，交通体系虽然发展较快，但是仍缺乏连贯整个区域的区域性交通网络，产业结构雷同现象仍较为严重，尽管政治、文化背景深厚，但市场经济意识缺乏，而且环渤海地区的资源并没有形成有效配置，产业链未能在这一区域形成有效衔接。因此，北京发展现代制造业利用好地理位置也是关键问题之一。

（6）首都优势

作为我国的首都，北京在发展现代制造业方面具有信息、市场等几方面的优势。

信息方面。北京聚集了大量的与现代制造业有关的政府管理部门、行业协会等行业信息研究和发布机构，一些相关的重要会议也在这里召开，使现代制造业企业、科研部门能够及时、有效地获得相关的技术、政策以及市场信息。

市场方面。北京作为我国国家行政机关、大型企业集团总部等重要机构、公司的所在地，对现代制造业的产品有着庞大的需求和较高的标准。而且，与重要的政府部门之间的沟通也是多数现代制造业企业拓展业务的重要一环，地处北京比较容易获得这些相关的公共关系资源。这也使得北京的现代制造业因区位因素而获得得天独厚的市场需求和开拓优势，成为推动制造业企业发展的重要推动力。

（7）北京研究开发的投入优势

北京是我国智力、科技资源最密集的地区。2008 年拥有中科院和工程院院士 911 人，高居中国各省市院士数量排行榜首位。这些战略资源使北京有实力进行主动型的自主开发，实现源头创新。目前，北京市累计承担的国家三大计划（863 计划、基础研究计划、攻关计划）项目数和获得经费总数都位居全国榜首。

北京研究开发的投入水平较高。2007 年，北京市研究与试验发展（R&D）经费支出达 503.5 亿元，相当于地区生产总值的 5.6%。相对于投入，北京研发的产出水平也较高。2007 年，北京专利申请量与授权量分别为 3.2 万件和 1.5 万件，其中发明专利申请量与授权量分别为 1.9 万件和 0.5 万件。全年共签订各类技术合同 5.1 万项，技术合同成交总额 882.6 亿元。此外，发表论文数量和出版专著数量、新产品销售收入占全部产品销售收入的比重等反映科技产出水平的指标也居全国之首。

北京产学研之间的联系存在广泛的空间。高校、科研机构等在战略层次的研究中有着许多独到的贡献，对企业的市场开拓起了重要作用。此外，北京也形成了比较浓厚的科技创新的文化氛围。中关村则是一个较为成熟的科技创新载体，其独特的科技创新文化、意识倾向通过各种正式与非正式的交流逐渐在社会上弥漫，在人与人、机构与机构、企业与企业之间的互动中得以强化，逐渐发展成为有利于人才创新、创业的社会大环境。

总之，北京强大的科研实力以及有利于科技创新的社会氛围为现代制造业的发展提供了强有力的技术支持和动力源泉。

4.2.2 北京现代制造业的资源约束

1949 年新中国成立后，特别是 1978 年改革开放以来，作为我国首都的北京大胆创新，锐意进取，招商引资，打造良好环境，经济社会有了长足的发展。取得了令人瞩目的成就。2000 年北京的总量 GDP 和人均 GDP 分别比 1980 年增长了 5.51 倍和 4.46 倍；年均增长率分别达到 10.09% 和 9.07%。但是，随着经济的发展，资源短缺问题日益凸显，为我们敲响了警钟。在振兴北京现代制造业的同时，协调好产业发展和北京资源环境的关系，是重中之重。

（1）北京水资源匮乏

水是一种既不可替代、又不可缺少的极为宝贵的自然资源。它不仅是世界上一切生命赖以生存的源泉，而且是人类远古文明产生与发展的摇篮。人类最早的文明就是流域文明，河流哺育着人类，人类依水而居。历代著名城市无不傍水而建，并依靠必要的可供水源逐渐发展起来。水在城市发展中占有极其重要的地位，是城市生存的首要条件，同时亦是城市经济持续增长和人口容量的决定性因素，还是改善城市生态环境的前提。据统计，中国缺水城市 300 个，陷入困境的 40 个，北京是其中之一。许多城市当初形成时并不缺水，否则也不会在此地形成城市。但后来由于无序扩张，人口剧增，造成了缺水。城市规模（人口规模）对水的需求一旦大到超过了水的供应能力，必将面临两种结局：一种是弃城迁移，原城消亡，如西域曾有楼兰等繁华古城，后来皆因缺水而消亡；另一种是花费高额代价引水使用，如天津的引滦入津工程、中东许多国家的海水淡化工程和中国正在施工的南水北调工程。北京在 1911 年时，大约只有相当于现在二环路内的面积，人口只有 76 万人，仅用地下水就够了。现在北京城区人口扩张到 2000 万人左右，地下、地表水的承受能力已到极限。表 4 -3 列出了北京市 2001—2008 年水资源的供需情况，由此表可见，2008 年全年水资源总量 34.2 亿立方米，比上年增长 43.7%。全市总用水量 35.1 亿立方米，比上年增长 0.86%。其中，生活用水 14.7 亿立方米，增长 5.8%；工业用水 5.2 亿立方米，下降 1.15%；农业用水 12 亿立方米，下降 3.3%。全市万元 GDP 水耗为 33.66 立方米，按可比价格计算，比上年下降 10.5%。全市完成节水技改措施 235 项，其中工业节水技改措施 28 项。水是生命的源泉，也是影响经济发展的重要因素之一，称水资源是重要的战略资源毫不为过，然而水资源匮乏短缺正严重困扰着我们，在一定程度上它影响制约着北京的经济发展。因此，解决好北京的水源是关系到首都发展命运的迫切问题，而进一步降低工业用水、提高能源使用的效率是北京制造业发展的重点。

表 4 -3　　2001—2008 年北京市水资源情况　　单位：亿立方米

项　目	2001 年	2002 年	2003 年	2004 年	2005 年	2006 年	2007 年	2008 年
全年水资源总量	19.2	16.1	18.4	21.4	23.2	24.5	23.8	34.2
地表水资源量	7.8	5.3	6.1	8.2	7.6	6.0	7.6	12.8
地下水资源量	15.7	14.7	14.8	16.5	18.5	18.5	16.2	21.4
人均水资源（立方米）	139.7	114.7	127.8	145.1	153.1	157.1	148.1	205.5
全年供水（用水）总量	38.9	34.6	35.8	34.6	34.5	34.3	34.8	35.1

续表

项　目	2001 年	2002 年	2003 年	2004 年	2005 年	2006 年	2007 年	2008 年
按来源分								
地表水	11.7	10.4	8.3	5.7	7.0	6.4	5.7	6.2
地下水	27.2	24.2	25.4	26.8	24.9	24.3	24.2	22.9
再生水	—	—	2.1	2.0	2.6	3.6	5.0	6.0
按用途分								
农业用水	17.4	15.5	13.8	13.5	13.2	12.8	12.4	12.0
工业用水	9.2	7.5	8.4	7.7	6.8	6.2	5.8	5.2
生活用水	12.0	10.8	13.0	12.8	13.4	13.7	13.9	14.7
环境用水	0.3	0.8	0.6	0.6	1.1	1.6	2.7	3.2
人均年生活用水量（立方米）	88.0	76.9	90.3	87.0	88.4	87.8	86.4	88.3
万元 GDP 水耗（立方米）	104.92	79.95	71.26	57.01	50.10	43.58	37.20	33.66
万元 GDP 水耗下降率（%）	13.74	20.25	6.84	15.41	10.84	11.90	10.48	6.90

资料来源：北京市统计局网站，www. bjstats. gov. cn。

表 4－3 显示，每万元 GDP 耗水量逐年减少，呈明显的下降趋势，表明近年来北京市采取措施加强水资源节约力度取得了一定的成效。2008 年，北京全年有水水库 16 座，总储水量 14.7 亿立方米，全年再生水利用量达 6 亿立方米。全市全年有水河段 82 条，长 2020 千米，达标河段长度 54.9%，比 2007 年提高 3.9 个百分点；全年有水湖泊 22 个，水面面积 720 万平方米，达标湖泊水面面积占 80.7%，比 2007 年提高 1.3 个百分点。然而，2008 年全市水资源消费量为 35.1 亿立方米，同比增长 0.9%；按 2005 年可比价格计算，万元 GDP 水耗为 36.62 立方米，下降 7.43%。

为进一步缓解北京水资源供需矛盾，保证全市经济全面、协调、可持续发展，北京市工业必须加大节水力度，强化节水措施，在保持工业经济增长的同时，基本维持工业用水零增长。为鼓励发展节水设备（产品），限制、禁止发展采用高耗水工艺生产的产品，北京市发改委专门编制了《北京市工业当前鼓励发展的节水设备（产品）目录（第一批）》、《北京市工业当前限制、禁止发展采用高耗水工艺生产的产品目录（第一批）》和《北京市主要工业用水行业管理考核目标》，以合理利用水资源，引导工商企业、金融机构及社会投资方向，以进一步加强节水工作的管理。

（2）电力供应紧张

电力供应紧张也是制约北京经济发展的问题之一。在北京市的能源供应系统中，电力占有重要的地位。随着北京市经济和社会的发展，北京地区的用电量在终端能源消费量中所占的比重将稳步上升。但是北京地区电源建设受环保制约，电网建设受资金、拆迁等影响，预计在未来几年里，北京高峰负荷时期仍然面临缺电局面。

然而，电力资源优势是经济发展必不可缺的重要资源。表 4－4 是 1999—2008 年北京地区用电量的统计数据，从第一、第二、第三产业用电量的比较中不难发现，第二产业用电量占有相当大的比重，而其中工业耗电占主要部分。因此电力资源短缺必将影响北京制造业的发展，以致影响到整体经济的发展。所以，这也是北京发展制造业的主要“瓶颈”之一。

（3）油气资源短缺

油气资源短缺也是制约北京经济发展的重要问题。能源问题很重要，它牵动着国际战略格局，能源对世界经济和国际政治具有举足轻重的影响。在历史上，对能源的争夺是引起冲突和战争的重要原因之一。20 世纪上半叶，帝国主义列强争夺欧洲和殖民地的资源直接导致两次世界大战的爆发。天然气资源和石油资源一样有着重要的战略意义。而油气这两种重要的战略资源均是北京所缺的。油气资源短缺不利于北京的经济发展，更影响着我国的战略安全。

表 4－4　　1999—2008 年北京市用电量　　单位：万千瓦时

年份	北京地区用电量	第一产业	第二产业	#工业	#建筑业	第三产业	城乡居民生活用电	#城市	#乡村
1999	2972629	121242	1581977	1478523	103454	912834	356576	276642	79934
2000	3844266	130865	2172604	2066892	105712	1064322	476475	385396	91079
2001	3999415	131811	2105819	1978673	127146	1222471	539314	439058	100256
2002	4399637	137370	2293735	2145292	148443	1342490	626042	517386	108656
2003	4676056	107372	2418419	2250525	167894	1447344	702921	574623	128298
2004	5131804	104234	2593504	2391414	202090	1628731	805335	647474	157861
2005	5705364	114308	2795753	2605832	189921	1906093	889210	706405	182805
2006	6115719	122550	2943550	2744127	199423	2090888	958731	768884	189847
2007	6670089	133557	3091374	2881807	209567	2378399	1066759	862604	204155
2008	6897189	136065	2943893	2763399	180494	2654140	1163091	949878	213213

注："#"代表含在前面大类之中的子类。

表 4－5 归纳了北京市 2007 年分行业能源消费总量和主要能源品种消费量，由此可见，制造业的能源需求量在全市能源消耗中超过 1/3，因此能源短缺影响最大的行业就是制造业。目前，油气资源短缺制约着汽车制造行业、石油行业、化学原料及化学制品制造业、非金属矿物制品业等诸多行业的发展，由此直接制约着北京经济的发展。石油的消费水平是衡量综合国力与经济发达程度的重要标志，人民生活水平的提高，必然伴随着石油的消费增加。2002 年我国人均消费石油约为 0.177 吨，而美国为 3.077 吨，日本是 2.2265 吨，我国分别是美国的 1/17 和日本的 1/12。产业结构的调整和工业化、城市化进程的加快，能源消费与供给的矛盾还会更加突出。因此资源短缺问题也是制约北京制

造业发展的瓶颈问题，这个问题解决得好坏直接影响着北京的城市经济发展。

表 4-5　2007 年北京市分行业能源消费总量和主要能源品种消费量

单位：万吨

项　　目	能源消费总量（万吨标准煤）	煤炭	焦炭	汽油	煤油	柴油	燃料油
合　计	6285.04	2990.11	358.19	324.72	277.10	192.02	42.85
农、林、牧、渔业	96.44	50.91	—	4.91	—	8.31	—
采矿业	29.18	8.97	3.23	0.31	—	4.11	—
煤炭开采和洗选业	7.25	2.51	—	0.15	—	0.18	—
石油和天然气开采业	1.84	—	—	0.04	—	1.19	—
黑色金属矿采选业	9.67	3.35	—	0.04	—	0.98	—
有色金属矿采选业	0.02	—	—	—	—	0.01	—
非金属矿采选业	10.40	3.11	3.23	0.08	—	1.75	—
其他采矿业	—	—	—	—	—	—	—
制造业	2386.42	986.82	354.96	17.78	0.21	26.16	25.66
农副食品加工业	23.61	16.03	0.02	0.70	—	0.41	0.09
食品制造业	30.10	13.92	0.01	0.81	—	0.74	0.70
饮料制造业	42.62	41.10	—	0.52	—	0.39	0.01
烟草制造业	1.08	—	—	0.01	—	—	—
纺织业	16.25	10.66	—	0.44	—	0.36	—
纺织服装、鞋、帽制造业	17.23	13.88	0.01	0.76	—	0.30	—
皮革、毛皮、羽毛（绒）及其制品业	1.38	0.40	—	0.08	—	0.01	—
木材加工及竹、藤、棕、草制品业	4.21	0.70	—	0.15	—	0.08	—
家具制造业	6.86	2.18	—	0.51	—	0.13	0.01
造纸及纸制品业	14.77	10.81	—	0.48	—	0.62	0.12
印刷业和记录媒介的复制	22.19	4.25	—	1.09	0.01	0.32	—
文教体育用品制造业	3.53	2.17	—	0.13	—	0.06	—

续表

项　目	能源消费总量（万吨标准煤）	煤炭	焦炭	汽油	煤油	柴油	燃料油
石油加工、炼焦及核燃料加工业	689.20	18.78	—	0.13	0.01	0.27	7.75
化学原料及化学制品制造业	206.86	98.62	0.02	1.20	0.04	1.30	9.06
医药制造业	23.72	15.92	—	0.44	—	0.30	—
化学纤维制造业	1.25	0.09	—	0.02	—	0.04	—
橡胶制品业	9.93	5.19	—	0.18	—	0.04	—
塑料制品业	20.17	6.48	—	0.58	—	0.53	—
非金属矿物制品业	312.02	247.98	4.71	1.32	—	11.36	7.39

（4）北京制造业用地成本偏高

自2000年股市降温而房地产升温以来，北京、上海、天津、深圳、广州等大中城市的房地产就成为资金的“主战场”。北京“申奥”的成功更是激发了北京房地产开发的热情，各路“诸侯”纷纷抢滩北京，这就造成了对土地的巨大需求。在巨大需求的刺激下，土地自然而然地就成了“抢手货”，价格因此也一路飙升。

土地基准地价大幅提高，迫使土地协议转让价格上升。2002年12月，北京市国土主管部门推出了国有土地使用权改革后首次更新的基准地价。在这个新的基准地价标准中，土地共分为十个等级，其中商业、综合、居住用途的一级最高土地价格分别达到了每平方米9750元、8250元和7000元；而最低的十级则分别只有140元和90元。中关村、奥林匹克公园、亦庄、西红门等区域土地级别较前有大幅跃升。提高土地基准地价实际上是提高了土地协议转让价格的底线，从而使得那些低于基准地价的交易成为非法活动，这在一定程度上也抬高了土地的交易价格。土地的利用成本提高是北京现代制造业发展的制约条件之一。

北京土地供不应求。表4－6为2008年北京市土地面积及利用状况的相关数据，可见东城区、西城区、崇文区、宣武区建设用地量已经饱和，而我市现代制造业的主要分布地海淀、朝阳、亦庄、顺义和丰台等近郊地区的土地开发也已接近饱和。因此，合理规划北京现代制造业产业布局，使制造业产业向远郊区县乃至津冀、环渤海地区延伸，形成区域合作优势，将成为北京市经济发展中的又一值得关注的问题。

表4－6　　2008年土地面积及利用状况　　单位：平方千米

地　　区	土地面积	农用地	#耕　地	建设用地	未利用地
全　　市	16410.54	10959.81	2316.88	3377.15	2073.58
东 城 区	25.34	—	—	25.34	—
西 城 区	31.62	—	—	31.62	—
崇 文 区	16.52	—	—	16.52	—
宣 武 区	18.91	—	—	18.91	—
朝 阳 区	455.08	137.25	47.26	308.93	8.89
丰 台 区	305.80	78.75	31.61	203.26	23.80
石景山区	84.32	31.79	2.14	49.44	3.10
海 淀 区	430.73	194.89	26.90	229.24	6.60
门头沟区	1450.70	1091.28	18.17	95.35	264.07
房 山 区	1989.54	1159.06	282.78	350.55	479.94
通 州 区	906.28	561.87	350.35	309.02	35.39
顺 义 区	1019.89	603.97	310.31	328.24	87.69
昌 平 区	1343.54	921.67	117.76	365.20	56.68
大 兴 区	1036.32	667.75	381.17	311.94	56.63
怀 柔 区	2122.62	1568.02	97.51	133.37	421.23
平 谷 区	950.13	713.84	123.67	126.98	109.31
密 云 县	2229.45	1540.66	229.33	329.52	359.27
延 庆 县	1993.75	1689.03	297.92	143.73	160.99

注："#"代表含在农用地中。

（5）北京制造业劳动成本偏高

劳动力市场充足是经济发展中不可缺少的条件，人才的供应更是制造业不可或缺的宝贵资源，但同时其成本的控制也是在经济发展中应当给予充分重视的。表4－7是北京市1999—2008年城镇单位在岗职工平均工资水平统计数据，可见在这10年间，随着北京经济的飞速发展，在岗职工工资也有了大幅度的提高，由1999年的人均13778元上涨到2008年的人均56328元，在全国各大城市中居于前列。而且，北京是中国服务业非常发达的城市，金融、法律、信息、设计、咨询等服务业人才需求的数量大、层次高，聘用这些人员的成本比其他国内城市要高出很多。所以说，北京的综合劳动成本还是非常高的。

表4－7　1999—2008年城镇单位在岗职工平均工资　单位：元

年　份	在岗职工平均工资	国有单位在岗职工平均工资	集体单位在岗职工平均工资	其他单位在岗职工平均工资
1999	13778	13483	8928	17748
2000	15726	15483	9844	19165
2001	19155	19776	11063	20594
2002	21852	23754	11997	21432
2003	25312	28464	13580	23769
2004	29674	34009	13422	28026
2005	34191	39067	14695	32324
2006	40117	43298	17781	39513
2007	46507	50524	20379	45508
2008	56328	59366	24467	56053

造成北京制造业劳动成本偏高的原因是北京较高的消费水平，这些高消费主要表现在住房、教育、医疗、交通和通信等方

面。根据美联社 2000 年的一个统计，按照国外生活水平来衡量，北京的生活费用已经高过汉城（首尔），仅次于东京、大阪，大概排到了第三位。2010 年最新统计（ECA International），北京的生活费用在全世界排第八位，说明北京依然是高消费城市，并导致劳动成本居高不下。

综上，现代制造业的发展离不开资源的供给。自然资源是自然环境中与人类社会发展有关的、能被利用来产生使用价值并影响劳动生产率的自然要素。它包括有形的土地、水体、动植物、矿产和无形的光、热等资源。制造业对自然资源高度依赖，因此造成了全球自然资源快速消耗与极端缺乏；而且制造业的高排放和高废弃产物也造成了全球环境恶化。据统计，制造业是所有产业中最大的资源使用者，也是最大的环境污染源之一。全球 70% 以上的污染物来自制造业，其每年约产生 7 亿吨有害废物。作为全国第二大高能耗城市的北京，水资源短缺并持续减少，能源基本依靠外埠供给，土地资源供求差距持续加大；部分高耗能行业的发展占用了大量的资源，自然资源的总量约束与行业竞争约束使得北京现代制造业发展战略的选择成为热点问题。

北京现代制造业的四大产业总体来说都属于高消耗行业。鉴于以上问题，北京现代制造业应该采取可持续发展的策略。北京现代制造业要在现有基础上继续加大研发投入，在产品研发中考虑到整个产品生命周期对环境的影响及对自然资源的利用程度。典型的如集成电路的生产，在设计投产之前需要考虑废旧产品的回收问题，微电子产业发展伊始正是没有注意到这一点，“电子垃圾”才会充斥于生活之中，以至于耗费大量的资源去处理这些废旧产品。大力推进先进制造技术的运用，尤其是要大力推进北京现代制造企业的知识管理和信息化进程。

4.3 北京现代制造业的发展

4.3.1 北京现代制造业的布局

北京现代制造业由电子信息、汽车、装备制造、生物医药、都市、石化六大产业构成。其发展以园区为主要载体，初步形成了一系列产业集群。如中关村科技园区的电子信息产业集群，北京经济技术开发区星网工业园的移动通信产业集群等。北京的现代制造业产业集群已逐步呈现出价值链区域分工的雏形。市中心区、CBD、中关村科技园区等也日益成为制造业企业总部的集聚地，汇集了联想、方正等知名高新技术企业的总部。中关村科技园区特别是海淀园区成为高新技术制造业的研发和技术创新基地，集中了清华、北大、中科院等我国最具实力的高校和科研院所，并吸引了微软等一批国际知名企业在这里设立研发中心，市郊区县工业区逐步成为生产配套基地。在北京的现代制造业集群中，规模效应、品牌效应、协同创新效应等集群效应初步突现。

结合自身发展实际，北京确定了重点发展汽车、微电子、光机电一体化、生物工程与新医药等四大产业及与之密切相关的四大基地、十大产品的目标，力求打造多个支柱产业和有竞争力的现代制造业集群（参见图 4 - 1）。

4.3.2 北京现代制造业的发展

如表 4 - 8 所示，2005 年北京市全市完成工业增加值 1782.4 亿元，比上年增长 12.8%。其中规模以上工业企业完成增加值 1705.4 亿元，增长 13.1%。产销衔接良好，产品销售率为

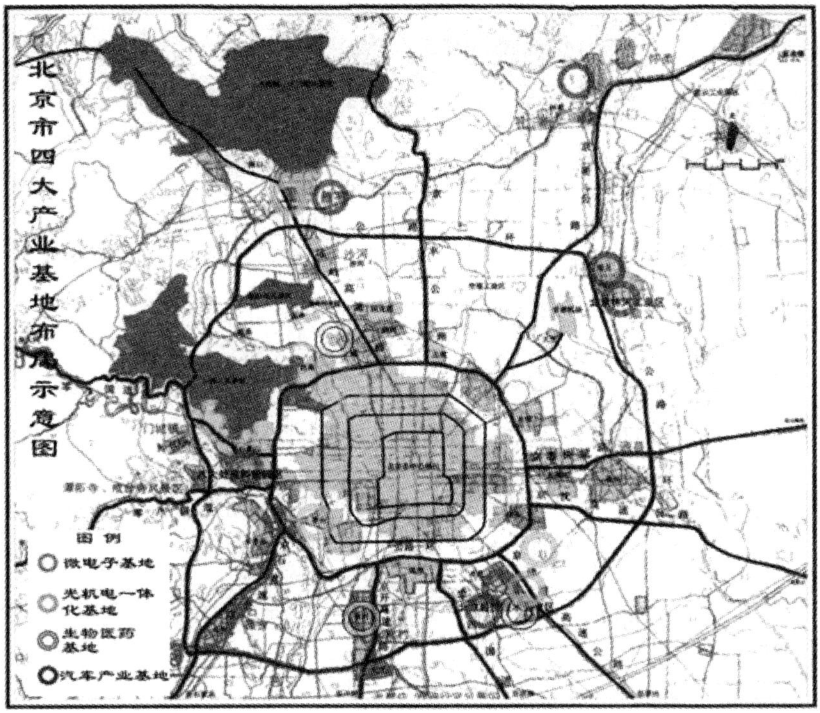

图 4－1　北京现代制造业四大产业基地布局示意图

98.5%，比上年提高 0.3 个百分点。“十五”期间，全市工业增加值年均增长 12.4%，比“九五”时期提高 2.5 个百分点。高新技术产业实现增加值 517.5 亿元，按现价计算，比上年增长 20%。其中电子与信息产业实现增加值增长 22%，生物医药产业实现增加值增长 10.1%，新材料产业实现增加值增长 13.2%，光机电一体化产业实现增加值增长 18.4%，占高新技术产业增加值的比重分别为 70.4%、6.8%、8.7% 和 10.7%。程控交换机、移动电话机和微型电子计算机等主要高新技术产品产量分别比上年增长 12.4%、35.1% 和 23.4%。高新技术产业增加值占全市工业的比重为 29%，占地区生产总值的比重为 7.6%。全市生产汽车 58.6 万辆，比上年增长 8.8%。其中轿车 22.1 万辆，增长 47.1%。“十五”期间，全市累计生产汽车 179.5 万辆，年均增长 36.1%（“九五”时期汽车产量年均下降 6.9%）。全市规模以上工业企业经济效益综合指数为 177.7%，比上年提高 2.1 个百分点，利润总额 391.1 亿元，下降 1.2%。

表 4-8　2005—2009 年现代制造业发展情况　单位：亿元，%

指标	2005年	增长幅度	2006年	增长幅度	2007年	增长幅度	2008年	增长幅度	2009年	增长幅度
规模以上工业增加值	1705.4	13.1	1767.4	14.1	1992.1	13.4	2156.3	2.0	2352.5	9.1
其中：高技术制造业	517.5	20.0	463.4	28.3	557.3	22.1	513.7	3.2	532.7	3.7
其中：现代制造业	599.0	—	731.3	22.1	802.3	17.4	832.7	4.7	925.1	11.1
其中：通信设备、计算机及其他电子设备制造业	258.7	14.7	330.2	34.4	381.2	25.3	314.4	-0.3	314.7	0.1
电力、热力的生产和供应业	228.0	28.0	234.7	11.9	298.3	18.1	384.5	9.1	417.2	8.5
交通运输设备制造业	150.5	12.6	163.4	17.3	154.6	7.9	197.5	12.2	264.5	33.9
黑色金属冶炼及压延加工业	152.2	—	165.7	8.9	194.1	2.9	152.0	-33.1	160.4	5.5
化学原料及化学制品制造业	159.2	14.9	108.3	4.0	95.9	3.8	115.9	-3.7	118.7	2.4
通用设备制造业	59.3	—	67.7	14.1	82.4	17.1	87.8	3.6	88.2	0.5
专用设备制造业	64.5	23.1	65.9	14.4	77.2	9.2	88.3	9.6	93.6	6.0
医药制造业	48.5	10.1	54.9	13.3	67.6	20.6	93.3	17.0	109.5	17.4

到 2006 年，全市完成工业增加值 1848.5 亿元，比上年增长 12.1%。其中规模以上工业企业完成增加值 1767.4 亿元，增长 14.1%。在规模以上工业企业中，高技术制造业、现代制造业分

别完成增加值 463.4 亿元和 731.3 亿元，分别增长 28.3% 和 22.1%，占规模以上工业增加值的比重分别为 26.2% 和 41.4%（二者有交叉部分）[①]。通信设备、计算机及其他电子设备制造业完成增加值 330.2 亿元，增长 34.4%；交通运输设备制造业完成增加值 163.4 亿元，增长 17.3%。产销衔接良好，产品销售率为 98.7%，比上年提高 0.4 个百分点。全市生产汽车 68.3 万辆，比上年增长 16.6%，其中轿车 27 万辆，增长 21.8%；生产微型电子计算机 735.6 万台，增长 28.7%；生产程控交换机 4765.5 万线，增长 67.4%；生产移动通信手持机（手机）14143 万台，增长 56.4%。

2007 年全年完成工业增加值 2053.3 亿元，比上年增长 13%，增幅比上年提高 3.5 个百分点。其中，规模以上工业企业完成增加值 1992.1 亿元，增长 13.4%。在规模以上工业中，高技术制造业、现代制造业完成增加值 557.3 亿元和 802.3 亿元，分别增长 22.1% 和 17.4%，占规模以上工业增加值的比重分别为 28% 和 40.3%（二者有交叉部分），对工业增长的贡献率达到 45.5% 和 53%。产销衔接良好，产品销售率为 99.1%，比上年提高 0.08 个百分点。规模以上工业实现出口交货值 1865 亿元，增长 26.7%。其中，通信设备、计算机及其他电子设备制造业实现出口交货值 1384.8 亿元，增长 28.8%。全年生产汽车 70.7 万辆，比上年增长 3.5%，其中轿车 20.3 万辆，下降 24.9%；生产微型电子计算机 832.2 万台，增长 12.9%；生产程控交换机 2735 万线，下降 42.6%；生产移动通信手持机（手机）22719.9 万台，增长 61.5%[②]。

发展到 2008 年，北京市全年完成工业增加值 2198.5 亿元，

① 北京市统计局：“北京市 2006 年国民经济和社会发展统计公报”，http://www.bjstats.gov.cn/

② 北京市统计局：“北京市 2007 年国民经济和社会发展统计公报”，http://www.bjstats.gov.cn/

比上年增长2.2%，增幅比上年回落10.9个百分点。其中，规模以上工业企业完成增加值2156.3亿元，增长2%。在规模以上工业中，高技术制造业、现代制造业完成增加值513.7亿元和832.7亿元，分别增长3.2%和4.7%，占规模以上工业增加值的比重分别为23.8%和38.6%（二者有交叉部分）。通信设备、计算机及其他电子设备制造业完成增加值314.4亿元，下降0.3%；交通运输设备制造业完成增加值197.5亿元，增长12.2%。产品销售率为99.57%，比上年提高0.75个百分点。规模以上工业实现出口交货值1761.9亿元，下降6.7%。其中，通信设备、计算机及其他电子设备制造业实现出口交货值1279.6亿元，下降8.9%。全年生产汽车76.6万辆，比上年增长8.4%，其中，轿车28.3万辆，增长39.6%；生产微型电子计算机691.5万台，下降5%；生产程控交换机1595.4万线，下降40.6%；生产移动通信手持机（手机）20707.6万台，下降12%①。

2009年统计数据显示，全年实现工业增加值2191亿元，比上年增长8.8%，增幅比上年提高8.6个百分点。其中，规模以上工业企业增加值增长9.1%。在规模以上工业中，高技术制造业、现代制造业增加值分别增长3.7%和11.1%。实现规模以上工业销售产值10699.2亿元，比上年增长3.2%。其中内销产值9190.8亿元，增长7.1%；出口交货值1508.5亿元，下降15.2%。产品销售率为99.04%。全年规模以上工业企业实现利润697.7亿元，比上年增长25.3%。其中，国有及国有控股企业实现利润353.3亿元，增长38.6%。电力、热力的生产和供应业实现利润155.6亿元，下降14.1%；交通运输设备制造业实现利润101.9亿元，增长1倍；通信设备、计算机及其他电子

① 北京市统计局："北京市2008年国民经济和社会发展统计公报"，http://www.bjstats.gov.cn/

设备制造业实现利润 52.6 亿元，下降 27%；医药制造业实现利润 46.6 亿元，增长 46.4%。上缴税金 630.2 亿元，增长 30.1%[①]。

就近 5 年北京现代制造业的发展增速趋势来看（如图 4－2），制造业的增加值稳步增长，但增速波动较大，尤其 2008 年由于金融危机的影响有较大幅度下降，不过值得欣慰的是，2009 年增长幅度已经呈上升趋势，这意味着北京现代制造业即将迎来又一波快速增长，发展潜力巨大。

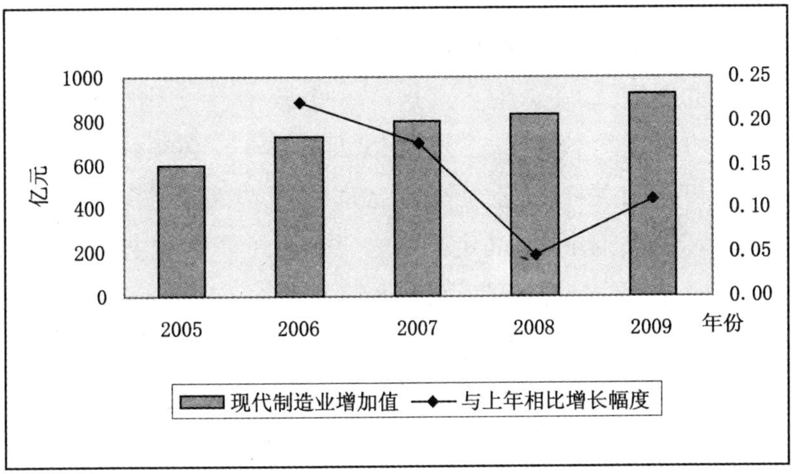

图 4－2　2005—2009 年北京现代制造业发展增速情况

4.4　适度发展北京现代制造业战略的提出

20 世纪 90 年代是北京产业结构大调整的 10 年，期间制造业增加值占 GDP 的比重大幅下降，第三产业增加值占 GDP 的比

① 北京市统计局："北京市 2009 年国民经济和社会发展统计公报"，http://www.bjstats.gov.cn/

重快速攀升，1995 年北京第三产业增加值首次超过第一产业与第二产业增加值之和。从一定意义上可以说，制造业的大规模退缩扩大了第三产业增加值占 GDP 的比重。由于 20 世纪 90 年代后期 GDP 的年平均增长率低于 90 年代前期，特别是 21 世纪初期，全球性的 IT 业不景气对依靠以 IT 业为主要拉动力量的北京高技术产业造成一定的负面影响，所以，北京市人民政府根据本市工业发展具体情况，明确提出了“大力发展现代制造业，培育新的经济增长点”的发展战略。

经过近几年的高速发展，北京现代制造业在总体规模、技术水平、整体效益上都有长足进步。但是，资源匮乏、生态环境恶化的问题也提醒人们，在北京这样一个政治、文化中心，制造业的发展必须有适度规模，必须“以人为本”，必须协调制造业发展和环境和谐的关系，必须符合北京城市功能定位。因此，2004 年北京市人民政府将北京定位为“国家首都、世界城市、文化名城、宜居城市”，提出北京工业的发展方向是：“大力发展高新技术产业，适度发展现代制造业，积极发展生产型服务业，积极促进创意产业发展，积极参与和支持社会主义新农村建设，不断优化和提升北京工业的总体水平。”

从大力发展现代制造业调整为适度发展现代制造业，反映出了北京的城市定位。作为“国家首都、世界城市、文化名城、宜居城市”，必然对环境提出较高要求。制造过程的清洁化已成为强约束，任何带有污染性的制造业都不允许在北京发展。同时，适度发展现代制造业也是对北京资源状况深入分析后进行战略选择的结果。北京是能源、水资源、土地资源匮乏的地区，高资源消耗制造业的发展会使人民生活受到影响，最终也会限制这些产业的成长空间。

4.4.1　适度发展现代制造业的战略调整

（1）适度发展现代制造业是北京新型工业化的必要条件

适度发展现代制造业的战略调整是促进北京走新型工业化道路的必要条件。历史发展证明，工业化的进程离不开制造业的发展，而新型工业化要综合利用高新技术，走资源消耗低、污染环境少等各种资源协调发展的道路，这些都离不开北京现代制造业的发展。如果说工业革命把人类从农业时代带入工业时代，使得以制造业为主体的现代产业成为经济的支柱产业，那么伴随着新技术革命的兴起，电子业、核工业、航空航天工业、新材料制造业等产业的迅速崛起，将使得高附加值现代制造业成为推动新型工业化的重要选择。

（2）适度发展现代制造业是历史发展的必然选择

综观北京制造业发展的历史，无论是手工制造活动的产生和发展，还是机器制造活动的兴起和发展，或是附加了高技术的大制造大生产的出现，都伴随着历史的发展和进步。北京制造业所生产的生产资料和消费资料满足了每个历史时期所赋予其艰巨的使命，例如满足皇室的奢侈生活使得制造工艺精益求精，满足军事防御使得机械制造技术不断进步，满足百姓生活需要而使得各个行业门类不断细分演化，制造业的发展都在历史发展中起着重要作用。所以，历史的发展和进步需要发展制造业，而制造业的进步也需要满足历史的需要、顺应历史发展的选择。当前历史发展进入新的时期，出现了新的问题、新的需求、新的任务，北京制造业的发展战略也应该做适度的调整，才能协调好和各因素的关系。无论是城市定位的需要，还是百姓生活质量提高的需要，无论是环境建设的需要，还是资源利用的需要，都表明北京现代制造业的发展要适度。适度一方面体现着北京现代制造业要有选择的发展，另一方面体现着北京现代制造业要有条件的发展。无论如何，其适度发展是历史选择的必然，有很大的空间，不断寻找适度发展点是关键所在。

（3）适度发展北京现代制造业符合可持续发展观

可持续发展，就是要在发展经济的同时，充分考虑环境、资源和生态的承受能力，保持人与自然的和谐发展，实现自然资源的永续利用，实现社会的永续发展。按照可持续发展的要求，北京现代制造业发展必须实现经济增长方式的转变，由“高投入、高能耗、高污染”的粗放型增长方式转变为“低消耗、低污染、高效率”的集约型增长方式。在经济增长方式转变的进程中，北京现代制造业必须坚持适度原则。

（4）适度发展北京现代制造业是科学发展观的体现和深化

科学发展观，是坚持以人为本，全面、协调、可持续的发展观。党的十七大报告中明确提出：“科学发展观，第一要义是发展，核心是以人为本，基本要求是全面协调可持续，根本方法是统筹兼顾”。为此，北京现代制造业的发展也一定要准确把握科学发展观的内涵，紧密结合北京经济发展的需要，结合北京产业发展的实际，加快推进现代制造业的转型升级。

（5）适度发展北京现代制造业是北京经济建设的重要组成部分

为实现首都经济又好又快发展，必须切实转变增长方式，加快经济结构调整，从提高产业层次和技术水平、提高规模和集聚效应、提高资源节约和利用效率入手，走高端产业发展之路，努力实现经济增长的速度、结构、质量、效益的协调统一。为此适度发展现代制造业是形成高端、高效、高辐射力的产业群的重要组成部分。加快培育具有自主知识产权的技术、名牌产品、龙头企业和支柱产业群，形成“龙头企业—产业链—产业群”相互衔接的产业格局。充分发挥产业的聚集效应和区域比较优势，提高工业整体素质和竞争能力。重点发展汽车产业、装备制造、石化新材料、医药产业和都市工业是北京“十一五”城市规划的重要内容。

（6）适度发展现代制造业是首都建设的必然选择

北京作为世界特大型城市，其特殊的区位和历史积淀，不仅使它有作为政治文化中心的首都功能，而且还有作为引领现代产业经济发展的带动辐射功能。可以说北京具有双重城市功能：一是作为政治、文化和对外交往中心的“首都”北京，另一个是作为拉动高附加值产业经济发展的“城市”北京。“高附加值”是生产力水平发展到一定阶段的社会需求，其中包含了科技附加值、文化附加值、服务附加值等。这种附加值体现在生产资料、生活资料之中，满足人们不断增长的物质文化和精神需求。高附加值产业的发展既为提升北京服务首都的能力创造了条件，又为北京作为城市带动适应现代生产力发展需要的高附加值现代制造业发挥了作用，而北京及其周边区域恰恰拥有加快发展这种高附加值现代制造业的主要条件和集聚优势。国务院常务会议讨论并通过的《北京城市总体规划（2004—2020 年）》（以下简称《总体规划》）中对于北京城市的功能定位重新确定为：强化首都职能，突出首都特色，不断增强城市的综合辐射带动能力，努力将北京建设成为经济繁荣、文化发达、社会和谐、生态良好的现代化国际城市。因此北京现代制造业必须适度发展才能满足城市功能的要求。

4.4.2　北京现代制造业的适度发展

据北京市经济信息中心数据显示，2008 年工业经济发展情况有如下方面的成绩：

1）工业增速较快回落。2008 年 1—9 月份，北京市工业增加值为 1629.97 亿元，同比累计增长 4.9%，低于上年同期 8.6 个百分点。

2）高端产业总体回落，部分产业有回暖迹象。由于国内外形势和奥运期间限行限产短期因素的影响，北京市高技术制造业和现代制造业下降趋势明显，2008 年 1—3 季度，高技术制造业和现代制造业同比分别增长 8.6% 和 10.6%，相对于 1 季度分别回落 3.6 和 3.9 个百分点。随着奥运的结束，基础行业及部分装备行业生产逐渐好转，交通运输设备制造业、专用设备制造业和医药制造业较快恢复生产，这些重点工业领域的增速提升，为北京市工业发展平稳回落提供了支撑。

3）工业经济质量和效益分化严重。北京举办 2008 年奥运会加速了一些高耗能工业的退出，一些高耗能企业的关停并转使北京市能耗持续下降。

工业企业总体效益不容乐观，2008 年 1—8 月北京市工业企业效益综合指数回落至 199.84%，低于上年同期 203.28% 的水平。

4）工业品上下游价格降幅扩大继续挤压企业利润空间。2008 年 1—8 月份，北京市规模以上工业企业营业利润为 272.2 亿元，同比增长 1.7%，增幅比上年同期下降了 28.1 个百分点。

5）非国有工业企业的就业机会逐步扩大。2008 年以来，北京市外商及港澳台投资企业和股份制国内工业企业从业人员平均人数之和由 2 月份的 973275 人上升到 8 月的 1032878 人，占全市工业企业全部从业人员平均人数比重由 2 月份的 86% 上升到 8 月份的 87.4%，远高于国有工业和集体工业。

6）开发区工业经济回落态势明显。2008 年 1—8 月份北京市开发区和工业园区相对集中的功能拓展区规模以上工业企业利润同比增长 8.8%，相对于 1—2 月份增速下降了 187 个百分点，城市发展新区 1—8 月份利润总额同比下降了 8.2%。

在 2009 年北京市的《政府工作报告》中对发展北京现代制造业的举措中指出：积极发展高端制造业。以完善高端产业链为目标，全力推进一批重点项目建设，提升现代制造业发展水平。重点培育集成电路、液晶显示器、移动通信、计算机及网络产品和数字电视五大产业链，努力扩大生物工程和新医药产业规模，促进高技术制造业快速发展。量身打造个性化服务政策，积极引进高端制造业重大项目，重点发展研发设计、品牌建设和市场营销等高端环节。继续淘汰高污染、高耗能、高耗水的制造业。优化空间布局，推进数字电视、汽车零部件、光机电一体化等一批特色产业基地建设。

继续抓好节能减排。制定实施促进节能减排的政策措施，大力支持太阳能、风能、地热、生物质能等新能源开发利用，推进混合动力、氢燃料等替代能源产业化。加快节能技术与产品应用，推广 1000 万只高效照明产品。建立政府引导、企业为主的投入机制，积极引导中小企业进入节能环保领域创业发展。

小　　结

知识经济时代为我国的制造业带来新的机遇和挑战。针对日趋激烈的国际竞争，2002 年，北京市政府明确提出“大力发展现代制造业，培育新的经济增长点”的发展战略。经过近几年的高速发展，考虑到制造业对资源环境的影响，北京市政府于 2004 年将发展战略调整为“适度发展现代制造业”。北京现代制造业由电子、机电、交通、医药等产业构成，近年来取得了长足的发展。

在发展北京现代制造业上，主要经验有：

1）以园区为主要载体，形成产业集群；

2）强大的研究开发能力作为重要支撑；

3）作为首都，充分发挥在信息、市场等方面的优势。

面临的主要问题有：

1）产业基础薄弱；

2）产业结构不均衡；

3）区域支撑的缺位制约；

4）现代服务业支撑不足。

随着北京产业（工业）园区的建立和其所呈现的蓬勃发展势头，它们对北京现代制造业及社会经济发展起到了积极的促进作用，成为北京经济新的增长点、吸引外资的基地和对外开放的窗口，同时积极促进郊区城镇建设。

我们要吸取经验，积极解决面临的问题。我们要努力做到：

1）完善京津冀经济圈，通过产业集聚释放北京现代制造业的竞争力；

2）加速第二产业与第三产业的融合，催生北京现代制造业发展的新机遇；

3）完善配套设施及法律法规，壮大北京现代制造业规模；

4）积极培育和精心打造“北京制造”这样一个现代制造业品牌，实现北京现代制造业的进一步发展。

第5章

北京制造业产业演化与城市发展

北京制造业的产业生成及发展经历了原始手工制造、家庭作坊式的手工制造、官办手工制造业、私办手工制造业、半机器化的手工制造、近代大机器化制造业、近代制造业、现代制造业等历史阶段。这些历史阶段记载着北京制造业产业演化与城市发展的过程。

5.1 北京制造业产业发展

5.1.1 北京制造业产业发展的历史路径

从远古时代北京猿人用树枝燃起第一堆篝火起，北京制造业就进入了原始的手工制造时期。为了生活，古代猿人开始利用各种工具并改造各种工具，例如用树枝、石头等制作生活所必需的食品以及防御的武器。这段时期的制造活动为纯粹的手工制作，没有过多的技术工艺，主要是在自给自足的自然经济下发展起来的。原始手工制造活动满足了人类的生活需要及部分的安全需要。随着手工制造工艺和技术水平的提高，手工制造逐渐成为手工业发展的萌芽。夏商时期北京的手工制品的种类就增加了许多，铁器和青铜制品以及纺织品在历史上就很出名，大量铁器的制作不仅满足了人类生活的需要，同时也为提高人类生活水平发挥了重要作用。因为手工制造技术和工艺的发展，使得用于生产和加工生产资料的工具越来越实用，而这也促进了远古的农业发展。因此，原始时期的手工制造活动满足了生产和加工人类生活用品的需要，也满足了农业发展的工具加工需要，但是规模、技术等还处于低水平。

当人类开始意识到土地资源及其他能源资源的重要性的时候，手工制造活动的规模和技术就有了一定的发展，古代手工制造活动以家庭作坊式的形式出现，形成了商品经济出现前货物生产和加工的最小组织单位。同时随着人类认识自然的能力不断提高，使得生产活动的方式有了进步，促进了古代手工制造业的种类不断细化，新的制造行业开始出现，例如除用于制造生活用品的纺织业、煮盐业等，还有用于出海的造船业的出现。由此，古代手工制造活动的范围开始扩大。

随着人类的需求不断变化，生活的需要基本解决后，安全的需要成为主要目标，用于军事扩张和统治阶级贵族生活需要的手工制造活动得到了进一步发展，使手工制造活动的分类更细。制造活动的规模扩大，制造活动的生产方式也发生了质的变化，官营的手工业开始产生。由于制造活动有了正式的生产组织并由官方进行管理和控制，使得制造工艺、制造技术、生产的效率等都有所提高。而由于家庭式的自给自足的生产方式无法与官办的手工业生产相比，促使在官办手工制造外，开始出现私营的手工业。私营手工业的出现和发展弥补了官办手工业生产的局限性，使得手工制造产品开始像商品一样进入流通领域，古代最初的商品经济出现萌芽。在古代相当长的一段时期内，都是各个利益集团不断争夺领导权、军事需要占主导地位的时期，再加上统治阶级的奢侈生活大大刺激了手工制造活动的发展。这一时期，官办和私营的手工业同时存在，其产品的工艺和技术不断发展，生产效率不断提高，既满足了农业发展对生产资料的需要，也满足了各朝代防御和进攻的军事武器的制造需要，还满足了人类用于产品交换的需要。

在清朝，随着国外资本主义的入侵，封建王朝的闭关主义不能适应时代发展的需要，无法推动时代的进步，导致在相当长一段历史时期，北京手工制造活动都是在帝国主义、封建主义和官僚资本主义的三座大山压迫下缓慢发展。资本主义的入侵使得工业革命的技术成果和先进的生产思想也传入中国，技术的引进和设备的更新推动着手工业向着近代手工业迈进，机器制造和加工的时代来临。从 19 世纪五六十年代到新中国成立前的这段时期，北京的手工制造业经历了半机械化生产和机械化制造的过程。清朝末期虽然从国外引入了先进的制造技术和设备，但是改变古代手工制造方式是一个痛苦的过程。由于缺乏技术工人和大机器操作的技术，使得官办和官督商办企业虽然冠以近代制造业的称谓，但是其实质依然是手工制造，机器制造部分极少。但是国外生活方式和生产方式也在一定程度上促进了近代制造业的行业分类，近代的机械制造和轻工制造活动开始发展，成为北京现代制造业中重工业和轻工业产生的基础。

第一次世界大战改变了世界经济与政治格局，也使得北京近代制造业在帝国主义忙于各自战争的期间得以发展，民族工业出现萌芽。这期间半机械制造半手工生产的工业出现，一方面满足了军事战争的需要，一方面丰富了商品交易市场中民用产品的种类。第一次世界大战结束后，北京又一次成为帝国主义侵略的对象，帝国主义的掠夺变得十分疯狂，中国政府的无能和百姓的无奈使得中国在半殖民地半封建社会中煎熬，近代制造业的发展开始停滞。当官办的企业和工厂成为统治阶级满足自己奢侈生活和敛财的工具时，个体私营的制造企业在复杂的国际和国内环境中只能痛苦地挣扎前行。

新中国成立后，由于国内环境有所好转，中国也由半殖民地半封建社会进入到社会主义社会，使得中国有机会重新建设发展。在这段时期，虽然也经历了“大跃进”、“文化大革命”等重大挫折，影响了北京制造业的发展，但是建设经济、提高老百姓生活的目标没有变化，北京制造业依然有新的发展和进步。为了解决从传统的手工制造业行业中脱离出来的大量工人的就业，夯实城市建设的物质基础，提高老百姓的生活质量，将北京由消费型城市推向生产型城市，北京制造业的发展开始恢复，形成了很多制造业的区域，在大搞生产和加工的指导思想下，北京的制造行业开始向重工业转移。而重工业的发展导致了北京城市环境的污染、资源的浪费等社会矛盾。随着改革开放，制造业产业结构的升级和调整工作开始，提高制造工业的生产技术，确立发展高级、精密、尖端工业方针制定，使得北京制造业的发展方向又一次发生转变。

随着信息技术和高新技术的发展和北京城市定位的不断调整，使得北京传统制造业开始转向现代制造业。在北京城市规划中明确了北京现代制造业发展的行业门类、发展原则和指导思想。但是由于资源环境的约束不断加大，使得北京现代制造业的发展由振兴调整为适度。

5.1.2 北京制造业产业发展的动力因素

北京制造业演化的动力与人类需求的层次不断提高有着密切的关系，我们通过图 5－1 来解释其演化的动力。

北京制造业的历史演化是在压力、推力、拉力、支撑力的作用下产生并不断发展的，基本经历了手工制造业、传统制造业和现代制造业几个阶段，并且在每个阶段制造业的形式也分多种，这在上节的演化路径里面已经介绍了。而制造业发展的每个阶段都是在社会需求的拉动下和政府政策的推动下进行的，其中社会的需求又如同人类的需求一样有着内在的规律。制造业的产生和

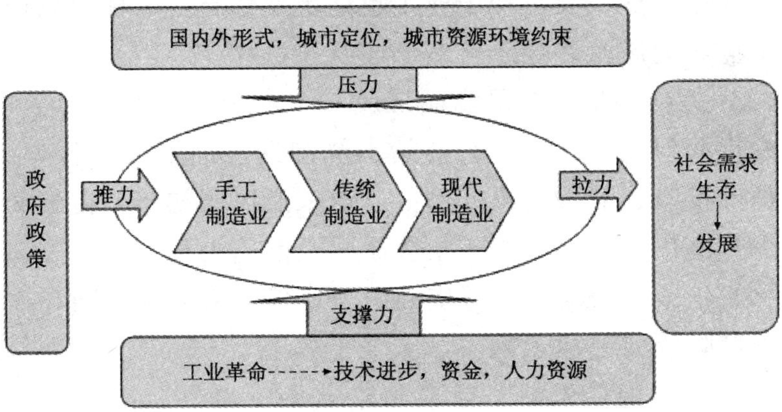

图 5－1　北京制造业产业发展的动力因素

发展首先要满足人类基本生存的需要，在促进农业发展、军事发展的过程中规模和资金实力不断壮大、人力资源素质不断提高，在技术进步的条件下，使得手工制造活动成为产业发展起来。而制造业的发展又面临复杂的国际关系和国内矛盾、城市定位的要求、城市资源环境的约束等压力，因此才使得传统的制造业受到挑战，现代制造业开始提出。在工业化建设的进程不断推进的前提下，在适度发展现代制造业的思想指导下，在北京制造业的发展过程中有关方面如何协调好拉力、推力、压力和支撑力这四个作用力的关系是关键问题之一。

5.2　北京制造业的空间结构演化

北京制造业在演化发展的过程中，其空间结构发生了重大变化。

(1) 古代制造业分布零散

远古及古代制造活动在城市空间中没有统一规划，主要是以家庭为单位的制作作坊及其零散分布的制作网点，布局无从谈起。近代制造业发展过程中业主也是主要依自身条件随意选址建设，工业布局凌乱，处于自然形成状态。

（2）近代制造业产品商圈形成

在近代的商业经济中，开始围绕制造产品形成了各类商铺，商品街等形态，商圈出现。例如：清末及民国初年，在崇文门外大街、打磨厂、木厂胡同、茶食胡同及前门大街一带，出现了万和成、义信成、公聚德、万庆和、万庆成、万盛号、同和祥、恒泰、正信隆、元法成、同泰、天泰、长泰、广裕、仁丰、义丰、大兴昌、信义龙、玉盛、巨盛、正兴中、永兴、德顺成、吉元成、义全兴、三合公、三义成、兆丰、裕丰等100余家大小五金铺。前门外珠宝市内聚集了聚丰、德顺、同元祥等26家将碎银铸成大小元宝的炉房。前门外东河沿路南还有德兴永金箔铺。前门外廊房头条灯笼铺相当集中，有文盛斋、华美斋、秀珍斋等20多家。前门外的廊房头条、廊房二条、廊房三条和崇文门外的花市，被称为“玉器街”。廊房二条里有三盛兴、恒盛兴、聚丰厚、宝权号、聚源楼、富德润、三义兴、德源毓兴、永宝斋、荣兴斋、利贞斋、王盛公、毓宝斋、永记、瑞文斋、万义斋、泰源号、兴斋、宝昌隆、润亿合、杨敬记、德文斋等20多家玉器铺，等等。

（3）传统制造业工业区建设

新中国成立初期，北京制造业第一个阶段的建设，最初采取了在旧北京城外的郊区分散建设的办法，分别在郊区建立和形成一批工业小区，每个小区设有专业相同或相近的企业。例如：石景山机电工业区、丰台桥梁机车工业制造区、大郊亭化学工业区、双井机械工业区等。这些工业区的规模，从几千人到十几万人，构成北京地区的工业网，在城市功能从消费转向生产的过程中起着推动的作用。各个工业小区环立在以旧北京城为核心周围四郊，形成了以市区为中心、向外扩展的“同心圆”格局，分成几个环状地带，每个环状工业区之间又有隔离间隙，这种环状布局的从内向外扩展的特点，有利于各工业区内实行专业协作，以及适当的防止、减少有些工业对城市中心区生活环境的影响，对城市建设来讲是适当的。

20 世纪 80 年代起，北京在调整制造业布局中，为发展区域经济，在黄村、沙河、通县、垡头建立卫星城和制造工业小区，一些城区搬迁企业陆续迁入。1992 年后，北京经济技术开发区成立，各区县也相继成立科技园区、开发区和工业小区（以下简称“三区”），使北京市工业及高科技园区达到 28 个。2000 年 12 月 8 日，北京天竺空港工业开发区、北京林河工业开发区、北京大兴工业开发区等 10 个开发区被北京市列为市级工业开发区。如表 5 -1、表 5 -2 所示，2008 年末全市共有开发区 19 个，其中国家级 3 个，市级 16 个，总规划面积达 335. 74 平方千米，累计入区企业 32362 家。各类开发区实现总产值 2033. 2 亿元，

表 5 -1　　2008 年北京市开发区基本情况

项　　目	合　计	国家级	市 级
开发区个数(个)	19	3	16
区规划总面积(平方千米)	335. 74	254. 81	80. 93
累计实际征用土地面积(平方千米)	153. 25	101. 33	51. 92
累计土地开发施工面积(平方千米)	119. 69	80. 79	38. 90
累计土地开发完工面积(平方千米)	111. 07	74. 29	36. 78
累计出让转让土地使用权签定合同土地面积(平方千米)	60. 62	29. 62	31. 01
#三资企业(平方千米)	14. 38	7. 85	6. 52
累计招商项目企业个数(个)	32362	25609	6753
累计招商项目总投资(亿元)	6756. 4	5337. 0	1419. 4
累计招商项目注册资本(亿元)	5259. 3	4418. 8	840. 5
#三资企业(亿元)	1620. 0	1360. 9	259. 1
累计招商项目合同外资金额(亿美元)	216. 6	152. 8	63. 8
累计招商项目外商实际投资(亿美元)	156. 9	99. 0	57. 9

比上年下降3.7%，总收入3027.5亿元，增长5.6%；实现利润272亿元，下降17.2%；应缴税金158.1亿元，增长30.6%。

表5-2 北京经济技术开发区主要经济指标

项目	2008年	2007年	2008年为2007年%
规划面积（公顷）	4650.0	3980.0	116.8
累计征用土地面积（公顷）	4924.0	4247.8	115.9
开发区生产总值（亿元）	546.0	482.6	113.1
工业总产值（当年价格）（亿元）	2033.2	2111.2	96.3
#高新技术产业	1629.9	1768.3	92.2
销售（营业）收入（亿元）	3027.5	2866.3	105.6
#产品销售收入	—	2087.3	—
利润总额（亿元）	272.0	328.7	82.8
进出口总值（亿美元）	244.3	205.7	118.8
出口总值（亿美元）	126.5	119.6	105.8
进口总值（亿美元）	117.8	86.1	136.8
财政收入（含免抵）（亿元）	172.3	133.6	129.0
税收（含免抵）（亿元）	158.1	121.1	130.6
土地收入（亿元）	14.2	12.5	113.6
财政支出（亿元）	49.4	48.0	102.9
批准企业个数（个）	448.0	433	103.5
入区企业投资额（亿美元）	22.1	21.2	104.2
注册资本（亿美元）	17.3	12.0	144.2
合同外资金额（亿美元）	6.7	5.0	134.0
实际利用外资（亿美元）	5.4	3.8	142.1
固定资产投资（亿元）	102.0	90.9	112.2
从业人员（个）	153701.0	141445.0	108.7
劳动者报酬（万元）	973988.0	736525.0	132.2

现代制造业的发展布局以园区为主要载体，初步形成了产业

集群。如高新技术产业中的电子信息产业主要分布在海淀科技园区的电子信息产业群、朝阳的电子城和亦庄星网工业园的移动通信产业群等。新兴的汽车制造业分布在顺义。近几年顺义区利用自身得天独厚的地理位置，结合资源优势发展很快，形成了现代制造业的生产配套基地，拥有北京现代、松下和爱立信等大型汽车、电子企业。目前北京市初步形成了以中关村科技园区，特别是海淀园为现代制造业的研发基地和技术创新中心，远郊区县工业园区逐步成为现代制造业的生产配套基地。

北京制造业发展在为北京经济发展作出贡献的同时，也要与北京城市发展定位相结合，提高制造业生产的规模效益，有效利用城市空间。北京现代制造业的园区建设已经有十几年的历程，工业园区对经济发展和城市建设的贡献有目共睹。

（4）现代制造业四大基地的建设

进入 21 世纪，我国全面建设小康社会、加快推进社会主义现代化的新的发展阶段开始。国际国内形势发生了深刻的变化，我国加入世贸组织和北京成功申办 2008 年奥运会，使首都的发展站在了一个新的起点。北京人均地区生产总值已经突破了 3000 美元，但经济总量不足、经济结构不合理的问题仍然突出。2002 年，北京市委、市政府按照党的十六大精神和市第九次党代会的要求，坚持把发展作为第一要务，准确把握首都经济发展的特点和规律，形成以高新技术产业为先导、现代制造业为支撑、现代服务业全面发展的产业格局，努力走出一条科技含量高、经济效益好、资源消耗低、环境污染少、人力资源优势得到充分发挥的新型工业化路子，实现首都经济的跨越式发展，提出“举全市之力、集八方之智，重点抓好四大产业”、建设“四大基地”、扶持“十大产品”意见。“四大产业”就是汽车工业、微电子集成电路产业、光机电一体化产业、生物工程和新医药产业。“四大基地”是指北京汽车工业基地、北方微电子产业基地、光机电一体化产业基地、生物工程和新医药产业基地。“十大产品”即：现代轿车、移动通信、计算机及网络设备、中芯集成电路、方正电子出版系统、同仁堂中药与保健品、化学合成药、福田商用车、数控机床、数码影像及显示设备，力争使这些北京产品更多地进入国际国内市场。其中四大基地建设是抓好“四大产业”、扶持十大产品的基础。

①北京汽车工业基地。主要构建“一个基地、三个板块”新格局。一个基地：即以顺义汽车城为中心，包括昌平、怀柔、密云、平谷的部分地区，建成新的汽车生产基地；三个板块：即以现代汽车为代表的轿车板块，以北京吉普为代表的越野车板块，以福田汽车为代表的商用车板块。通过加快基地建设，促进汽车工业的战略重组和产品升级，使北京成为中国强大的汽车生产基地之一。

②北方微电子产业基地。加快北京经济技术开发区、八大外高科技园区和林河工业开发区三大基地建设。抓紧建设国家集成电路研发中心，实施半导体硅材料基地、砷化镓单晶材料产业化以及中芯国际、合讯微电子等重点项目，在北京地区建立起国内研发设计水平最高、生产能力较强的集成电路产业基地。使北京微电子产业基地的总体技术水平保持国内的领先地位。

③光机电一体化产业基地。建立“一个基地、四个园区”的发展模式。把通州光机电一体化产业基地作为核心区建设，发挥产业规划和基地政策的引导作用，发挥中电科北京信息产业园等重大项目的示范效应，形成集聚优势；加快北京经济技术开发区、电子城科技园、丰台科技园和昌平科技园的建设。把北京建成我国现代化的光机电一体化产业的北方综合基地。

④生物工程和新医药产业基地。北部重点发展以中关村生命科学园为核心的科技创新区域，使其发展成为北京生物工程和新医药产业的创新基地。东南部重点发展亦庄“药谷”——北京经济技术开发区和大兴工业开发区，使其成为生物工程和新医药的产业化基地。继续完善京西生物医药和医疗装备创新带，完善

相应的医药现代物流、新药开发等产业配套体系。使北京生物医药产业和技术跻身全国先进行列。

5.3　北京制造业的功能演化

北京制造业的路径演化和空间布局调整都是伴随制造业功能变化发生的，本节将进一步归纳北京制造业发展过程中的功能演化情况。

远古时代的手工制造活动主要是为满足人类生存而产生并发展，因此制造业从产生就与农业有密切的联系，为农业发展提供生产工具，同时为人类生存提供必需品。由于其功能的局限性，使得制造业的生产形式、产品规模等都比较落后。

随着古代各王朝的扩充领土与战争需要，手工制造业就与军械制造业紧密联系起来。同时，古代的手工制造业依然为人类的生存提供必需品，只是种类不断丰富。古代制造活动不仅与农业、军事发展密切相关，而且由于部分产品是为皇室和统治阶级服务，因此古代制造技术和制作工艺得到了较大提高，甚至今天的科学技术都无法还原和模仿。

近代制造业的发展一方面与农业、军事工业发展密切相关，一方面与商业和经济发展密切相关。在西方资本主义大机器生产的刺激下，中国近代制造业也开始了规模化的大机器生产，从而产生了重工业和轻工业。中国近代制造业在三座大山的压迫下，无论是技术、还是规模都没有发生突破性的变化，发展比较滞后，但是依然为现代制造业的产生和发展打下了基础。

新中国成立后制造业发展的主要任务是恢复生产，满足城市建设需要，与农业和军事的关系逐渐变得较弱，与经济发展的关系逐渐增强。也是在这段时期，制造行业门类开始清晰并形成统计的标准。为了提高生产效率，高新技术和信息技术逐渐被引进到制造业行业中，现代制造业的概念开始深化，传统制造业逐渐被改造或者随首都经济建设而淡出。

在适度发展北京现代制造业的思想指导下，制造业的功能除辅助农业发展、保证军事建设外，更重要的是促进经济发展和城市环境建设。在满足上述要求的基础上节约能源、降低污染排放、不断提高制造产品的高新技术的附加值是其重要功能。所以现代制造业的发展要适度，要与高新技术、信息技术、高科技人才、服务产业更好地结合，不断深化其先进的功能，走可持续发展的道路。在承担起城市建设和国家经济发展使命的同时，承担起环境保护和资源开发的重担，使人类与自然、社会协调发展。

5.4 北京制造业的演化与北京城市的发展

北京制造业的发展及其功能的变化与城市的定位也有着密切关系：

第一，古代北京由于其特殊的地理位置和气候条件，决定了其成为许多朝代的政治、经济、文化中心，而任何朝代帝都的建立和发展都要在天时、地利、人和的条件下才能稳固。因此，城市的经济发展、物质财富的生产乃致一定的人口规模都是维持城市首都地位的重要保障。

第二，近代北京面临帝国主义的侵略，使得传统手工制造不得不向近代工业制造转变，从而民族工业在此条件下产生。新中国成立后的北京开始由消费型城市向生产型城市转变，恢复生产和大搞经济建设成为主要任务，因此城市的定位要求北京制造工业的发展以重工业为核心展开。

第三，重工业的发展给北京的城市环境带来了巨大压力，资源浪费和消耗也威胁着城市建设过程中其他行业的发展。随着北京城市规划的调整，“国家首都、世界城市、文化名城、宜居城市”建设目标的确立，进一步要求制造业的发展方向和目标要调整，在此基础上适度发展现代制造业被提了出来。

综上，北京城市的演变使得北京作为多个朝代的帝都和新中国的首都承担了经济建设、文化发展、政治发展等历史使命，因此也要求城市的制造工业以不同的形态出现以完成不同的历史使命和社会赋予的功能。所以，北京制造业的演变是历史发展的结果，是城市发展的选择。

5.5　北京城市规划与制造业发展

城市空间结构与社会经济发展有着密切的关系。合理地调整城市空间结构要遵循社会经济发展的客观规律，这是北京从历次调整城市空间结构中得到的经验。《北京城市总体规划纲要(2004—2020 年)》将北京城市发展目标确定为“国家首都、世界城市、文化名城、宜居城市”。中共中央要求北京市做好“四个服务”，即为党、政、军首脑机关正常开展工作服务，为日益扩大的国际交往服务，为国家教育、科技和文化的发展服务，为市民的工作和生活服务；在经济、政治、文化及党的建设的各个领域，在改革、发展、稳定的各个方面都努力走在全国的前列。因此，要求强化首都职能；充分发挥首都优势，进一步发展以现代服务业、高新技术产业和现代制造业为核心的首都经济，不断增强城市的综合辐射带动能力，提升国际化程度和国际影响力；弘扬历史文化，大力发展文化产业，形成具有高度包容性、多元化的世界文化名城；创造充分的就业和创业机会，建设空气清新、环境优美、生态良好的宜居城市。创建以人为本、和谐发展、经济繁荣、社会安定的首善之区。北京“十一五”规划将《北京城市总体规划纲要（2004—2020 年)》的长远目标与 5 年的短期目标相融合。两大规划对产业、环境、投资的直接影响开始发挥作用。

（1）城市功能配置

在首都功能核心区、城市功能拓展区、城市发展新区和生态涵养发展区四类功能区域划分的基础上，对各区域内的开发建设，依照功能定位的总体要求和现实基础条件，分别实行优化开发、重点开发、限制开发和禁止开发。

优化开发地区主要指各区域内开发建设强度已经较大、功能配置基本饱和、承载力开始减弱的地区，主要包括中心城区和各区县建成区，要控制新建筑规模，着重进行改造调整。

重点开发地区指各区域内体现主导功能定位、代表未来发展方向的地区，主要包括规划新城、中心镇和重点产业功能区，要加大开发力度，增加承载能力。

限制开发地区包括山区、浅山区和平原划定的基本农田保护区和绿化隔离地区，要严格控制不符合功能定位要求的开发建设。

禁止开发区包括依法设立的各类自然保护区、水源涵养区和其他生态功能区和划定的历史文化整体风貌保护区①。

（2）产业空间布局取向

着眼于集约利用资源和保护环境、培育新的经济增长极、规范区域竞争秩序，按照城市空间发展战略和区县功能定位，加强规划和政策引导，促进重点产业和新建项目相对集中发展，逐步形成与城市功能、资源环境相协调的产业空间分布格局。

（3）城市功能区分工和特色发展

1）首都功能核心区。发展金融、文化、旅游等现代服务业；改造提升传统服务业；限制一般商业设施的简单规模扩张和房地产开发；逐步关闭改造中心城区的商品集散交易市场。

---

① 毕博："掘金'十一五'之区域格局：区域与产业谋求和谐"，《投资北京》，2006年第2期。

2）城市功能拓展区。发展科技教育、文化体育、商务服务、现代物流、信息服务等现代服务业和高新技术产业；扩大总部经济规模；搬迁转移劣势产业。

3）城市发展新区。发展现代制造业和为生产、生活配套的服务业；高端农产品和都市型农业。

4）生态涵养区。发展生态农业、特色林果、旅游休闲等环境友好型和都市型工业；转移影响生态和水源涵养功能的资源开采型产业；房山、门头沟等地区煤矿关闭后产业转型。

5）高端产业功能区。中关村科技园区：密集发展高新技术研发和知识型服务业；北京经济技术开发区：主导发展高新技术制造和生产性服务；临空经济区：临空产业、会展、物流业；商务中心区、奥林匹克中心区、金融街：高端服务业。

6）专业集聚区。重点发展王府井、西单现代商贸、长安街文化演出、雍和创意产业基地、宣南文化传媒旅游、龙潭湖体育产业、大兴新媒体产业基地等服务业集聚区；建设房山新材料产业集聚区、大兴生物医药基地等高端制造业专业园区；首钢产业调整用地主要发展文化娱乐产业和高新技术产业，建设石景山综合服务中心。

（4）产业对外辐射

重点沿京唐、京津、京石三线建设产业基地和相关基础设施；注重研发、核心制造、营销等关键环节；向外延伸现代制造业、旅游休闲业、都市农业；把握区域开发建设的进度和节奏。

优先发展中关村科技园区、北京经济技术开发区、北京商务中心区、奥林匹克中心区、金融街、天竺临空经济区等功能定位明确、规划条件成熟的高端功能区，提升城市的整体服务功能；重点发展东部发展带的顺义、通州和亦庄三个重点新城，引导中心区人口和功能疏解；加快发展南城地区，促进区域发展协调；积极调整中心城区功能，着重搞好城中村整治、危房改造和旧城风貌保护，推进重大项目实施，带动功能疏解。

（5）京津冀区域合作

1）产业结构调整。走高端产业发展之路，大力发展总部经济，着重发展技术研发、核心制造、营销服务等产业环节，促进区域产业分工和结构升级；加快北京经济技术开发区及周边区域开发；拓展首钢搬迁调整模式，推动不符合首都功能要求的产业调整和转移；积极参与滨海新区、曹妃甸工业区开发。

2）交通体系。积极落实京津冀都市圈区域交通规划，配合实施好京津城际轨道交通、首都机场三期改造等重大项目，加快京承、京包、京平高速公路建设，做好京石、京秦城际客运轨道交通前期工作。

3）资源开发利用。加强能源开发合作，鼓励本市企业参与周边地区电力、煤炭开发、新能源和可再生能源的开发利用，配合实施华北电网建设改造，提高区域能源保障水平。积极推进“引黄入晋济京”跨流域调水工程的实施和天津海水淡化产业化的合作。

（6）以市场为导向，打造市场价值链优势

当今，面对白热化的国内、国际市场竞争，振兴北京制造业除了依靠市委、市政府的倡导和支持以外，还必须坚持市场导向，让企业成为市场竞争的主体，政府协同，整合社会资源，在打造区域市场价值链优势上下功夫，从而提高市场占有率和经济活力。从区域战略产业的发展来看，研发、制造、销售、消费、服务，形成一个完整的市场价值链，需要从市场价值链的组合、创新中寻求优势地位。

首先，要制订制造业中长期发展战略和规划，从市场、产业、技术趋势和环保等方面为企业提供有效的信息支持。没有清晰的发展战略，很难在激烈的竞争中居于有利地位，也难以合理地利用社会资源、优化资源配置。其次，要打造有利的产业环境，如税赋、产业优惠政策、研发支持、国际交流、市场准入、技术人才调动等等。再次，要培育一支技术过硬的产业队伍，这是制造业竞争力的基础。与外地相比，在劳动成本和训练有素的技术工人队伍方面，北京并不占优势，如何为企业定向培养实用人才，是一个至关重要的问题。四是以提高市场竞争力为核心，为企业创造有利的外部环境，鼓励其发展、扩张，整合社会资源，包括终端产品市场有利的准入政策。

小　结

通过对北京制造业发展史资料的梳理，我们清晰地看到了制造业演变的阶段和演化的动力因素。通过分析制造业在不同演化阶段所承担的历史使命和应该具有的功能，通过分析城市空间布局的特征以及与城市发展演变的关系，使得我们可以更加准确地把握和认识北京制造业发展的规律，为现代制造业的科学发展提供依据：

第一，北京制造业的发展要充分满足并适应社会的需求，这是发展的本源动力。社会是由人组成的群体，因此，研究人的行为和人类需求以及制造业发展的历史规律对于制造业的发展方向调整、发展战略制定、制造模式改变、制造企业的组织结构优化等有重要参考价值。

第二，北京制造业的发展要充分利用地方的政策。企业要开展经营活动必须遵守国家法律和各项政策。制造业的发展一方面要立足于国家战略，另一方面又要兼顾地区特色。而政府相关部门应在基层调研的基础上提出有针对性的、可操作的、可监控的、可评估的产业发展政策，从而协调政府产业政策和产业发展的关系。

第三，要充分洞察经济发展中的国际分工的格局及其变化。北京制造业应真正做到“人无我有，人有我先，人先我创”，必须加强自主研发、重视知识产权，在占领技术高端的同时更要把握战略高端，加快对产品和行业发展标准的制定，尽快由制造优势向创造优势转变。

第四，北京制造业的发展要与城市发展的定位相融合。世界城市的建设规划不能不搞经济建设，而在经济建设的支撑下搞内涵建设，制造业的发展就面临增量和质量协调发展的新挑战，由此，必须深入研究和做好基于区域资源优势的产业选择、基于城区规划的产业布局、基于产业结构调整的产业融合，等等。

第五，北京制造业的发展要充分保持人与自然、人与社会之间的和谐关系。人类对自然的认识还远不足以去征服自然，因此尊重自然规律，给子孙后代留下生存的空间。要协调好制造业发展与技术发展的关系，在享受技术进步给社会带来便利（福利）的同时，也要重视并努力克服技术进步给人类生活带来的弊端。

下篇

现代发展篇

第6章

国内外代表性城市制造业发展

21世纪是一个充满竞争、变革和希望的时代，社会和经济的发展将出现前所未有的巨大变化。经济全球化是生产力发展的必然趋势，而经济全球化的主要形式和载体行业就是制造业。目前，随着制造业竞争在全球范围内多方位的展开，我们将注意力转移到国内外代表性城市制造业的发展上来。

6.1 国外代表性城市制造业发展情况

我们将视野首先投向国外，分别选取老牌资本主义发达国家的国际经济中心城市伦敦、新兴工业化地区的国际经济中心城市新加坡以及作为世界一流的国际大都市的纽约和东京，探讨制造业在经济全球化和新技术革命背景下是如何发展的。

6.1.1 伦敦制造业发展情况

（1）伦敦制造业发展历史

英国是工业革命的起源地和传统的制造业大国。从18世纪后半叶起，在英国工业革命以及英国在全球的殖民扩张推动下，伦敦逐渐成为世界上最大的城市。虽然进入20世纪后，随着英国在世界政治经济中的地位不断下降，又先后有纽约、东京等国际城市迅速崛起，伦敦一枝独秀的历史结束了，但在当代众多的国际中心城市中，只有伦敦经历了工业革命以来世界经济发展的四次变革，而依然维持着全球三大国际金融中心的地位。

18世纪60年代，以蒸汽机为标志的第一次产业革命最早在英国兴起，使得英国率先成为“世界工厂”。随着劳动生产率的空前提高，纺织品产量在1760—1827年期间增加了100多倍，就此拉开制造业快速发展的序幕。到19世纪中叶，随着工业革命的完成和机器大工业的普遍建立，英国以其发达的纺织业、机器制造业等确立了它的“世界工厂”地位和世界贸易中心地位。进入20世纪以后，英国的地位下降，但伦敦仍然与纽约并列为世界两大经济中心城市。二战后，大英殖民帝国土崩瓦解，再加上英国工业老化等原因，使20世纪50年代以来英国的经济总量逐渐落后。国力的下降对伦敦发展带来了不利影响，特别是制造业就业人数在1961—1988年间减少了100万人，使伦敦出现了较高的失业率。与此同时，伦敦第三产业这些年发展却十分迅速，特别是金融保险等专业服务业能够抓住机遇、不断推陈出新。这也表明了进入后工业化时代的伦敦，不仅服务业在产业结构中占据绝对优势地位，而且出口也转向了以无形贸易为主。这体现了全球中心城市发展的新趋势，即从工业化时代的有形产品生产中心转向后工业化时代的无形产品生产中心。

（2）伦敦制造业发展现状①

1）产值——占经济总量的8%以上。2004年伦敦制造业产值达140亿英镑，占伦敦经济总量的8%以上。其中33%以上的产值来自于印刷与出版部门（英国印刷与出版部门产值占全国制造业的28%，工程制造业产值占16%，随后是化学和制药、

① 伦敦政府：“伦敦制造业发展战略与行动纲要系列（2005—2008）”，《中国科技信息》，2006年第7期。

食品与饮料业）。

2）就业——岗位不断流失。2004 年制造业就业数约占伦敦就业总量的 6%。伦敦有 23.5 万个制造业岗位，另有 3.5 万为自我雇用者。印刷与出版部门的从业人员占伦敦制造业就业总量的 36%。因此，伦敦制造业从业人员集聚于一个部门的情况比英国其他地区突出。过去 20 年中，伦敦所有的制造业部门都流失了工作岗位。流失最多的是工程业，超过了 10 万个工作岗位，其次是信息与通讯技术业（7.4 万个），纺织、服装与服饰业（5.9 万个）。印刷与出版业是就业最稳定的部门，自 1982 年来仅流失了 1.1 万个工作岗位，这要得益于 20 世纪 90 年代以来该产业部门的稳步发展。

3）工人生产率——总体高于英国平均水平。虽然总体就业在收缩，但工人生产率却越来越高。过去 20 年中，制造业工人的生产率提高了约 1.2 倍。伦敦最大的两个制造部门——印刷与出版、食品与饮料部门的人均产值估计超过英国平均水平的 30%，与海外竞争者处于同等水平。

4）技能——高技能工作岗位超过一半。与英国整体相比，伦敦制造业对高技能的依赖性更强。2004 年管理人员、专业人员和助理专业人员、技术人员等较高技能水平的人员占了伦敦制造业总就业量的 50% 以上，而全英国这一比重是 35%。伦敦是许多企业总部所在地，因此，伦敦制造部门的很多“制造”工作并不是生产流程的组成部分，而是诸如管理、行政类的办公室工作。伦敦的管理与行政类工作人员占制造业总就业量的 33%，而生产类工作人员只占 28%。

5）企业——中小企业主导，企业数量在减少。伦敦制造业由众多中小型企业主导，这些企业的雇员数量占了制造业就业总量的 90% 以上。2004 年初，在伦敦进行增值税登记的制造企业超过 1.86 万家，这个数字在过去 5 年中减少了 13%。撤销登记的企业数量变化比较平稳，每年约 2300—2500 家。印刷与出版部门是制造业中唯一一个增值税登记企业增多的部门。如今，该部门的企业数量占了伦敦制造企业总数的40%。

6）区域分布——遍布全伦敦。制造业遍布整个伦敦地区，这反映了制造业由小企业主导（从企业数量方面分析）的态势。然而，伦敦一些地区也出现了制造业集聚的情形。如伦敦泰晤士河通路区2004年约有5000家制造企业，主要以中小企业为主。一些产业部门与伦敦本地市场有着紧密联系，如印刷与出版、服装和食品加工业。

（3）伦敦的制造工业体系

目前，在伦敦的工业体系中，制造业仍具有重要地位，但企业平均规模较低（见表6－1）。1998年伦敦制造业产出为129亿英镑，约占第二产业总产出的2/3，占伦敦总产出的11.4%，占英国制造业总产出的8%。制造业就业人口占伦敦总就业人口的8%左右，超过28万人，比伯明翰、曼彻斯特和谢菲尔德等工业发达地区制造业就业人口要多。

表6－1　　伦敦制造业的国际地位

	1975				1986			
	GMO		就业		GMO		就业	
	亿美元	占欧共体%	亿美元	占欧共体%	亿美元	占欧共体%	亿美元	占欧共体%
大伦敦	88	2.0	83.6	2.2	108	1.7	56.8	1.8
英国东南部	180	4.1	174.1	4.5	297	4.6	148.7	4.8
英国	645	14.7	813.6	21.0	1049	16.3	542.2	17.4
香港	20	—	76.5	—	92	—	93.3	—
新加坡	14	—	14.3	—	46	—	29.3	—

资料来源：K. Hoggart&D. R. Green（ed.）：*London：A New Metropolitan Geography*，Table4.3，1991.

伦敦制造业在多个领域具有很强的实力，如传统的食品加工业、先进的汽车、飞机、精密仪器制造业以及高新技术领域的新医药、光电通讯、计算机制造业等。一些全球著名的制造企业在伦敦从事生产活动，如阿尔卡特、福特等。因此，在制造业就业人数持续下降的同时，伦敦始终保持着生产指挥与控制中心的功能。《金融时报》1988—1989年度评出的英国1000家最大公司中（不包括金融与法律服务公司），有204家制造业公司的总部设在伦敦，其中外国资本的制造业公司总部有73家。这些公司总部中又有146家位于伦敦中心区，只有58家位于中心区以外的地方。另外，伦敦以印刷出版业和服装业为主的都市工业非常发达。伦敦地区的服装业集群发展程度较高，就业仍在增加，面向国际市场。印刷出版业、广告业、音乐及影像出版业在伦敦也形成集聚，主要面向国际市场，就业也趋向增长。总体来说，伦敦的传统制造业比重下降，与信息、金融服务等相关的现代制造业和都市工业获得迅速发展。印刷出版等都市制造业的演变表现出“正U型”的先减少后上升的变化趋势。

（4）伦敦制造业发展战略

在“强大而多样性的经济”发展背景下，由伦敦市长牵头，伦敦发展局组织相关机构对制造业进行了全方位研究，并于2005年3月正式发布了《伦敦制造业发展战略与行动纲要(2005—2008)》。作为伦敦市长自2000年上任、2004年获得连任后提出的第一个制造业发展战略报告，市长称其“将对伦敦发展强大而多样性的经济发挥重要作用。”伦敦市长说：“伦敦制造业为经济发展作出了极其重要的贡献。制造业的优势以及平衡经济繁荣发展的重要性可以消除一些人的制造业仅对经济发挥较小作用的误解。然而，制造业的优势无法掩盖近年来一直经历的、并将继续面对的制造业结构变化的问题。伦敦拥有独特财富和发展机遇，但需更高效地加以利用，帮助制造业基地创造并维持竞争优势。”①

1）就业减少。该报告表示：预期许多制造业部门都会裁员，反映了制造业重组及生产效率的提高。预计 2002—2016 年，伦敦制造业就业人数将减少 30%。

2）产值增长。英国就业研究机构对 2000—2010 年间伦敦制造业发展情况作出估计，2000—2005 年制造业产值将年均增长 2.1%，2005—2010 年年均增长 2.5%。该机构还认为，高技术和相关产业部门的研究与开发将成为制造业产值增加的重要支撑。

3）不同产业部门表现迥异。在研发方面投入重大资金的公司，如制药、生物技术和食品加工行业的公司有望获得全方位的突出表现。相反，就业研究机构预计：劳动密集型、价格敏感型的产业部门，如纺织业、服装业、皮革业与金属业的表现将较疲软。

由上可以发现，虽然伦敦制造业从业人员将持续减少，但与制造业产值增加、制造业不断繁荣以及伦敦整体就业人数的增加并不矛盾。这也体现了伦敦发展制造业的目标是知识密集型和高技能型的成功制造业，而不是扩大制造业的规模。在未来的一段时间里，伦敦仍将是世界重要的制造业生产基地，并仍保持着生产指挥与控制中心的功能。

6.1.2 新加坡制造业发展情况

（1）新加坡制造业发展历史回顾及现状分析

新加坡独立前的制造业基础十分薄弱，即便是在主岛西南的裕廊工业区，存在的也只是手工业、农产品加工业、木材加工业

① 伦敦市政府：“伦敦制造业发展战略与行动纲要（2005—2008）”，《中国科技信息》，2006 年第 7 期。

等低级制造业。但从建国初期开始，新政府就着重发展外向型经济，开辟多个工业区，发展以出口为主的电子、炼油和造船、钻油平台等行业。1960 年，新加坡制造业增加值占 GDP 的比重仅为 17.6%。20 世纪 60 年代中期以后，新加坡开始实施面向出口的工业化战略，建立以制造业为中心的产业结构，发展劳动密集型产业。70 年代末期到 80 年代中期，劳动力短缺、国际贸易保护主义抬头以及劳动力充裕的发展中国家的竞争压力日益困扰新加坡的经济。为此，新加坡政府在 1979 年提出推行“第二次工业革命”，亦称“经济重组政策”，对国民经济进行重大调整，即大力发展资本与技术密集型工业，逐步淘汰劳动密集型产业，以促进社会生产力不断提高。80 年代中期以后，新加坡继续调整经济发展战略，优先发展服务业，尤其是国际服务业。1993 年其服务业增加值占国内生产总值的 63%，1997 年这一比重上升到 71.5%，其中，金融和商业服务增加值占 30.9%，贸易额占 18.8%。这一时期，新加坡和香港一同成为亚太地区主要的贸易中心、航运中心、航空中心、金融中心以及旅游中心。制造业增加值虽然在国内生产总值中的比重明显下降，但仍占 24.3%，依然是新加坡国民经济的重要基础。

近年来，新加坡制造业增加值占 GDP 的比重一直维持在 25% 左右，比十年前翻了一番，而且低增加值产业已被高增加值产业所代替。其中，电子工业在政府各项产业政策的大力扶持下，取得了第一支柱产业的地位，其增加值占制造业增加值的比重高达 50%，在世界同行排名中一直在十强之内，2000 年为第七位（依次是：美国、日本、中国、德国、英国、韩国、新加坡）。经过 40 多年的发展，新加坡制造业创造的增加值占新加坡 GDP 的比重已从 1960 年的 11% 增加到 2005 年的 27%（见图 6－1 和图 6－2）。

1）1991—2005 年，新加坡制造业增加值年复合增长率约为 7.7%。在这 15 年间，除了 1998 年和 2001 年制造业发展出现下

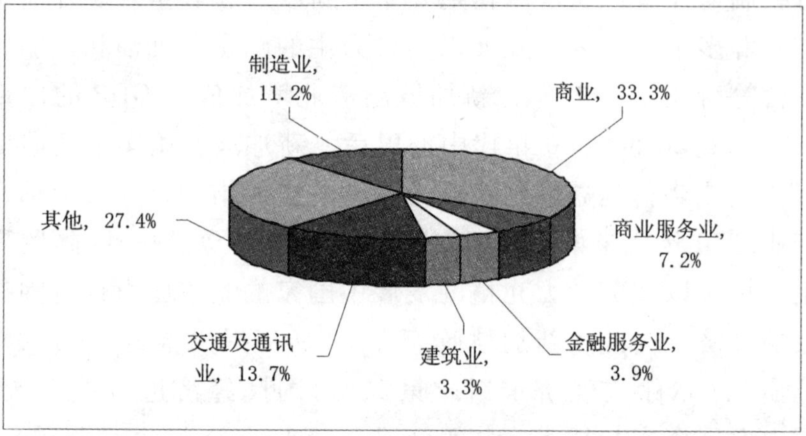

图 6－1　1960 年新加坡各行业增加值占 GDP 的比重

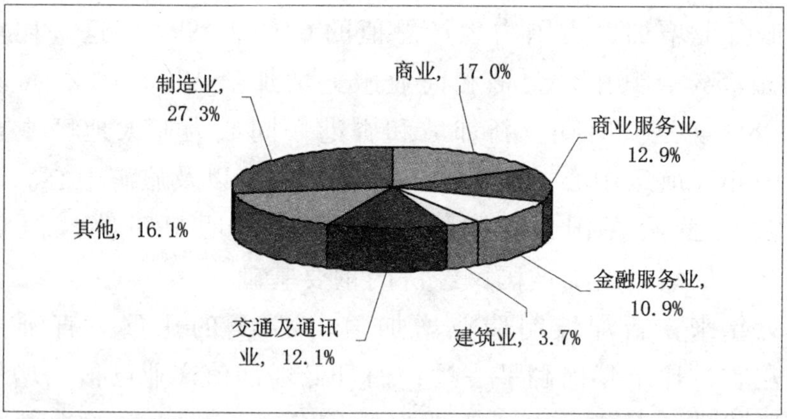

图 6－2　2005 年新加坡各行业增加值占 GDP 的比重

滑外，其余年份均呈增长态势。1998 年制造业出现负增长主要是由于 1997 年的金融危机，2001 年制造业大幅下滑则归因于全球经济疲软，特别是电子产品需求下降。①

2）1991—2005 年，制造业各部门总体上也呈增长态势。特

① 王德生：“1991—2005 年新加坡制造业发展回顾”，《中国科技信息》，2006 年第 13 期，第 299—300 页。

别是 2005 年，新加坡制造业增加值增长率达到 13%，其中生物医药制造业的增长率最高（20%），接下来依次是化学工业、运输工程业、电子制造业、精密工程制造业和一般制造业。

就 2005 年制造业各行业发展情况看，电子制造业的发展主要归因于半导体产品、手机、计算机芯片和打印机及相关产品的全球需求增加，特别是美国、欧盟和亚太地区的需求很强劲；化学工业的增长主要是由石油和石化产品需求的增加造成的；精密工程业的增长主要是由机械系统和精密元器件产量的增加而带动的；精密工程业的发展进一步刺激了工业工程控制设备、半导体测试设备、制冷设备、压缩机和机床等机械产品产量的增加；电子制造业受当地市场及国外市场新旧订单增长的影响而有大幅度提高，特别是精密电子元器件的产量大大增加。

3）新加坡制造业增加值也呈增长态势，1991—2005 年平均年增长率为 8.3%。2005 年制造业增加值达到 500 亿美元，其中，电子制造业对制造业增加值的贡献最大，约占到制造业总增加值的 1/3；其他制造业部门，如生物医药、化学工业、精密工程、运输工程和一般制造业增加值占制造业总增加值的比重为 9%—21%。

4）1991—2005 年，新加坡制造业部门的劳动生产率总体呈上升趋势，平均年增长率为 4.4%。其中，1998 年和 2001 年劳动生产率下降，尤其是 2001 年降幅最大，约为 18%，而 2000 年的劳动生产率在 15 年间则是最高的，超过 25%。2005 年制造业人均增加值为 13510 美元。

由上可以看到，现阶段新加坡的制造业产值总体呈增长势态，其就业人数则处于持续减少的趋势中：2002 年新加坡总就业人数中的 19% 在制造业领域工作，而 1992 年高达 28%。由此表明，新加坡制造业正在从低附加值劳动密集型向引入信息技术的高附加值技术密集型方向过渡。在此期间，新加坡劳动生产率的年综合增长率为 6.6%，这也意味着更少的人在创造出更高的产值，并获得更好的投资回报。

（2）新加坡面临的挑战与具备的竞争优势

长期以来，制造业是新加坡经济发展的主动力，未来仍将是经济生活中最富有活力、最具有可持续性的主要因素。但是，新加坡必须面对许多挑战：

1）制造业本身发生了根本变化。

2）社会经济秩序发生了重大变化。

面临的压力来自两大方面：（a）来自于低成本制造地日趋增大的竞争压力，使新加坡处于被挤出的危险境地；（b）在复杂先进技术和创新素质方面落后于发达国家。就现状而言，新加坡作为一个制造业基地不具备很强的竞争力。

但同时，新加坡也具备了成为世界领先的制造业国家的较多优势：新加坡政府的政策具备经济发展所需的稳定性与一致性，且政府相当注重商务发展；拥有技术领先、金融中心和双语言管理者的优势；拥有世界级物流基础设施、成熟的供应链管理服务和与世界全方位高密度联系的网络；非常尊重知识产权，营造了有利于企业创新的环境；拥有顶尖的教育体系并与产业需求和开放政策密切吻合，可以培养适应产业需求变化的高技能劳动者；政府、工会和产业界构成的三重体系有力地促进着良好的产业环境，特别是新加坡的劳工组织反应迅速、办事文明，营造了弹性度很大的环境，并致力于工人技能的提高与更新。因此，尽管全球竞争激烈，但新加坡仍是引人注目的投资地，对跨国公司具有吸引力。

（3）新加坡制造业的发展目标

新加坡必须转向高附加值的制造业，创造有益于产业群体内跨越整个产品生命周期的物质和服务创新、开发和商业化的环境。从快速模仿型经济向全球领导型经济过渡进程中，制造业的目标是：在未来 20 年中，继续保持制造业产值占 GDP 的份额为 20% 以上，使 2010 年产值达 2000 亿—2500 亿新元。同时，延伸制造业的价值链，使新加坡同时在设备、工艺和商标方面有所创新。另外，研究与开发是企业活动连锁反应的催化剂。由知识创新与技术开发驱动的经济，必须保持高水平的研究与开发投入和技术人才。2000 年新加坡用于研究与开发的总支出为 30 亿新币，其中 14.1% 由政府出资，12.7% 来自公共研究机构，11.2% 来自于高等教育机构，62% 由民间企业出资。新加坡应继续致力于保持世界研究基金数量的领先水平，通过金融优惠措施来鼓励发展领先的优势技术，鼓励本地公共和民间研究开发机构与跨国公司的研究机构进行合作研究，推动知识产权保护。政府的重要职能之一是为新加坡制造的产品打开新市场。措施是扩展自由贸易协定、改善供应链管理基础、提高新加坡作为高附加值型制造地的声誉等。企业发展的重点是高附加值型制造业。新加坡鼓励企业抓住机遇，参与制造、测试和包装相结合的高端产业活动。

由上可以看到，新加坡制造业经过 40 多年的发展，已从 1960 年的劳动密集型向现在的研究开发和知识密集型转型。随着制造业向价值链高端发展，预计新加坡制造业在未来十年内仍将保持增长态势。

6.1.3　纽约制造业发展情况

（1）纽约制造业发展历程及现状分析

纽约如今已成为了世人翘首向往的世界第一商业大都市，而其在历史上也曾是美国第一大制造业中心，制造业增长势头一直持续到二战结束后的初期。

纽约最早是一个商业城市。17 世纪初曼哈顿以商贸立埠，商贸的兴旺发达使大量资本积聚于纽约，为其日后成为全美金融中心奠定了基础，同时也为发展制造业创造了必要的条件。19 世纪中叶，在工业革命的推动下，纽约制造业很快发展起来，在

19 世纪末已成为美国第一大制造业中心。在发展中，纽约制造业形成了一些自己的特点。比如，根据纽约自然资源贫乏而劳动力充足、资本充足的特点，纽约制造业以劳动密集型、资本密集型的轻工业为主，并且门类较为齐全。主要部门有服装鞋帽、印刷、皮革、食品加工、机械制造等。另外，纽约制造业兴起于工业革命初期，工业结构以小企业为主，企业规模较小而数量很多，对市场适应性很强。从 19 世纪中后期到第二次世界大战结束后的初期，除美国内战、第一次世界大战、大萧条时期、第二次世界大战几个特殊时期外，纽约的制造业大体上是稳定发展的，这与美国工业化进程是相一致的。二战结束后，随着美国全国产业结构的调整与变化以及传统工业部门的衰落，纽约的制造业也开始步入衰退期。这种衰退还伴随着制造业从中心城市迁出的现象。事实上，在现代条件下，传统的制造业在纽约这样的大都市是无法大规模存活的，劳动力成本、空间成本的上扬对其产品竞争力的伤害是很大的。在工业化早期使制造业集聚于城市的种种理由，如靠近公共交通、市场、电力与铁路运输等，在现代条件下已无关紧要。在比较利益的驱动下，制造业企业纷纷迁离中心城市是在所难免的。①

自 20 世纪 50—60 年代以来，纽约市的产业结构经历了调整与改变，美国第二产业在国内生产总值（GDP）中所占比重以及就业人口构成中所占比重开始呈下降趋势。与第二产业相比，第三产业所占比重相应明显加大。而这也对制造业产生了重大影响，其内部除高技术部门外，其他部门在工业生产结构中的比重都渐趋下降，尤其是劳动密集型和资源密集型部门下降幅度更大。工作岗位大量减少，在 1969—1977 年制造业工作岗位减少 30 万个。与之伴随的则是服务业就业比重的剧增，以 20 世纪

① 姜立杰、黄际英："论 20 世纪七八十年代纽约市产业结构的转型"，《东北师大学报（哲学社会科学版）》，2001 年第 2 期，第 34—40 页。

70—80 年代的变化最为突出。

但我们也要看到，目前制造业中传统部门的衰落及高技术部门的崛起在很大程度上表现为制造业的分散化，即制造业从拥有已成熟、衰退的产业部门（如汽车、钢铁、纺织、服装）的地区分散至拥有新兴产业部门（如半导体、航空业、计算机与电讯设备）或与国防有关的产业部门的地区，将美国东北部、中西部的制造业带入东南部、西南部和西部各州即“阳光带”。对某一具体城市来说，这种分散还包括在比较利益驱动下某一制造业部门生产区位选择上的变化，如把生产中心从城市转移到郊区、其他地区，甚至别的国家。

（2）纽约的制造工业体系

制造业仍构成纽约市工业的重要组成部分。1998 年纽约市有制造业企业 10396 家，提供就业岗位 18.6 万个，占城市总就业岗位的6%左右，而这个比重在 Brooklyn 和 Queens 两个区分别达 11.7% 和 10.9%。虽然制造业在纽约经历了 30 多年的衰退，但是近来表现出一种新的增长态势。在 1999—2001 年，有 937 家小制造业企业（雇员在 5—50 人）销售额或雇员数量增长超过 20%，是经济整体发展速度的 2 倍。其中甚至有 310 家企业的销售额在这三年中至少翻了一番。从产业构成来看，主要分布在服装（22%）、印刷出版（16%）、食品加工、木制品、金属制品和珠宝首饰生产领域。在地域上主要集中在曼哈顿区，但在布鲁克林、昆士和布朗克斯也有显著集聚。产品主要是出口导向的，其中有 71% 的企业其产品投向全美市场，甚至包括加拿大市场。就纽约市而言，制造业的特点表现在以非标准化的半手工企业为主体，产品以非耐用品为特色，如款式易变的妇女时装、头饰、手提包、小皮件、裘皮制品，以及不断更新的期刊杂志、科学实验仪器等，这些产品在美国乃至世界上都具有较大市场。制造业企业分散到五个区，主要由小企业构成，这是因为技术进步和市场变化促进了小制造企业的快速发展。目前，构成制造业的主体是服装加工业与印刷出版业。印刷出版业就业人数仍然是全国平均水平的2倍，而服装业就业人数更高达全国平均水平的4倍。

（3）纽约制造业发展前景

事实上通过对历史和现实的分析，我们可以发现纽约制造业的衰落不等于完全的消亡，就如人类生产体系中传统产品不会因为高科技产品的出现而完全消亡一样，纽约仍保有一定份额的制造业。这一方面归因于一般经济规律的作用，比如当地需求的拉动，纽约是一个有1800多万人口的特大城市，对制造业产品需求市场庞大就是一个有利因素。同时，衰退本身会促成事情向好的方向转化，制造业工人失业增加，制造业工资增长缓慢，形成有利的产值工资比，产品就会处于有竞争力的地位，那么纽约对某些制造业来说就又有了吸引力。另一方面，纽约市的一些特点为制造业的存在提供了有利条件，如纽约是时装设计中心，在流行风尚快速变化的条件下，设计师愿意找就近的厂家生产其产品，纽约的服装业也就显现了它的近距离优势。这也表明制造业与服务业是相互依赖的，制造业能促进对服务业的需求，服务业也同样为制造业的生存创造条件。同样，作为旅游中心、文化娱乐中心、广告咨询中心的纽约必然会为相关制造业创造服务对象。另外，企业规模小的特点对其在城市生存是有利的，科技的发展往往使小企业更加专门化，市场表现更加灵活，利润与生产规模的联系不再像以往那样紧密，再加上生产、管理过程中的电脑化，都使企业对占用空间的要求下降了。对制造业来说，作为来美移民第一站的纽约还有劳动力来源充足等优势。与此同时，纽约通过大力发展服务业也弥补了新环境下其制造业发展的不足。作为国际商务中心、金融中心、公司总部中心的纽约，它积聚了面向全球市场的最先进、最完备的生产服务业，保持了它在快速发展的全球经济中的神经中枢的地位。

6.1.4　东京制造业发展情况

东京既是日本国首都，又是日本国首都圈的中心城市。东京制造业在 1961 年达到顶峰，随后则持续下降，1977 年降至 25.1%，1998 年则为 17%。1994 年，东京中心 5 个城区制造业从业人数仅为近 11 万人，其中出版印刷业从业人数占 87.1%。这 5 个区占东京都市圈 33 个区制造业从业人员总数的 16.5%，出版印刷业从业人数则占 33 个区的 56.9%。2000 年，包括出版印刷、服装、皮革行业在内的时尚、信息型相关产业销售收入占东京工业销售收入的 1/3 左右。

东京制造工业经历了初级工业化、重工业化、高加工度化和知识技术高度密集化等几个阶段，是一个逐渐加强的发展过程，实现了工业产业结构从低级到高级的转化。目前，东京工业具有知识与技术密集、占地少、耗能少、用水少等特点，典型产业为信息业和新材料业（见表 6－2）。

表 6－2　东京主要工业化阶段的产业特征和典型产业

发展阶段	时间	产业特征	典型产业
初级工业化阶段	19 世纪 80 年代—20 世纪 30 年代	劳动力密集，占地、耗能、用水、污染少	纺织、食品
重工业化阶段	20 世纪 50—60 年代	资本密集，占地、耗能、用水、污染较多	钢铁、化工
高加工度化阶段	20 世纪 70 年代	技术密集，占地、耗能、用水、污染较少	机械
知识技术高度密集化阶段	20 世纪 80 年代以后	知识、技术密集，占地、耗能、用水少	信息、新材料

资料来源：刘秉泰、卢明华、李涛："东京工业结构演化模式及其驱动力研究"，《世界地理研究》，2003 年第 1 期，第 86—92 页。

东京的工业部门主要有信息、钢铁、造船、机器制造、化学工业、皮革、电机、纤维、石油、出版印刷和精密仪器等，工业结构明显体现出首都特色。信息业、印刷出版业、技术密集型的电机、通信机械、精密机械和运输机械等产业构成主导工业部门。在20世纪80年代末到90年代初，印刷出版业、机械制造和精密机械三部门产值分别占东京工业产值的20.5%、20.5%和7.5%左右，产值规模居日本第一位。尤其是印刷出版业，东京出版机构数量占全国的80%，销售额占50%，这充分显示了东京工业与城市中枢管理功能相协调的特点。

从明治维新开始，日本就牢牢树立了建立一个独立的、完整的工业体系的思想，由此经过百年努力，成功地形成了均衡的、形状似富士山的“技术群体结构”，即“全套型工业产业结构”，这一产业结构也是今天日本经济成功的基础。“技术群体结构”呈竖立状的三角形，分成三层，底层是基础技术（包括铸造、锻造、电镀、热处理、机械加工冲压等），中层是中间技术（包括生产技术和加工组装技术等），顶层是特殊技术或尖端技术（包括信息、软件技术等）。

此外，战后日本工业园区的开发建设为制造工业的崛起也发挥了巨大作用，20世纪50年代初期以来，重工业化发展战略的实施大致分为三个阶段：20世纪50年代初到60年代初是第一阶段，主要围绕发展造船、钢铁和化工等产业，集中在沿海的东京、大阪、名古屋和北九州。60年代初到80年代初，工业园区的建设重点从沿海向内地和高速公路两侧转移。从80年代初到今天，日本工业园区从一般制造业基地发展到高新技术产业基地，最终形成了日本太平洋两大带状工业区的空间格局：以钢铁、石油、化学等基础资源型工业在沿海地带集中发展的工业生产区；以高技术机械制造和加工型工业在临近的腹地集中发展的后备地带制造工业区。它们虽然在空间上相互分离，但在生产活动上却保持着良性循环。

据不完全统计，日本共建有各类工业园区4000多个，工业园区的兴办加快了日本制造业发展的步伐，加速了社会工业化和城市化的进程，使日本成功实现了从资源小国向经济大国和强国的历史转变。

日本工业园区有其自身的特点：①日本的工业园区是一个先进技术和高层次产业的集聚区，在工业园区内落户的大多数是那些在本行业居于领先地位的企业，技术比较先进，产业层次比较高。②日本的工业园区是一个具有较高效率的生产区，虽然绝大多数工业园区面积都比较小，但土地产出率相当高。③日本的工业园区也是一个高效率的技术开发区，园区内的企业适应市场需求的速度很快，技术开发的能力很强，所开发的产品式样多、质量高。④日本工业园区更是一个优美的生态环境示范区。⑤日本的工业园区已经成为海外生产的“头脑”和“指挥部”。随着全球化战略的推进，日本已把大批制造业生产基地转移至海外，生产基地虽然办在国外，但生产什么、何时生产基本上都由设在工业园区的国内总部决定。

日本工业园区的发展为北京制造业的发展提供了经验和借鉴：

1）充分发挥民间力量建设和管理工业园区，形成工业园区自我管理与发展机制。工业园区大多是民间力量兴建的，在工业园区内基本上不设政府管理机构，由该工业园区的协同组合全权负责管理。这种模式，一方面极大地节约了政府管理成本；另一方面也密切了园区内管理组织和企业的关系，促进了园区内各项事业的发展。

2）高度重视对土地资源的保护，合理利用土地，加强对农民问题的处理。

3）构筑以工业园区为基础、富有竞争活力的区域性都市，以富有活力的区域性都市来带动地方经济的发展。

4）把科技进步作为推进工业园区和制造业基地建设的根本性措施来抓。

5）在竞争中发展大企业，高度重视发展中小企业。

6）高度重视生态问题，为工业园区和制造基地的建设创造良好的条件。

6.1.5 国外大城市制造业发展对北京制造业发展的启示

通过上述资料，我们可以得出如下启示：

（1）制造业的发展是城市建设和经济发展的基础

无论是发达国家还是发展中国家，无论是工业化建设初期还是现代工业化建设的末期，即使在高新技术产业和信息产业高速发展的今天，在东京、新加坡等国际大都市，制造业依然是城市发展的重要产业，是城市发展的重要动力，是技术创新的主要平台。即使是纽约、伦敦、东京这样的老牌大都市，出于增强城市活力、城市经济实力、城市经济多元化以及城市就业的需要，还在规划制造业的发展战略，特别是生物技术、信息技术等高新技术产业以及食品、服装、印刷等都市制造业。从中我们可以得出制造业的发展在北京不是夕阳产业，其在北京城市发展和城市建设中依然居于重要地位的结论。

（2）适应城市发展需求，制造业产业发展内容不断变化和调整

世界大都市的制造业发展的历史演化表明，制造业在不同发展阶段其实质也在不断发生变化，而变化的宗旨要与城市不同发展阶段的特征、城市发展本身所面临的客观环境以及城市发展的需求相结合，进而不断更新制造业产业发展的内容，推动制造业产业的升级。从上述大都市的制造业发展历程可以看出，其基本经历了劳动和资源密集型、资本和技术密集型、知识和技术密集型等不同的发展阶段。而北京制造业的发展历程也基本沿着相似的路径演化，只是国际大都市用较短的时间完成了制造业的升级和结构调整，而北京由于其特殊的历史原因和社会因素导致其调

整步伐缓慢。但是我们依然从国外大都市制造业演化的路径得到启示，今天，根据城市规划和定位，确定了北京适度发展现代制造业、提高制造业发展的高附加值的战略，适应了历史的需要，符合城市发展的要求。

（3）缩短制造业结构调整和产业升级的周期

要缩短制造业结构调整和产业升级的周期，为制造业发展提供良好的环境。一是城市金融行业的发展将为制造业发展提供资金支持，二是工业革命和技术进步为制造业发展提供技术支持，三是文化教育的发展为制造业发展高端产业提供人力资源支持。北京的制造业在历史演化的过程中也逐渐形成具有人力资源优势、金融优势和技术优势的能力。

（4）现代制造业发展要实现“八化”

制造业发展要实现规模化、专业化、灵活化、区域化、集群化、高级化、尖端化和精密化，才能适应城市的发展解决城市环境和资源消耗的压力。例如，伦敦曾经是众多小企业遍布整个市区，后来出现了制造业集聚的情形。纽约的制造业在比较利益的驱动下，表现出了分散化布局的特点，这种分散化体现在制造业从拥有已成熟、衰退的产业部门的地区分散至拥有新兴产业部门的地区，同时也包括把生产中心从城市转移到郊区。因此，北京的制造业要发展并适应城市建设的需要，不能搞大而全。大制造的概念未必就是现代制造的准确含义，调整制造模式、提高制造行业的灵活性、柔韧性很重要，而北京制造业要完成上述目标，上述的“八化”是指导思想。

（5）现代制造业的发展要与现代服务业融合

现代制造业要与现代服务业融合发展，才能推动产业结构的调整和升级。服务业尤其是生产性服务业要从现代制造业中不断剥离，才能提高制造业企业的专业化，信息化和高技术渗透化，服务业的发展也是保证制造业发展的推动力和支撑力。因此北京的产业结构调整不能一味地降低制造业的比重、提高服务业的比重，而要适度发展现代制造业，拉动服务业发展，两者相互依存、共同发展。

6.2 国内代表性城市制造业发展情况

6.2.1 上海制造业发展情况

北京、上海是我国经济、科技等综合实力最强的两个城市。它们具有相似的区域经济地位、要素禀赋等经济基础条件，在制造业发展的相关方面也具备较强的可比性。

（1）上海制造业发展历史及工业体系

改革开放以来，上海制造业经过4个阶段的结构性调整①，即：

1）恢复和适应性调整阶段（1979—1983年）。重点发展短线产品，增加生产供给能力，提高产品质量。至1983年全年工业总产值比1978年增长了1.1倍。

2）以培养支柱产业为主的结构调整阶段（1984—1991年）。1986年开始，上海对汽车、电站设备、钢铁、石油、化工、轮船、家用电器等19个行业进行了重点改造。1990年又提出重点发展轿车制造业、通讯设备制造业，微电子和计算机制造业、电站设备制造业，石油化工工业，机电化学工业，机电一体化、装备工业、家电、精细化工等行业。

3）以六大支柱产业为主导的产业结构提升阶段（1992—1997年）。上海工业形成了汽车、通信、电站、石化精细，钢

---

① 王玉、王汉栋："对近十年来上海制造业发展的剖析"，《上海统计》，2003年第11期，第7—9页。

铁、家电等六大支柱产业，支撑了上海工业及国民经济的发展速度和运行质量。

4）以发展高新技术产业为主的工业调整阶段（1997 年至今）。以信息、现代生物与医药、新材料为重点加快科技产业化，产业高科技化步伐加快，提高产品附加值，用高新技术改造和提升传统工业，加快形成以高科技和深加工为特征的工业格局。发展至今，制造业已经成为推动上海经济发展的关键力量。

经过上述几个阶段的发展，上海的新制造工业体系正在逐步形成，它主要由战略产业、重点技术产业和其他产业组成。战略产业由医药工业和飞机工业组成，这两大产业具有很强的研究与开发导向性。战略产业意味着未来 10 年作为投资重点的产业，尽管目前上海的医药工业和飞机制造工业生产能力较小，却是有高增长可能性的技术产业；重点技术产业共包括 7 类制造业，均属于技术和资金相对密集的产业，其中包括：汽车制造、电子与通信设备、化学工业、钢铁工业、电气机械、机械工业和仪器仪表制造业。要特别指出的是，钢铁工业作为重点技术产业的地位将逐渐下降，该产业的低利润特性决定了其在上海制造业的比重在未来的 10 年之内有可能下降到 5% 以下，也就不再属于重点技术产业了。所以，钢铁工业是新工业体系中的一个过渡性技术产业。

（2）制造业对推动上海工业化和现代化进程的贡献

上海处于中国经济发展的最前沿，其工业增加值一直在国内处于前列（见表 6－3）。其在工业体系中比较完整的制造业体系使上海成为中国制成品的重要生产基地，也是上海长期繁荣的物质基础，无论是从占 GDP 比重还是对 GDP 的增长率贡献来看，上海制造业都是上海经济的重要支撑。

表 6-3 2006 年中国直辖市工业总产值比较表 单位：万元

直辖市	上海	北京	天津	重庆
工业总产值	184477307	80882506	80224163	28343629

1）制造业推动了第三产业的发展。1990 年上海制造业对第三产业增加值的完全贡献率达 56.13%，2000 年为 44.09%。近 12 个百分点的下降是由于制造业增加值绝对量相对第三产业有所下降。但如果不考虑价格因素，每亿元制造业增加值带动第三产业增加值则由 1990 年的 0.306 亿元上升到 0.565 亿元，制造业对第三产业发展的贡献实际上是扩大了。这说明上海工业经过 10 年的战略性调整，产出结构得到优化，劳动力密集、以消耗农产品为主的轻工业比重下降，资金、技术密集型工业企业有较快的发展，工业对金融、科研、技术等产业的贡献越来越大。

2）制造业具有较大的国民经济拉动作用。大多数发达国家经济中心城市的成功经验表明，无论制造业在统计意义上处于城市产业结构的何种位置，总是城市赖以持续发展的基础。如纽约、东京等经济空心化程度相当高的城市，在其工业或制造业占国内生产总值和就业人口比重较低的现象背后，事实上隐藏着立足于高技术水平和高劳动生产率基础上的制造业企业网络。上海 1990 年制造业对 GDP 的完全贡献率为 86.39%，每亿元制造业增加值带动相关行业增加值为 1.552 亿元。2000 年制造业对 GDP 的完全贡献率为 73.14%，每亿元制造业增加值带动相关行业增加值为 1.851 亿元（均以当年价格计算）。与 1990 年相比，制造业对国民经济的完全贡献率有一定下降，但从绝对数量看，制造业对国民经济的拉动作用还是相当大的，不考虑价格因素，每亿元制造业增加值带动相关行业增加值反而有所增加。说明在现阶段，制造业仍然是拉动上海经济增长的重要力量。

（3）上海发展制造业的比较优势

1）区域发展是上海制造业崛起的强大依托。上海位于长江三角洲（简称长三角地区）的前缘。长三角地区是我国东部沿海地区最大的城市密集带，区内各城市之间联系紧密，经济协作水平较高，是我国传统的经济发达地区和对外贸易基地，是全国重要的经济核心区。就发展制造业而言，长三角内各地既有分工，又有协作，企业群密集，在上海周边形成了完整的产业链，成为上海发展制造业的重要依托。

长三角内各地区存在层次分明、衔接紧密的发展梯次。上海处于工业化的后期向后工业化时期迈进的发展阶段，江浙等地处于工业化后期阶段。这就使上海的制造业在发展过程中可以与周边地区进行有效的分工合作，达到优势互补。通过各种形式的合作，上海周边地区积极实施“主动接轨上海，无缝对接上海”的发展战略，逐步成为上海制造业的生产加工基地、协作配套基地。

在上海与其周边地区进行技术、经济的分工与合作过程中，上海因其在技术、人才、资金等方面的优势，成为区域制造业的研发和技术创新中心、营销中心以及管理控制中心，占据产业链的高端地位。上海的郊区县和商务成本较低、工业基础较好的周边地区成为生产配套基地。优势互补、分工协作使上海与其周边地区形成合力、共同发展。

2）服务业与制造业相辅相成。发达的服务业会为制造业的发展创造良好的环境，而制造业的发展又带动了服务业水平的提升。

上海已初步成为我国的金融中心，成为中外金融机构密集的区域。世界排名前 50 家大银行已有 40 家在上海设立了分支机构，并有 16 家外资保险公司、80 多家外商投资性公司落户上海。这些机构为上海及周边地区制造业的发展提供了比较充足的资金支持。同时，灵活的政策也使上海具有比较宽松的金融环境。制造业在很大程度上越来越成为资金密集型产业，上海的金融环境使得它在对现代制造业的资金支持等方面略具优势，从而增强了对产业投资特别是外商投资的吸引力。

此外，上海的现代物流业也比较发达，已规划并正在建设的外高桥、浦东空港、深水港和西北四大物流园区，将成为全球物流供应链中的重要枢纽性节点。这也是推动上海制造业发展的重要条件。

3）经济大市和老工业基地是上海发展制造业的产业基础，相对完备的基础产业和基础设施，相对成熟的技术工人，浓厚的制造业产业文化和商业文化，都为制造业的发展提供了技术和产业基础。同时，商务成本也是大城市发展制造业重要的基础条件。为降低商务成本，增强引资竞争力，上海启动了 173 个项目，将位于市郊的嘉定、青浦、松江三区建成面积 173 平方公里的“降低商务成本试点园区”，降低地价等硬性商务成本。同时提出将这里建成政府服务“高地”，如在青浦试点园区实行项目审批的“绿色通道”，一口保送、分段审批、限时办结、减少收费，使项目审批比一般情况提速三成。

6.2.2 武汉制造业发展情况

武汉是我国近代制造业的发源地。从明清近代机器工业的创办至今，武汉制造业走过了一百多年的历程，其间有过几度光辉，也遭受过几次曲折，见证了“武汉”这一在湖北省乃至全国都占有重要位置的制造业基地的诞生、兴起到辉煌。

（1）武汉制造业发展历史及现状分析[①]

在晚清时期，张之洞在武汉大办制造实业，推行机器生产。以汉阳铁厂为代表的冶金工业，曾一度垄断了全国的钢铁生产（1911 年前钢铁产量占全国总产量的 100%，到 1922 年前仍占全

① 中共武汉市委党史研究室课题组：“武汉近现代制造业发展的历史启示”，《长江论坛》，2004 年第 1 期，第 20—23 页。

国钢铁总产量的 75%）。以湖北官布局、纺纱局、缫丝局、制麻局为代表的纺织工业所拥有的纺织设备数量居全国第二位，实力仅次于上海。以汉阳兵工厂为代表的军事工业实力长时期内都在全国名列前茅，当时的“汉阳造”不仅成为驰名全国的品牌，而且成为武汉制造业的一个象征。为此，武汉成为当时全国最重要的制造工业中心和中国近代制造业的发祥地之一，成为综合实力排名全国第二的大都市，与上海并称为“大上海”、“大武汉”。

在民国时期，武汉制造业也有过短暂的繁荣。第一次世界大战前后至 20 世纪二三十年代，武汉民族制造业迅速发展，一批优秀的制造业企业脱颖而出。后来，由于诸多原因，武汉的城市综合实力和地位逐步下滑。1934 年，在上海、天津、南京、青岛、无锡和汉口全国六大工业城市比较中，汉口在工人数量和动力数量方面居第四位，在资金额和年总产值方面居第五位，制造业总体水平已丧失昔日的领先地位。到 1948 年初，武汉工业有动力设备的工厂只剩下 233 家。武汉解放前夕，全市工业固定资产仅有 7000 万元。

武汉解放后，党和政府从新中国工业布局的战略高度考虑，决定把武汉由消费性城市建设成为“新的社会主义工业城市”和“强大的社会主义工业基地”。这一决策使得武汉制造业获得了空前的发展机遇。在国家“一五”计划确定的 156 项重点工程中，就有武汉钢铁公司、武汉重型机床厂和青山热电站 3 个项目放在武汉。此外，国家还在武汉重点投资建设了武汉锅炉厂、武汉造船厂、武汉肉类联合加工厂等一大批在全国都名列前茅的“武”字头大型骨干企业。武汉现代制造业因此得以重振雄风。武汉市工业总产值从 1952 年的 5.52 亿元猛增到 1957 年的 14.57 亿元，到 1966 年又增长到 38.89 亿元。武汉工业总产值占全国工业总产值的比重也从 1952 年的 1.6% 上升到 1957 年的 2.1%，到 1966 年又上升为 2.4%，达到了新中国成立以来的最高峰。

武汉的经济地位和城市综合实力也因此大大提高，成为全国制造业中心和重要的重工业基地之一。制造业的快速发展给武汉带来了滚滚财源，1952 年武汉全民所有制工业企业的利润和税金分别为 1911 万元和 927 万元，到 1957 年则分别增长为 6800 万元和 2918 万元。武汉市的财政收入也随之从 1952 年的 1. 38 亿元，猛增到 1958 年的 4. 22 亿元。制造业的发展和繁荣还促进了职工收入的迅速提高，全市制造业职工工资总额从 1952 年的 3857. 5 万元增加到 1958 年的 16519. 6 万元。武汉制造业的第二次腾飞，使得武汉在 20 世纪 50 年代初至 80 年代中期在全国城市发展中始终保持着领先的地位。在全国 19 个省级以上城市中，武汉的城市综合实力和国内生产总值在长达 20 多年的时间里都保持在前五名。

改革开放初期，我国经济体制开始转轨变型。由于商品经济大潮的冲击，伴随着沿海地区制造业挟着新的理念、新的机制骁勇打拼，迅速崛起，武汉制造业面临严峻挑战。在激烈的市场竞争中出现了逐渐弱化的态势，武汉的城市综合实力和在全国城市中的地位也随之逐渐下滑。到 1991 年，武汉的国内生产总值在全国 19 个省级以上城市中排名已下降到第十一位。与工业增长最快的城市相比，武汉的工业增长速度竟相差 20 多个百分点。政府的财政收入和居民可支配收入都有相当大的差距。

武汉作为一个老工业基地，如今迫切需要走新型工业化道路，以信息化带动工业化，以工业化促进信息化。要大力引进和发展高新技术，实现高新技术产业化和传统产业高新技术化。近几年来，随着现代制造业从全球向中国转移、从东部沿海向中西部转移，武汉制造业的重新崛起引起海内外广泛关注。在“十一五”期间，武汉大力发展钢铁、汽车及机械装备制造、电子信息、石油化工等 4 大支柱产业。培育壮大环保产业、烟草及食品业、家电产业、纺织服装业、医药产业、造纸及包装印刷业等六大优势产业。高新技术比重大幅提高，真正意义上的推动

“武汉制造”向“武汉创造”迈进，这也是武汉制造业未来发展的一个趋势和方向。

（2）武汉发展制造业的比较优势

1）工业优势。武汉是我国重要的工业基地，产业基础雄厚，产业配套能力强。目前武汉已形成了以大中型企业为主体，钢铁、汽车、机械、高新技术产业为支柱，以服装、食品、医药、化工等为优势，电力、交通、通信为依托的门类比较齐全、配套能力较强的工业体系。无论是高新技术制造业，还是传统制造业，武汉都有非常好的基础。武汉工业门类齐全，涉及钢铁、汽车、机械制造、石油化工、光通信产业、中西医药、生物工程、纺织、服装、食品等 33 个行业大类。武汉是老工业基地，培养了大批高级的、熟练的技术工人，为武汉制造业的进一步发展奠定了良好的基础。

2）人才优势。武汉是华中地区的科技文化教育中心，科技教育综合实力仅次于北京和上海，居全国大中城市第三位。智力资源和人力资源十分丰富。武汉东湖地区是仅次于北京中关村的中国第二大智力密集区，在通讯、生物工程、激光、微电子技术和新型材料等五大领域中，科技开发实力处于全国领先地位。

3）区位和市场优势。武汉地处长江中游，素有“九省通衢”之称。近年来，武汉坚持“开放先导”战略，大力推进环境创新，投资环境日益改善。另一方面，从转变政府职能入手，对外来企业实行“一条龙”联合办公制度、市长对话会制度、受理投诉制度、投资环境责任制度等等。目前已初步建成以五大产业基地为支撑的全国性现代制造业基地，通过发展制造业基地，武汉工业发展水平整体跨入了全国先进城市行列。

6.2.3　国内大城市制造业发展对北京制造业发展的启示

与国内一些大中城市比较，北京制造业在发展速度、技术装备水平、技术开发投入、经济效益等方面还有提高的空间。此外，北京制造业存在的重化工业比例仍然偏高、生产能力不足、企业资金自筹能力低、大中型企业的人才正在逐步流失等问题都制约着北京在国内城市中制造业地位的提升。因此，发展北京制造业还需要重点关注以下问题：

(1) 区域分工与合作

上海所处的长三角地区在其发展制造业的过程中各地既有分工，又有协作，企业群密集，在上海周边形成了完整的产业链，成为上海发展制造业的巨大依托。武汉地处长江中游，素有“九省通衢”之称。近年来，武汉坚持“开放先导”的理念，大力推进环境创新，使投资环境逐步改善。随着京津冀、长三角、珠三角这三个地方不约而同地提出都市圈的概念后，区域间的分工和合作就变得更加重要。北京是政治中心、文化中心，也是科技中心，北京积聚作用非常强大，很多要素都在这里集中，是计划配置资源的中心，因此可以说京津冀都市圈中北京的吸引力最大。同其他两个都市圈相比，北京也具有较大的人力资源、技术资源、资本资源的优势，但是发展速度略显不足，根本原因是区域协调与合作还有待加强。原来讲“大树下面好乘凉”，可是协调与合作搞不好就成了“大树下面不长草”了。因此北京在把产业做大做强的同时，也要充分调动周边地区的积极性和创新能力，在进一步提高北京对周边地区的辐射作用的同时，挖掘周边地区的产业发展特色和优势，这是合作的基础。

(2) 产业结构调整

目前北京电子信息产业虽然在全国领先，但工业企业耗能多，给北京工业可持续发展带来很大障碍。这就要求北京必须优先并着力发展技术密集程度高、产品附加值高和能耗少、水耗少、排污少的产业，为形成高新技术产业为先导、现代制造业为支撑、现代服务业全面发展的产业格局打下良好基础。由于历史的原因和发展经历不同，上海工业体系的最高端是飞机和医药工业，而北京则是电子信息产业。毫无疑问，北京、上海所面临的共同任务是在不断完善现有工业体系的基础上，去构建新的工业体系。

（3）打造公平有效的投资环境

北京与周边地区的协调发展不缺资本，供制造业发展的生产要素也已有积累，要素优势要强于其他城市，但是公平高效的投资环境和政策引导显得薄弱。北京制造业与周边地区的制造业协调发展，可以肯定的是在市场经济条件下，在一体化建设的过程中，政府让出空间，让企业、让市场唱主角。政府创造公平有效的投资与合作环境，完善法律法规体系，提高政府决策和政策制定以及服务的效率是合作发展的关键。

（4）加强地区间的交通枢纽和物流体系建设

加强地区间的交通枢纽和物流体系，为产业发展和结构升级提供良好的基础保障。北京不仅要搞现代制造业，同时也要加强与周边地区的协作，而协作的基础是便捷的交通和物流服务体系的建立。在自己做大做强的同时也要把其他城市带动起来，才能提高区域的整体竞争力。

6.3　国内外代表性城市制造工业体系对比

伦敦、纽约、东京等世界各大城市除了在进入工业化各阶段的时间和所处区域经济情况不同之外，其他方面也有很大的相似性。

1）在整个工业化时期，第二产业处于决定性的地位，并且其内部也表现出稳定的变化趋势。首先是重工业化趋势，即工业结构由以轻工业为主逐步向以重工业为主转变。重工业化过程贯穿于工业化的始终。发达国家即使在进入后工业化时代，其制造业内部还是继续表现出重工业化的趋势。其次是深加工化趋势，即深加工工业比重的不断提高，由以原材料工业为主逐步转向以深加工工业和组装工业为主。反映了工业增长对能源、原材料依赖程度逐步下降的趋势，而且越来越多地依赖于资本和技术投入。第三是技术集约化趋势，一方面所有制造业部门都不断地采用先进的技术、工艺，从而在整体上提高科技含量和技术集约度，另一方面新的以技术密集为特征的新兴产业，特别是高新技术产业，在制造业中所占的比重不断上升。

2）在制造业结构变动的过程中，最重要的特点是重化工业和传统制造业的衰落和以服装、印刷出版业为主的都市工业，以及技术密集的现代制造业、高新技术产业比重的上升。特别是都市产业在国际大都市的发展往往表现出了先下降、后上升的特殊演变特征。

3）工业发展在这些城市提升综合竞争力和促进经济增长、扩大就业的过程中发挥了重要的作用。

与伦敦、纽约、东京相比，北京和上海的“全套型工业产业结构”呈三角形，中层是虚的。也就是在制造业方面存在缺陷，但高技术中的“特殊技术”十分突出，基础技术因为建立了广泛的机械工业，三角形底部较宽。但最近十几年中国工业中基础技术部门的老化现象比较严重，而基础和中间产业是支撑高科技产业发展的基石。不顾及工业基础和社会适应能力而过分强调高科技在新阶段推动经济增长的作用是不现实的，这是北京和上海今后应该共同注意的一个问题。

6.4　北京制造业发展面临的问题与对策

通过对国内外代表性城市制造业发展状况的分析以及与北京制造业发展的对比，我们认为北京制造业发展面临的主要问题有以下几个：

（1）资源紧缺依然是北京制造业发展的主要约束

北京是全国第二大高能耗城市，它的能源基本依靠外埠供给，而今能源供应日趋紧张，水资源短缺并持续减少，是严重缺水城市，土地资源供求矛盾也持续加大。由于北京要承担其他城市没有的首都功能，环保的要求高于其他地区，这对北京发展制造工业存在约束性。

五大高耗能行业占工业能源消费量的比重偏大。“十五”期间，五个高耗能行业占据北京制造工业能源消费的主导地位，工业能源消费中的 80% 以上集中在黑色金属冶炼及压延业，化学原料及化学制品制造业，非金属矿物制品业，电力和热力生产及供应业，石油加工、炼焦及核燃料加工业等五个高耗能行业。2005 年五大高耗能行业在工业能源消费中的比重为 85.6%，结构调整的任务依然艰巨。2005 年五大高耗能行业能源消费量达 2100.3 万吨标准煤。

由图 6－3 我们可以看出，虽然工业能源消费量占全市能源消费量的比重自 2001 年以后呈现持续的下降趋势，但是工业能源消费总量还是在不停地上升，2004 年北京市的工业能源消费量达到了顶峰，2005 年有所回降，但是还是高于前三年。这说明北京制造工业近几年开始向生态型、节约型的方向发展，但是在新中国成立初期的大工业的影响下，能源消耗过大，因此，要降低北京制造工业的能源消费量还是一个持久的过程，需要长期的努力才能实现。

（2）产业结构优化升级还有待进一步加强

北京制造工业在新中国成立时按当时转变“为生产资料城市”的指导思想，建成了工业行业门类齐全的体系。就北京的区位资源和城市性质而言，北京并不适合发展重化工业。但凭借北京首都的资金、政策优势，经过新中国成立以来的建设，到 1990 年在全国具有工业优势行业占到 10 个，其中 8 个为重化工业，但到 1995 年只有一个优势产业为交通运输设备制造业，到

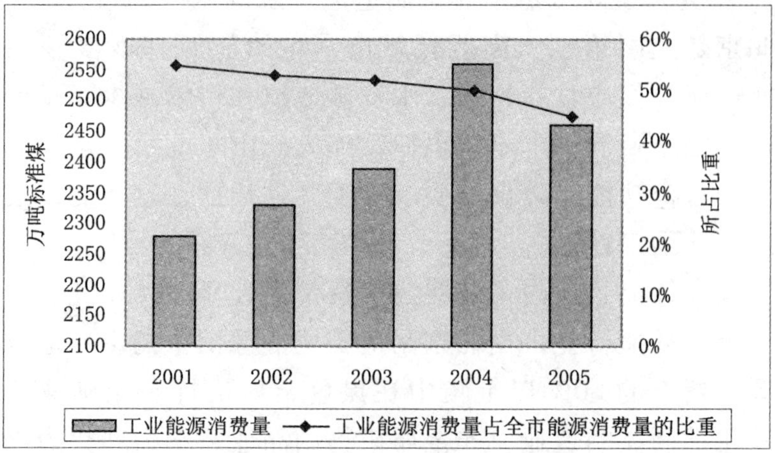

图 6－3　近年工业能源消费量及所占全市能源消费量比重变化图

2001 年也只有一个优势产业，转变为电子及通讯设备制造业。优势产业数量减少成为制造工业产业升级的制约。目前在适度发展北京现代制造业的指导思想下，制造业发展要与服务业、农业以及工业体系其他行业发展相协调，进而在满足环境要求和资源节约的前提下快速发展是重要的任务，这一任务要求北京现代制造业的产业升级还要继续。

北京的现代制造业主要包括电子信息产业、光机电一体化产业、生物工程与新医药产业、汽车产业及新材料产业等。其中，高新技术制造业占较大比重，而高新技术产业中电子信息产业又占有重要地位，光机电一体化、生物医药等产业虽然发展势头良好，但规模仍然有一定限度。在电子信息产品中，移动通讯产品又一枝独秀。由此可见，北京现代制造业产业结构的发展不均衡，其发展水平仍有待进一步提升，且发展潜力较大。

（3）产业布局不合理

长期以来，北京城区产业布局的主要问题是过于拥挤与过于分散同时并存。这种“城市过于拥挤，远郊区县过于分散”的特点，既不利于首都城市建设，也不利于北京工业进一步发展。

北京制造工业布局的中心主要集中于城区或近郊区，区县布点很少。区县工业、乡镇企业不够发达，城乡发展不平衡。北京制造工业中，规模以上项目占主导，而为主导产业配套的中小企业太少，大中小企业协调发展的格局没有真正形成。专业化配套企业不发达。

目前，北京市虽然建立了一大批高新技术产业园区、经济技术开发区和工业区，但这些园区大多只解决了“园区化”问题，离集群化的要求仍有较大差距。相比较而言，近年来珠三角和长三角地区的产业集群化趋势十分明显，而北京市的制造工业园区并没有从根本上发挥工业集群的优势。

（4）北京制造业发展的区域协调程度不高

北京率先基本实现现代化与建设国际大都市，都必须有强大的区域作为依托，需要所处的区域具有密切的联系与合理的空间分工。北京是位于环渤海区域的中心城市，目前这个区域的整体经济实力不强，落后于以上海为龙头的长三角地区以及以广州为龙头的珠三角地区。环渤海区域经济发展相对落后的主要原因之一，就是在这个地区缺少具有强辐射作用与带动作用的经济中心城市，亦即北京的龙头作用与经济中心的作用不明显，对整个区域经济发展的带动作用还不够。从产业的角度讲，也就是区域产业结构不合理、不能最充分有效地利用该地区海陆资源富庶、科技教育发达以及占全国 1/3 的大陆海岸线等优势。因此，加强北京与周围地区的区域协调是发挥环渤海和京津冀地区整体优势，加快北京发展的必由之路。

（5）区域支撑的缺位制约

北京现代制造业发展的区域支撑明显不足。虽然北京正逐步成为区域现代制造业的研发中心、营销中心和总部所在地，但生产制造、协作配套环节的薄弱成为北京现代制造业进一步发展的制约因素。北京在郊区县、京津冀、环渤海地区等各个区域层次上都存在不足：虽然北京正努力在郊区县建设现代制造业的生产配套基地，但水、电等生产要素缺乏，工业基础相对薄弱等不利因素制约了北京郊区县这一功能的发挥；对北京周边的河北等地来说，相对落后的经济基础限制了其对首都现代制造业的支持作用。与北京毗邻的天津，虽然工业基础较好，现代制造业也具有一定实力，具备与北京联动发展的客观条件，但缺乏与北京分工协作的意识和主动性；而传统上，北京与环渤海其他地区的经济联系较弱。

由于缺乏有力的区域支撑和生产配套，没有形成完整的上下游产业链，使得北京许多研发成果只能在外地实现产业化。一些产业关联性较强的项目则选择在上海投资，北京一些企业的效率不能得到最大程度的提升，研发与生产不能有效地互动，如此等等，都抑制了北京现代制造业的发展。

（6）现代服务业支撑不足

现代服务业与现代制造业相辅相成，发达的现代服务业会为现代制造业的发展创造良好的环境，而现代制造业的发展又带动了现代服务业水平的提升。

中国金融监管机构总部都设在北京，是我国金融业的管理调控中心。同时，这里还聚集了四大国有商业银行总行等多家国内大型金融机构总部。在我国，北京的金融地位是举足轻重的。但由于作为首都的特殊性，中央的政策导向使得北京不易营造更为宽松的金融环境，在对外资金融机构开放等方面略显不足。由于现代制造业在很大程度上是资金密集型产业，不够宽松的金融环境制约着对产业投资特别是外商投资的吸引力。此外，作为推动现代制造业发展的重要条件，北京的现代物流业还有待发展。

针对这些问题，提出以下几点应对策略以供参考：

第一，建立以劳务市场为导向的职业培训体系。对工人进行定期岗位培训，提高技能，提高工作效率，同时对下岗、失业人员进行实用的职业培训，以促进再就业、培训一体化，缓解产业结构调整对社会造成的不利影响。另外，工业园区的制造业企业要不断发展，就需要大量吸纳人才，尤其是高科技人才，可以通过建立合理的人才引进制度，对高校毕业生、高级技术人员及出国留学人员回国工作给予支持和鼓励，提高人才流动性。

第二，进行产业布局和产品结构调整。高新技术产业应以传统产业作为依托，充分利用传统产业的存量来解决其发展资金不足的问题，并通过技术创新、制度创新来提高研发能力，适应市场竞争机制。向高新技术产业发展，推进产业升级，提高效益，降低资源消耗，减少污染。在科技园区及工业产业区内，大企业集团可以通过联合化和集中化以及通过股份制改造，跨行业、跨地区地实施兼并、控股等手段，主导其相关的产业群，或进入新领域，培养新的经济增长点。利用其大面积的辐射功能，带动周边中小企业的技术升级和产业的优化，带动中小企业不同层次的技术转换，形成分工协作关系，实现整个经济的进一步结构优化。

第三，加强区域协作，充分考虑区域优势及资源成本，利用市区作为商业交流和服务中心的地理优势，市郊的科技园区和工业产业带具有的优惠产业政策、低廉的土地及人力成本等条件，进行完善的产业布局设计，逐步向远郊、津冀、环渤海地区延伸，向环境和资源宽松的地区转移，形成区域一体化的发展模式。

第四，加大对科技园区及工业产业带的生活基础设施及交通基础设施建设的投资力度，以便吸引科技人才。加大对生活商业区、学校、医院、幼儿园、娱乐设施及其他服务业的投资建设和管理，为高科技人才提供良好的工作、生活和休闲条件。

小　结

通过上述研究可以看到，北京的制造业同国外大城市制造业相比，无论在总产值、自主研发能力、自主品牌建设、企业规模、人才等方面都存在着一些差距。对于正处于工业化中后期发展阶段的北京来说，必然要在完成工业化中后期的任务的同时，向传统产业改造升级和高新技术产业化的方向发展，以缩小同世界发达城市间的差距。在与国内一些大中城市的比较不难发现，北京制造业在发展速度、技术装备水平、技术开发投入、经济效益等方面也存在着一定差距。此外北京制造业的重工业比重仍然偏高、生产能力不足、企业资金自筹能力低、大中型企业的人才优势逐步丧失等这些问题都制约着北京在国内城市中制造业地位的提升。因此需要借鉴国内外大城市制造业发展的经验：

第一，尊重制造业发展的阶段特征。国内外大城市的制造业发展基本都经历了劳动力密集型、资金密集型、技术密集型的阶段，企业的规模不断扩大，制造业的布局在集中与分散中寻找平衡。而北京制造业的发展也已经经历了上述阶段，目前正在向技术密集型阶段过渡。因此要借鉴国内外城市制造业发展的经验，要尽量缩短过渡的时间，又好又快发展。

第二，充分重视服务业的发展对制造业发展的支撑作用，同时重视制造业在城市经济建设中的基础作用。北京制造业发展离不开金融服务、技术服务、信息服务、咨询服务等产业的发展，而北京城市定位的实现要求不能摒弃制造业。因此，协调好制造业与服务业之间发展的质量和数量关系，是城市发展的根本。

第三，充分重视区域分工与合作的重要性。北京制造业的发展不能局限于自身的布局和产业结构调整，要充分论证周边地区的资源环境、地理优势和产业优势。充分发挥北京核心区的带动作用和辐射作用是提高环渤海区域产业优势和产业发展的需要。

第7章

北京制造业重点行业发展研究

2003年，北京市人民政府在《关于振兴北京现代制造业的意见》中明确提出，要抓好“四大产业”、建设“四大基地”、扶持“十大产品”。其中四大产业包括：汽车工业、微电子集成电路产业、光机电一体化产业、生物工程和新医药产业。

《北京市国民经济和社会发展第十一个五年规划纲要》作为北京市2006—2010年全面建设小康社会的行动纲领，涉及经济社会发展的方方面面。总体政策取向是：优先发展现代服务业，大力发展高新技术产业，适度发展现代制造业，显著提升都市型现代农业水平。现代制造业发展重点包括：①汽车产业：加快汽车业重组。轿车、商用车和军民两用越野车；汽车零部件及配件制造、汽车服务贸易。②装备制造产业：系统技术集成，智能仪表、控制系统的研发和产业化。发电及输变电设备，数控机床，工程机械，印刷机械等。③石化新材料产业：燕化1000万吨炼油系统改造、乙烯装置第三期改造等重大项目建设。环境污染小、资源消耗少、附加值高的化工新型材料、精细化工制造。④医药产业：中药与天然药；中药现代化；化学药品原创和研发。建立化学药、中药、生物医药和医疗器械协调发展的产业格局，建成生物工程与新医药产业基地。⑤都市工业：文教体育用品、服装纺织、食品饮料、包装印刷、工艺美术等。北京“十一五”规划纲要对现代制造业提出的构想是“适度发展”，核心思想是把握产业链的高端，重点发展电子信息产品制造、汽车和装备制造几个重要行业。

北京是全国最大的科技研发和技术贸易基地，技术贸易成交额连续13年居全国首位。北京的技术贸易成交额占全国总成交额的1/3左右。2009年，北京输出技术合同成交额1236.23亿元，比上年增长20.35%，占全国的40.68%，2010年预计将实现1400亿元的技术合同成交额。正是因为北京具有技术创新和技术贸易的优势和条件，所以北京的信息产品制造才具核心竞争力。随着3G时代的到来和IPv6技术的应用，北京的信息产品制造将蕴藏着更多的商机。

汽车是北京重点发展的产业。早在2006年，北京市工业促进局和北京市发改委就曾在联合公布的《北京“十一五”时期工业发展规划》中明确提出，“十一五”期间，北京市汽车产业将以年均12%的速度增长，到2010年汽车产业总产值达到1600亿元。2009年，北汽集团首次突破了产销百万辆大关，成为国内第五个年产销量超过百万辆的汽车企业集团，并实现销售收入1166亿元，成功实现了北京市委、市政府提出的“率先打造千亿元销售收入的企业集团”的目标要求，各项增长指标均列行业领先水平，成为首都名副其实的支柱产业。北京现代不仅产销量获得了爆发式的增长，盈利能力、品牌建设、产品布局、营销创新等方面，均实现了成功的飞跃，呈现出“又好又快”的发展态势。在利润等多项经济指标上，都呈现大幅增长。数据显示①，2009年，北京现代工业增加值同比增长109%，利润总额同比增长263.8%。作为北汽集团旗下

① 北京市统计局：“年度数据2008［EB/OL］”，北京统计信息网，http://www.bjstats.gov.cn/

的重要成员，北京现代以悦动与伊兰特“双子座”组合抢占市场，全年产销增长 93.6%，取得了骄人的业绩，为北汽集团的良好业绩贡献颇多。经过近 8 年的发展，北京现代仅在北京地区就拥有配套厂商 62 家，主要生产发动机、变速器、座椅、空调等。据专家研究，在促进就业方面，汽车产业（包括零部件企业在内）和相关产业的就业比例关系是 1∶7。也就是说，汽车产业每增加 1 个就业机会，就会给社会带来 7 个就业机会。作为一项辐射带动作用极强的产业，汽车产业的发展壮大对经济发展、社会稳定发挥着突出作用。

装备制造业是我国工业化、现代化建设的主动力，是经济拉动能力最强的产业之一。目前，我国装备制造业工业增加值在全部制造业增加值中的比重不到 30%，仍低于美国 41.9%、日本 43.6%、德国 46.4% 的比重。在此形势下，2009 年 2 月 4 日国务院常务会议审议通过的《装备制造业调整和振兴规划（2009—2011）》将装备制造业定义为为国民经济各行业提供技术装备的战略性产业，国家将通过及时调整宏观经济政策导向，集中出台一系列具有较强针对性和操作性的政策措施提振装备制造业，确保装备制造业平稳发展，推动装备制造业升级。

北京的装备制造曾经有过辉煌的过去，但随着企业的不断外迁和市场条件的不断变化，其优势才逐渐消失。北京“十一五”规划纲要重新把装备制造业提出来作为北京现代制造业的重点发展领域，说明北京市领导层、产业界意识到了装备制造业对北京的重要意义。在“十一五”期间，北京在数控机床、智能仪表、印刷机械、发电及输变电设备、机器人等领域重点扶持了一批具有市场竞争力的企业，并出台了相应的优惠政策。这些领域的龙头企业将会因此而获得发展与振兴的机会。

截至 2009 年年底，已有近 80 家涉及 18 个子产业的装备制造企业入驻北京开发区。在区内集中了一批世界顶级的装备制造企业，如ABB、博世、力士乐、施耐德、SMC、利乐、霍尼维尔等，提升了开发区装备制造业的整体水平。目前开发区的装备制造业已经形成以高新技术经济增长点为主、传统产业改造提升为辅、多个领域支撑的格局。

7.1 北京制造行业发展的综合评价

制造业是北京经济增长的重要源泉，适度发展北京现代制造业需要准确把握各行业的综合竞争能力，从而在培养和发展重点行业上作出科学的判断与选择。本节从行业的科技投入能力、行业技术创新能力、行业经济创造能力、行业社会贡献能力和行业环保能力五方面，应用主成分分析法对制造业各行业的竞争能力进行综合评价①。

7.1.1 综合竞争力指标体系的构架

(1) 指标体系

按照指标设置的客观性、可行性、综合性、简明性和一致性原则，并根据数据的可获得性，我们选择如表7－1中所列的指标。表7－1中所有指标都是比率指标，因为这样可以消除因行业规模不同而产生的绝对量的不可比性。

---

① 黄鲁成、王彤："北京制造业各行业综合竞争能力评价分析"，《科研管理》，2006年第7期。

表 7－1　　评价指标体系

指标体系及含义			序号	计算公式	单位
行业科技投入能力	行业科技能力	行业 R&D 人员比率	X1	$\frac{\text{行业 R\&D 活动人员数}}{\text{行业科技活动人员}}\times 100\%$	%
		行业科学家和工程师比率	X2	$\frac{\text{行业科学家和工程师人员数}}{\text{行业科技活动人员}}\times 100\%$	%
		行业科技活动人员比率	X3	$\frac{\text{行业科技活动人员}}{\text{行业从业人员年平均人数}}\times 100\%$	%
	行业科技财力	行业 R&D 经费投入比率	X4	$\frac{\text{行业 R\&D 活动经费支出}}{\text{行业科技活动经费支出}}\times 100\%$	%
		行业人均活动经费	X5	$\frac{\text{行业科技活动经费支出}}{\text{行业科技活动人员数}}$	万元/人
行业技术创新能力	行业人均专利申请量		X6	$\frac{\text{行业专利申请数}}{\text{行业科技活动人员数}}$	件/人
	行业人均项目（课题）数		X7	$\frac{\text{行业项目（课题）}}{\text{行业科技活动人员数}}$	项/人
	行业新产品产值比率		X8	$\frac{\text{行业新产品产值}}{\text{行业工业总产值}}\times 100\%$	%

续表

指标体系及含义			序号	计算公式	单位
行业经济创造能力	行业发展速度	行业增加值增长率	X9	$\frac{Ic_i^t - Ic_i^{t-1}}{Ic_i^{t-1}} \times 100\%$	%
	行业经济规模	行业增加值占制造业增加值比重	X10	$\frac{\text{行业的工业增加值}}{\text{制造业增加值总和}} \times 100\%$	%
	行业经济效率	全员劳动生产率	X11	$\frac{\text{行业的工业增加值}}{\text{行业的平均从业人员数}}$	万元/（人/年）
	行业经济效益	行业总资产贡献率	X12	$\frac{\text{行业利润总额}+\text{行业税金总额}+\text{行业利息支出}}{\text{行业平均资产总额}} \times 100\%$	%
行业社会贡献能力	制造行业就业率		X13	$\frac{\text{行业就业人数}}{\text{制造业总人数}} \times 100\%$	%
行业环保能力	行业能源消耗率		X14	$\frac{\text{能源消耗}}{\text{行业的工业产值}} \times 100\%$	%

注：①Ic_i^t 为第 i 个制造行业在 t 年内的工业增加值，i = 1，2，3，……28；$\sum_{i=1}^{28} Ic_i^t$ 为制造业各行业的工业增加值总和。②R&D 活动人员是折合全时人员，行业的工业产值单位为万元，能源消耗单位量单位为万吨标准煤。

（2）指标解释

表 7 - 1 中的指标分别从科技投入水平、技术创新能力、经济创造能力、对社会就业的贡献和能耗等方面来评价各行业的综合竞争能力。

在行业科技投入能力中，我们分别从行业的科技人力和科技财力两方面选取五个指标来说明。其中行业科技人力指标中，行业 R&D 人员比率主要体现了各行业科技活动人员中研发人员比率和研发创新的人力资本状况；行业科学家和工程师比率和行业科技活动人员比率分别反映各行业核心科技人员的比率和各行业中科技活动人员比率。以上三项指标值越大，说明行业的科技人力资本越强。行业科技财力指标中，行业 R&D 经费投入比率体现了行业的科技活动经费中研发活动经费的比率，各行业在研发方面的经费投入状况；行业人均科技活动经费反映每名科技活动人员的科技活动经费金额，消除了因行业规模不同而造成的科技活动经费的不可比性。

行业技术创新能力包括三个方面，对科技投入产出能力的衡量。其中，行业人均专利申请量和行业新产品产值比率都体现了科研成果情况，行业人均项目（课题）数体现了科研参与情况。

在行业经济创造能力方面，我们用行业增加值增长率来反映行业的整体发展速度，它是各个行业的工业增加值的变化率。如果某一行业该指标的数值大于制造业的平均水平（制造业的平均发展速度），则该行业对于制造业的发展起到推动作用，反之则在制造业的整体发展中处于相对较缓慢的行业；行业增加值占制造业增加值的比重显示了制造业各个行业的规模大小，该指标数值越大说明行业在制造业中的规模越大；全员劳动生产率体现了各个行业的属性，决定行业是资金密集型行业、技术密集型行业还是劳动密集型行业；总资产贡献率反映企业全部资产的获利能力，是企业营业绩效和管理水平的集中体现，是评价和考核企业盈利能力的核心指标，其中的税金总额为产品销售税金及附加与应交增值税之和。

行业能源消耗指数指行业单位产值的能源消耗量，其中能源消费总量（万吨标准煤）包括社会各行业和居民生活所消费的各种能源数量，是观察本地区能源消费水平，构成和发展速度的总量指标，能源总消费量包括终端能源消费量，加工转换损失量和损失量三部分。而行业能源消耗指数具有向下性，即越小越好。而主成分分析法要求样本数据具有同向性（越大越好或越小越好），因为其他指标都为越大越好，因此对指标进行转向处理，转为向上性。方法为：

$$yi = \max xi - xi$$

式中：max xi 表示数据列中最大值；xi 表示原始数据；yi 表示转向后数据。

行业吸纳就业能力指数用就业人数占制造业总人数比重来表示，它反映了各个行业吸纳就业人员的能力、劳动人员的利用率和为社会解决就业的能力。

7.1.2 北京制造业行业竞争能力评价模型

（1）数据收集和处理

通过从《北京统计年鉴2007》、《北京统计年鉴2006》和《北京市R&D清查数据汇编2006》等文献中收集到的北京制造业28个行业的数据并进行相关的整合处理，得到2006年北京制造业各项指标的数值，由于各项指标单位不统一，所以要对各项指标的数值进行标准化处理，从而消除各项指标中的差异，达到数据归一的效果。

（2）分析过程说明

应用SPSS软件对标准化后的数据进行主成分分析，得到反映各个制造业行业的综合能力的结果。首先，结果显示出KMO和球形Bartlett检验值大于0.5，检验通过，说明应用因子模型是适合的。其次，在所得结果的基础上，还对各个因子作最大方差正交旋转，使每个因子具有最高载荷的变量数最小，这样可以起到简化解释因子的作用，也使得各因子仍保持互不相关，且因子载荷最大限度地向两极分化。表7-3给出了旋转前后因子提取的结果，对比旋转前与旋转后的因子载荷矩阵，可以看出旋转后的公共因子有着更合理的解释和更鲜明的经济含义。

最后，经加权计算出各个制造业行业的综合能力得分，并依据分数降序排列（见表 7－4）。纺织服装、鞋、帽制造业，木材加工及竹、藤、棕、草制品业，化学纤维制造业，这三个行业在 2006 年工业总产值占制造业工业总产值的排名分别为第十七、第二十六和第二十八位，且它们均为轻纺制造业，科技含量不高，相对发展较稳定，对制造业的发展影响不大，又由于这三个行业的有些数据没有收集到，因此最后没有对它们进行排序。

表 7－2　　全部解释变量

主成分	初始特征值			因子对方差的解释			旋转后因子对方差的解释		
	特征值	贡献率（%）	累计贡献率（%）	特征值	贡献率（%）	累计贡献率（%）	特征值	贡献率（%）	累计贡献率（%）
1	3.334	23.813	23.813	3.334	23.813	23.813	2.889	20.638	20.638
2	2.912	20.799	44.612	2.912	20.799	44.612	2.757	19.694	40.332
3	1.856	13.259	57.870	1.856	13.259	57.870	2.119	15.133	55.465
4	1.678	11.987	69.857	1.678	11.987	69.857	1.748	12.488	67.953
5	1.283	9.163	79.021	1.283	9.163	79.021	1.549	11.068	79.021

表 7－3　　因子载荷矩阵

		旋转前					旋转后				
		1	2	3	4	5	1	2	3	4	5
X1	行业 R&D 人员比率	0.314	0.709	0.360	0.145	0.146	0.831	0.071	0.111	0.232	－0.110
X2	行业科学家和工程师比率	0.469	－0.243	0.110	－0.561	－0.329	－0.161	0.134	0.599	0.019	0.557

续表

		旋转前					旋转后				
		1	2	3	4	5	1	2	3	4	5
X3	行业科技活动人员比率	0.835	-0.188	0.220	-0.020	0.405	0.186	0.633	0.670	-0.139	-0.205
X4	行业 R&D 经费投入比率	0.431	0.517	-0.528	0.284	0.057	0.589	0.382	-0.324	-0.441	0.155
X5	行业人均科技活动经费	0.428	-.152	.433	-.679	.120	.011	-.055	.916	.048	.153
X6	行业人均专利申请量	-0.404	-0.001	0.646	0.391	0.109	-0.009	-0.158	-0.113	0.649	-0.534
X7	行业人均项目(课题)数	0.336	0.279	-0.218	-0.253	-0.505	0.237	0.094	0.018	-0.059	0.699
X8	行业新产品产值比率	0.783	-0.304	0.180	0.125	0.384	0.066	0.713	0.551	-0.116	-0.266
X9	行业增加值增长率	-0.063	0.005	0.681	0.394	-0.321	0.039	0.134	-0.060	0.831	-0.111
X10	行业增加值占制造业增加值的比重	0.728	-0.277	-0.065	0.404	-0.179	-0.025	0.885	0.062	0.032	0.133
X11	全员劳动生产率	0.296	0.889	0.028	0.005	0.067	0.929	-0.038	-0.023	-0.040	0.126
X12	总资产贡献率	0.187	0.919	0.105	-0.111	-0.019	0.906	-0.195	0.005	0.048	0.201
X13	行业吸纳就业能力指数	0.629	-0.339	-0.147	0.482	-0.398	-0.153	0.895	-0.124	0.103	0.269
X14	行业能源消耗指数	-0.092	-0.169	-0.449	0.073	0.509	-0.145	0.020	-0.120	-0.578	-0.365

（3）主成分分析的模型建立

我们取特征值大于 1 的主成分，即前五个主成分因子（如表 7-2），它们的累积方差贡献率达到了近 80%，故这五个主成分因子已经足以解释所有的指标（如表 7-4）。根据旋转后因子载荷矩阵可知主成分因子与相关指标系数之间的相关性。

第一主成分综合反映了行业 R&D 人员比率、行业 R&D 经费投入比率、全员劳动生产率、总资产贡献率这四项指标，它一方面代表行业在研发方面的人力和财力投入情况，另一方面说明行业的经济效益和经济效率。第一主成分中，研发投入及经济效益与经济效率较高的行业有：烟草制造业，仪器仪表及文化、办公用机械制造业，交通运输设备制造业，化学原料及化学制品制造业，医药制造业，金属制品制造业，电气机械及器材制造业。这些行业都具有一定的盈利能力，并且在研发的投入方面较高；而像家具制造业和橡胶制品业等轻纺制造业的研发投入则较低，经济效益和经济效率水平也都不高。

表 7－4　各制造业行业综合竞争能力得分表

行业名称	主成分 1	主成分 2	主成分 3	主成分 4	主成分 5	综合	排名
通信设备、计算机及其他电子设备制造业	-0.09397	5.427143	2.494248	0.494197	0.22775	1.91585	1
仪器仪表及文化、办公用机械制造业	1.005331	1.406527	4.729344	1.070662	0.330019	1.734443	2
烟草制造业	7.589962	-1.41585	-1.02501	0.046688	1.683624	1.676137	3
交通运输设备制造业	0.640979	1.958867	-0.12914	0.191476	3.5128	1.153025	4
专用设备制造业	-0.22285	1.919115	0.718106	0.819773	0.298164	0.728952	5
有色金属冶炼及压延加工业	0.109664	0.233476	2.241669	-0.2818	-0.28063	0.432412	6
医药制造业	0.46262	0.569099	0.110717	-0.13682	0.483985	0.330018	7
电气机械及器材制造业	0.126769	0.732526	0.400924	-0.52167	0.469415	0.275774	8
黑色金属冶炼及压延加工业	-0.07145	1.989761	-0.14549	-1.32481	-0.01062	0.238553	9
通用设备制造业	-0.32918	1.022137	-0.06414	0.584292	-0.13263	0.23025	10

续表

行业名称	主成分1	主成分2	主成分3	主成分4	主成分5	综合	排名
金属制品业	0.297847	-0.16655	-0.29411	0.30387	0.430627	0.088255	11
化学原料及化学制品制造业	0.512693	0.362733	-0.57189	-1.74087	0.055436	-0.15257	12
石油加工、炼焦及核燃料加工业	0.091428	0.622939	1.317851	-2.5925	-1.58519	-0.20006	13
饮料制造业	-1.02809	-1.24863	0.438757	0.125706	0.764102	-0.36879	14
食品制造业	-1.19543	-0.91439	0.004854	-0.06492	1.024606	-0.40595	15
造纸及纸制品业	-1.08134	-2.00534	0.676055	0.875408	0.747898	-0.40964	16
非金属矿物制品业	-0.62996	0.17194	-1.34388	-1.07463	-0.92818	-0.67888	17
农副食品加工业	-0.42341	-1.11423	-0.89474	-1.0611	-0.00813	-0.72849	18
印刷业和记录媒介的复制	-0.65633	-0.76375	-1.79706	0.086554	-0.40514	-0.74905	19
橡胶制品业	-1.47371	-1.59946	-0.17231	0.902163	-0.62823	-0.76194	20
塑料制品业	-0.38554	-1.03358	-1.56455	-0.51656	-0.35373	-0.78915	21
纺织业	-0.67412	-0.36574	-1.21651	-1.00294	-0.98616	-0.79681	22
皮革、毛皮、羽毛（绒）及其制品业	-1.60541	-2.13032	0.246573	-0.25323	0.388349	-0.88862	23
家具制造业	-0.38156	-2.347	-2.11978	4.880054	-4.12394	-0.89699	24
文教体育用品制造业	-0.58494	-1.31147	-2.04049	0.191012	-0.97419	-0.97673	25

第二主成分综合反映了行业新产品产值比率、行业增加值占制造业增加值的比重和行业吸纳就业能力指数这三项指标。这说明第二主成分代表行业的发展动力、发展规模和吸纳就业人员的能力，只有具备一定的发展动力并形成一定规模的行业才可能为社会提供更多的就业岗位，为解决社会就业问题作出贡献。第二主成分中，发展动力、发展规模和吸纳就业能力较强的行业是：通信设备、计算机及其他电子设备制造业，黑色金属冶炼及压延加工业和交通运输设备制造业；能力较弱的行业是：皮革、毛皮、羽毛（绒）及其制品业，橡胶制造业，食品制造业和造纸

及纸制品业。可以说，机械电子制造业要明显好于资源加工工业和轻纺制造业。

第三主成分综合反映了行业科学家和工程师比率、行业科技活动人员比率和行业人均科技活动经费比率这三项指标，它代表行业科技活动人员规模和财力投入情况。第三主成分中，仪器仪表及文化、办公用机械制造业，通信设备、计算机及其他电子设备制造业，有色金属冶炼及压延加工业，石油加工、炼焦及核燃料加工业，专用设备制造业的行业科技活动人员规模较大，财力投入较多。这与第一和第二主成分所反映的情况相似，仍然是机械电子制造业所占的比重较大，对北京制造业的发展影响较大。

第四主成分综合反映了行业人均专利申请量、行业增加值增长率、行业能源消耗指数这三项指标，它代表行业的科技成果，发展速度和能源消耗情况，其中以能源消耗指数为主要指标。第四主成分中，能源消耗较高的行业是：石油加工、炼焦及核燃料加工业，化学原料及化学制品制造业，黑色金属冶炼及压延加工业和非金属矿物制品业；能源消耗较低的行业是：家具制造业，仪器仪表及文化、办公用机械制造业，橡胶制造业和造纸机纸制品业。由此可见，资源加工工业的能源消耗量较大。

第五主成分即行业人均项目（课题）数，反映行业的项目（课题）规模。第五主成分中，项目（课题）规模较大的行业是：交通运输设备制造业，烟草制造业和食品制造业；规模较小的行业是：家具制造业，石油加工、炼焦及核燃料加工业，纺织业。各个行业的特点决定了各行业的项目（课题）规模大小。

7.1.3 北京制造业行业竞争能力评价

依据表7-4和上述分析，北京制造业综合竞争能力排名前五位的行业分别是：通信设备、计算机及其他电子设备制造业，仪器仪表及文化、办公用机械制造业，烟草制造业，交通运输设备制造业，专用设备制造业。以上五个行业有四个行业属于机械电子制造业，一个为轻纺制造业。

在前十位中，机械电子制造业占六席，资源加工工业占三席，轻纺制造业占一席。且这十个行业中除了一个轻纺制造业（烟草制造业）和两个资源加工工业（有色金属冶炼及压延加工业和黑色金属冶炼及压延加工业），其余七个行业都是与北京市政府在2002年制定的发展“北京现代制造业”而确定的四大重点发展产业（汽车工业、微电子集成电路产业、光机电一体化产业、生物工程与新医药产业）相关的行业，由此可见，北京制造业正向着高技术、低污染的方向发展。

值得注意的是，在制造业中科技含量相对较高的机械电子制造业在北京制造业发展中占主要地位，前十名中分别列第一、第二、第四、第五、第八、第十位，并且正在蓬勃发展；除此之外，在前三个主成分所体现的各个方面，机械电子制造业也体现出较强的实力。

在对各个主成分进行单独分析的基础上再将它们进行综合，可以发现：第一、第三、第五主成分都反映的是行业的科技活动情况和研发的投入产出状况，以及由前两者作用而形成的行业，目前的经济效益和经济效率水平。平均而言，机械电子制造业的研发投入产出状况、科技投入和经济效益都较高，成为制造业今后发展的主导行业。轻纺制造业的科技含量不高，但其经济创造能力较好，对北京吸纳就业有着显著作用，因此，要注意运用现代科学技术来提升轻纺制造业的科技水平，并充分发挥其社会经济作用。

通过上述模型的建立和分析，可以比较全面地了解各制造行业的综合竞争能力，为北京在适度发展现代制造业的过程中不断调整重点行业和支柱产业提供科学的依据。制造业在历史发展过程中，由于关注产业的综合竞争能力较少，使得近代制造业的发展和新中国成立后的制造业发展虽然门类不断细化，但是没有综合考虑制造业在提高经济的同时对环境资源产生的压力，导致“重重轻轻”的局面出现，同时制造业产品的高附加值低创新能力弱。通过上述研究，我们可以在未来北京现代制造业发展过程中，不断关注各行业的综合竞争能力，进而调整产业结构。

7.2　北京制造业重点行业发展历史及现状

在对北京制造业各行业的综合竞争能力以及北京市制造业发展政策的研究基础上，本节选定几个重点行业进行深入研究，其中包括：装备制造业，汽车产业，电子信息制造业，生物医药产业。

7.2.1　北京装备制造业行业的历史及现状

目前，世界其他国家包括国际组织并没有提出“装备制造业”这个概念。“装备制造业”这个概念可以说是我国所独有的。它的正式出现见诸于1998年中央经济工作会议明确提出的“要大力发展装备制造业”①。装备制造业又称装备工业，主要是指资本品制造业，是为满足国民经济各部门发展和国家安全需要而制造各种技术装备的产业总称。按照国民经济行业分类，其产品范围包括机械、电子和兵器工业中的投资类制成品，分属于金属制品业、通用装备制造业、专用设备制造业、交通运输设备制造业、电器装备及器材制造业、电子及通信设备制造业、仪器仪表及文化办公用装备制造业7个大类185个小类。重大技术装备是指装备制造业中技术难度大、成套性强，对国民经济具有重大意义、对国计民生具有重大影响，需要组织跨部门、跨行业、跨

① 《经济日报》，1998年12月10日。

地区才能完成的重大成套技术装备。依据产品的知识含量和技术难度，装备制造业可以分为五种类型，据此区别考虑装备制造业的发展方针和对策。

通用类装备（一般性装备）。基本上是传统的机械制造类产品，如机泵阀、工程机械、农业机械、建筑机械、运输机械等，绝大部分应该属于通用类装备。

基础类装备（装备制造业的核心）。主要包括机床、工具、模具、量具、仪器仪表、基础零部件、元器件等，广义上还包括相应的基础技术（包括设计和生产制造技术）和基础材料。

成套类装备。主要指生产线等。

安全保障类装备。主要指新型军事装备、尖端科研设备、保障经济安全的关键性设备等。

高技术关键装备（前沿性核心装备）。最典型的高技术关键装备如用于超大规模集成电路生产中的单晶拉伸、硅片切抛、镀膜光刻、封装测试等核心技术设备。

装备制造业主要包含三个方面：

一是重大先进的基础机械，即制造装备的装备——工业“母机”，包括数控机床（NC）、柔性制造单元（FMC）、柔性制造系统（FMS）、计算机集成制造系统（CIMS）、工业机器人、大规模集成电路及电子制造设备等；

二是重要的机械、电子基础件，主要是先进的液压、气动、轴承、密封、模具、刀具、低压电器，微电子和电力电子器件，仪器仪表及自动化控制系统等；

三是国民经济各部门的科学技术、军工生产所需的重大成套技术装备，如矿产资源的开采设备，大型火电、水电、核电的成套设备，石油化工、煤化工、盐化工的成套设备，黑色和有色金属冶炼轧制成套设备，航空、铁路、公路及航运等所需的先进交通运输设备，污水、垃圾及大型烟道气净化处理等大型环保设备，大江大河治理、隧道挖掘、输水输气等大型工程所需的成套设备，工程机械成套设备等。

（1）北京装备制造业的历史

装备是人类生产活动的工具，是人大脑和四肢功能的延伸。我国早在战国时期出现了大量的铁器，这就意味着装备制造的活动在古代就已经开始。两汉期间冶铁业具有了一定规模，而且技术先进，可以采用高超的柔化处理技术生产出比铸铁更有韧性的可锻性铸铁。在铸造工艺方面，燕国冶铁技术达到了相当的水平。总之在奴隶社会的后期，冶铁手工业和青铜手工业有长足的发展。进入封建社会，在传统的冶炼技术基础上，出现冶炼钢的方法，北京丰台大葆台西汉燕王墓（公元 80 年）出土的书刀和簪，是运用这种工艺最早的实例。唐代幽州无论是出征作战，还是从事农业生产，都需要大量铁器，因此幽州地区铁制工具生产更为普遍，形制也更接近现代农具。宋辽时代燕京地区的金属冶炼和制造业十分发达，造船技术也具有一定的水平。其中燕京管界的宝坻县就是大型造船基地之一。金代，为了满足皇室的奢华生活，在中都出现了很多具有代表性的交通工具和生活用具，其规模之大，设备之齐全，装饰之豪华都反映了中都发达的制车技术。金中都的金属加工主要分为金银器的加工、铜的加工和铁器的加工。由于居民日常生活、农作、军器制造等都用铁加工，故铁加工行业最为发达。元朝的制军器业也很发达，例如英宗建大寿安山寺，其规模之大，在北京地区的冶铸史上，绝无仅有，充分表现出大都官营匠局的雄厚生产实力。明初官营造船业十分发达，各海运交通要口、对外贸易基地以及海防驻军处所，大都设有规模不等的官造船厂。总之，古代的装备制造活动已经有了一定的发展，表现在其规模不断扩大，产品不断增多，为农业生产和军事防御与城市安全起着重要的作用。

近代的装备制造业活动主要表现为机械制造。第二次鸦片战争以后，随着军队新式化建设活动的展开，清朝各类军队对新式武器的需求日益增加，除了从国外购买之外，逐渐注重自己制造，从而促进了新式军事制造业的兴起。自江南制造总局、福建船政局成立之后，各省开始成立制造局。1883 年，清政府在三家店创办神机营北京机器局，主要制造机关枪、子弹、水雷、全钢后镗来复快炮等武器弹药。其制造的水雷在 1889 年还移往位于南苑的神机营大营，并在附近的永定河中演放。这是北京机械工业之始。

1901 年，法商创办长辛店铁路机车厂，该厂先后购置了当时先进的机床设备，作为见证北京工业最初萌芽的历史实物，机床虽不差，但并未造出什么技术含量高的东西。1906 年清政府又在京绥铁路线上建立南口铁路工厂，长辛店和南口一南一北，成为北京两大铁路机车工厂，主要维修机车，在北京近代机械工业发展中占有重要地位。“七七”事变以前北京当时的机械工厂 62 家，但不包括长辛店、南口等交通部属下的铁路工厂。62 个工厂多为民营或外资，共有工人 2000 余人，旧式工作机 320 部，拥有 3 部及 3 部以上工作机的有 33 家，当时工厂中最常用的工作机为旋床、刨床、钻床、铣床数种，其中“大”工厂的机械多购自美、法；小工厂的机械多系北平产品。由此可见，当时北京已经能自制一些简易机床，供本市小工厂使用。到 1949 年，北京的机械业也只能敲打修配，可谓无机床行业，更无新技术而言。1949 年北京解放前夕的机械工业凋敝不堪。根据北京机器同业工会在 1948 年 8 月的一份调查，全市 570 家铁工厂使用的各式旧机床只有 800 余部，与 1935 年相比没有大的改观，而且基本没有制造大型机床的能力。

新中国成立初期从 50 年代开始陆续在西郊以石景山发电厂、钢铁厂为核心建成石景山钢铁、机电工业区；在西南郊以丰台铁路桥梁工厂为核心建成丰台桥梁机车工业制造区；在东郊广渠门外以机器厂、机床厂为核心的双井机械工业区；在清河北的北沙河建成机械、冶金工业区；在东北郊酒仙桥以北京电子管厂为核心的酒仙桥电子工业区；在南郊建成莲花池冶金机械工业区。这些工业区的规模，从几千人到十几万人，构成北京地区的工业网，在城市功能从消费转向生产的过程中起着推动的作用。60年代末的北京制造工业以新兴工业发展为主。电子工业、仪器仪表、自动化设备、汽车、医疗器械、电器、塑料制品等行业发展迅速。1970 年 9 月，北京二七机车车辆厂自行设计并试制成功 5400 马力液压传动货运内燃机车，次年试制成功 2700 马力液压传动客运内燃机车，成为中国内燃机车制造基地之一。从 20 世纪 70 年代末到 2000 年，是北京制造业改革开放，结构调整时期。引进技术，改造挖潜，大大加快了企业的技术进步，工作科研和新产品开发取得了前所未有的进展，以电子、电气和通信设备制造业为代表的新兴制造工业成长迅速。

北京的制造业经过 60 年的发展，门类已较为齐全，目前装备制造业的范围已经包括了我国国民经济行业分类中的 7 个大类 185 个小类。历史的发展告诉我们，北京的装备制造业自古就有，它一直承担着军事产品、农业产品、交通产品、生产加工工具等机械制造的重要使命。随着新技术的出现和提高，现代制造业中的装备制造业更多的是高附加值的资本品的制造。下面我们就北京装备制造业发展现状做一介绍。

（2）北京装备制造业的现状

由美国次贷危机引发的全球性金融危机导致发达国家经济陷入衰退，全球经济实现复苏可能要经历一个漫长而又艰难复杂的过程。原有的经济增长模式难以为继，全球经济将进入一个结构性调整的过程。发达国家回归实业的态势加强，有的国家更是提出了“再工业化”。短期内，发达国家的“再工业化”主要体现在贸易保护主义重新抬头，长期来看将体现在重新重视制造业，尤其是装备制造业的发展上。世界上的经济强国如美国、日本等都非常重视发展本国的装备工业，并有极其完善的法律体系和政策作为保障。而中国从大国向强国迈进同样离不开装备制造业。装备制造业作为国家的战略产业，是实现工业化的必备条件，是衡量一个国家国际竞争力的重要标志，也是决定一个国家在国际分工中所处地位的关键因素。

北京作为首都，其装备制造业的发展一方面对全国的装备制造业的振兴起着带动和较强的辐射作用，另一方面也成为首都经济发展以及完成城市建设规划的关键因素。装备制造业产业关联度大，对技术带动作用强，2008 年装备制造业增加值首次超过了电子信息业增加值。2009 年即便受金融危机的影响，北京装备制造业仍实现了大幅增长：1—9 月实现增加值 13.2% 的增长，占全市工业增加值的 15.9%，成为支撑北京工业发展的主要产业。

1）产出规模。截至 2008 年年底，北京地区装备制造业企业为 2999 家，实现工业总产值 4981 亿元，工业增加值 863 亿元，分别占北京市工业总产值的 47.84% 和工业增加值的 42.36%。工业新产值、产品销售收入、出口交货值分别占到全市工业相应总值的 66.81%、47.68%、85.83%。可见，装备制造业在北京市工业体系中的重要地位。参见表 7－5。

表 7－5　2008 年北京工业企业主要经济指标　单位：万元

	企业个数（个）	亏损企业	工业总产值（当年价格）	新产品产值	工业增加值（生产法）	工业销售产值（当年价格）	出口交货值
全市总计	7206	1782	104130928	30823049	20375783	103041632	17883448
通用设备制造业	597	129	4092192	941028	991225	3957513	691643
专用设备制造业	606	124	4344303	1636606	1119489	4143413	587062
交通运输设备制造业	428	88	11533032	2229916	2111488	11386351	472137
电气机械及器材制造业	471	103	3871552	1070054	928839	3772530	476792

续表

	企业个数（个）	亏损企业	工业总产值（当年价格）	新产品产值	工业增加值（生产法）	工业销售产值（当年价格）	出口交货值
通信设备、计算机及其他电子设备制造业	513	127	23858849	13739306	2893885	23782890	12858950
仪器仪表及文化、办公用机械制造业	384	76	2113514	977142	587055	2084782	263239
合计	2999	647	49813442	20594052	8631981	49127478	15349824
占全市总值的比重	41.62%	36.31%	47.84%	66.81%	42.36%	47.68%	85.83%

资料来源：北京统计信息网：http：//www. bjstats. gov. cn/

2）存量资源。北京装备制造业从业人员数量基本稳定，占北京市工业从业人员的比重为41.4%。2008年装备制造业的资产规模为4367亿元，占北京市工业总资产规模的比重达到25.99%。北京装备制造业固定资产净值年均余额的绝对值达到869亿元。见表7-6。

表7-6　　2008年北京工业企业主要经济指标　　单位：万元

	全部从业人员年平均人数(人)	资产负债				
		资产总计	流动资产平均余额	原价合计	净值年平均余额	负债合计
全市总计	1233754	168024206	59282216	65745860	39261126	40658485
通用设备制造业	74812	5371520	3379542	1467719	928461	478901
专用设备制造业	83231	7252463	4661360	1484494	963815	810527
交通运输设备制造业	111292	8899634	4958274	4177217	2681720	315840

续表

	全部从业人员年平均人数(人)	资产负债				
		资产总计	流动资产平均余额	原价合计	净值年平均余额	负债合计
电气机械及器材制造业	57070	4226593	2815130	1052602	599792	205385
通信设备、计算机及其他电子设备制造业	148501	15147906	10275550	5788995	3223376	1450371
仪器仪表及文化、办公用机械制造业	35918	2776290	1926056	487880	301001	311435
合计	510824	43674406	28015912	14458907	8698165	3572459
比值	41.40%	25.99%	47.26%	21.99%	22.15%	8.79%

3）技术发展现状。北京市装备制造行业应用数控加工、精密成型、智能制造、自动化控制、激光加工、快速成型和表面处理等关键技术，提高了先进制造技术在机床、微机电产品、电力、仪器仪表等传统产业中的应用水平，在全国具有明显的优势：在数控机床研发方面，北京是国家确定的全国数控机床研究、开发和生产的三大基地之一，机器人研发能力、生产能力和拥有量都排在全国前列；北京仪器仪表装备行业的主要产品如大地测量仪在国内市场占有率达到49%，压力变送器在国内市场占有率达到41%；北京先进印刷装备产业也走在全国的前列，这一领域的行业排头兵是北人集团，其生产的印刷设备驰名全国，拥有国内唯一的国家级印刷机械技术开发中心，其主导产品——胶印机在国内市场占有率达60%以上。

但是，目前北京地区的装备制造业发展的不足表现为：产品规模不够大；没有发展成套系列产品和以主要产品的优势产品系列；没有形成按照向上下左右延伸这几种方式的系列化、一体化的产品体系；没有高技术含量、高自主知识产权、高技术壁垒的产品；没有以装备制造业为主的大型成套设备产品。

同国外装备制造业相比，北京装备制造业还相对落后。目前，北京装备制造业高档产品几乎全出自跨国企业。比如：高级数控机床中五轴以上联动的技术已由发达国家所垄断或封锁，国内四至五轴联动的高档数控机床几乎全由发达国家所生产。在目前的中档产品范围内，国外装备制造业产品仍然占据相当优势，比如，仪器仪表方面，北京大多数厂家产品与国际先进水平差距较大，除少数产品接近 20 世纪 90 年代后期水平外，大部分产品与国际先进水平都有近 10 年的差距，同时国内企业缺乏拥有自主知识产权的核心技术。在先进印刷设备方面，国际上已发展到第三代直接成像数字印刷机，而我国尚处于应用计算机和电子技术改造传统印刷机，以提高控制水平和产品可靠性为主要任务的第一代产品阶段。此外，激光技术由于发展时间比较短，基本上是与国际同步发展，差距最小，是最有可能赶上国际先进水平的技术。

总体来说，未来一段时间，北京装备制造业在国内仍然保持优势地位，但同国外装备制造企业的经营管理和技术相比仍有一定差距。要迅速推进装备制造业的发展壮大，将其培育成为北京的一个支柱产业，优化北京的产业结构，还需要加大投资与研发力度，进一步发展高中档产品，使北京装备制造业跃上新的台阶。

“转变发展方式”成为当前经济发展的“核心”，但如果只是赶“转变”的时髦，单纯依靠业态调整或技术创新，则会陷入为转变而转变的境地。转变经济发展方式需要建设一套围绕技术创新的服务体系，而这正是京城机电控股公司（以下简称京城机电）依靠科技创新服务体系建设，使营业收入从“十五”初期 40 亿元增长到 2009 年 150 亿元的重要原因[①]。

---

① 张晓东、李锐：“技术创新成首都装备制造业第一动力”，《北京商报》，2010 年 4 月 12 日。

2009 年，京城机电实现主营业务收入 149.9 亿元，同比增长 10.7%，利润总额 6.8 亿元，在“十一五”期间利润总额年均增长 26%。公司总裁李济生表示，“除了大力度的改革调整、强化管理外，通过技术创新提升核心竞争力是我们这一轮快速发展的重要因素”。

近年来，京城机电在研发资金投入、资金投入模式、研发管理体系优化、利用国内外优质资源方面构建起立体的“技术创新体系”，以辅佐企业实现技术突破。

在京城机电 2 万余员工中，研发人员达 2000 多人。2009 年公司研发投入达 4.65 亿元，从“十一五”初期到 2009 年年底，公司已累计投入研发资金 15 亿元，年均增长率超过 15%。截至 2009 年年底，公司累计取得有效专利 199 项，2009 年新产品收入占到主营业务收入的 48%。

为引导下属子企业关注支撑公司未来发展的研发项目，京城机电建立了战略产品与技术研发资金，专门支持市场前景好、技术附加值高但缺乏资金的项目。两年来，共支持企业资金 4750 万元，预计这些研发项目陆续达产后，每年将新增 20 亿元以上的销售收入。

2008 年，京城机电控股公司引入了集成产品开发（IPD）理念和方法，这是目前大多数世界 500 强企业都在应用的一整套先进的研发管理模式、理念和方法。借助 IPD 理念和方法，可对企业的研发流程进行调研诊断，重新梳理和优化企业研发主流程，引导企业真正做到基于市场进行创新，提升研发效率和成功率。

随着研发管理理念和模式的革新，公司越来越重视以市场为导向进行新产品开发，重视立项前的系统调研和科学谋划，避免“拍脑袋”立项、避免项目“天生缺陷”。通过管理模式的改进，公司项目成功率大幅提高。

作为北京高端装备制造业的标志性企业，京城机电通过科技创新服务体系的建设，使利润大幅提升，有力支撑起自身结构调整，也成为首都高端装备制造业企业转变经济发展方式值得借鉴的新模式。

7.2.2　北京电子信息制造业的历史及现状

电子信息制造业，指为了实现制作、加工、处理、传播或接收信息等功能或目的，利用电子技术和信息技术所从事的与电子信息产品相关的设备生产、硬件制造、系统集成、软件开发以及应用服务等作业过程。电子信息产业分制造业和软件业。制造业包括：雷达、通信设备、广播电视设备、电子计算机、家电制造、电子测量仪器、电子工业专用设备、电子元件、电子器件、电子信息机电产品、电子信息专用材料等工业行业。软件业包括：软件产品、系统集成、软件技术服务、嵌入式系统软件、IC 设计等。

(1) 北京电子信息制造业的历史

1978 年中共十一届三中全会举行，吹响了改革开放的号角。从此，北京电子信息制造业得到迅速发展和提高。1980 年 10 月，中关村第一家民办科技机构成立，随后“两通”、“两海”科技企业群出现在中关村电子一条街。而以此为基础建立的北京市新技术产业开发试验区，随后迅速发展为现在的中关村科技园区。1988 年 5 月，国务院批准成立我国首家科技园区——北京市新技术产业开发试验区。1999 年中关村科技园正式成立，从此海淀园区和其他 9 个园区步入规范化发展阶段。在中关村科技园区中总收入前三名的园区分别是：海淀园（占 40.3%）、亦庄园（占 31.4%）、电子城（占 8.4%）。海淀园是 1991 年 10 月批准建立的上地信息产业基地，它是我国第一家以电子信息产业为主导，集科研、开发、经营、培训和服务为一体的综合性高科技产业园区。亦庄园聚集了国内外 2000 余家企业，累计创造了 5762 亿元的产值。电子城从 1978—1995 年，共引进项目 298

项，对外签约合同总金额 22842.65 万美元，1984—1995 年间共兴办合资企业 66 家，其中工业项目 58 家。2000 年，北京集成电路产业整体销售收入 15 亿元，2007 年产业整体销售收入达 200 亿元，年平均增速 44.78%。产业整体规模位居国内前三，技术水平位居国内第一。其中，设计业、封装测试业技术水平和产业规模均在国内处于领先地位，制造业技术水平达到世界先进水平，专用设备制造和材料业国内领先。

改革开放 30 年来，在市委、市政府的领导下，北京电子信息制造业始终坚持高端、高效、高辐射的原则，走自主创新的道路，加快产业结构调整，建设特色产业园，形成了以集成电路、显示等具有核心地位的战略性产业，促进高端通信产品、产品、消费类产品本地研发制造共同发展，从而形成产品附加值逐步提高，全行业又好又快发展的格局。北京电子信息产业 1978 年的工业总产值为 19.77 亿元，企业数量 88 家，从业人员 9.49 万人。2007 年工业总产值为 2763.9 亿元，实现主营业务收入 4176.7 亿元，其中，制造业 2918 亿元，软件业 1258.7 亿元，规模以上企业 4864 家，从业人员 38.6 万人。[①]

从北京电子信息制造业的发展历史我们可以总结出，电子信息制造业的产生和发展是历史的必然选择。信息时代的到来，网络的发展，高新技术的不断创新，使得信息作为物质能量外的第三大资源出现，改变了人类的生活方式和习惯，并促进其他行业的信息化建设，为社会经济发展和社会的信息化建设做出了重大贡献。

（2）北京电子信息制造产业的现状

“十一五”期间，北京市将重点发展电子信息、石化新材料、生物医药等产业，并淘汰、压缩、搬迁和退出包括首钢、化二、北焦等一批高污染、高消耗、低技术含量项目。在“十五”

① 王彦：“北京研究振兴电子信息产业”，《中国电子报》，2009 年 5 月 14 日。

期间，北京市已完成搬迁企业 141 家。从 2006 年开始，工业增加值将逐步减速，平均速度调整为 8%，比全市“十一五”规划经济增长 9% 的水平还低 1 个百分点。2006 年以来在整个电子信息制造业增长以及全市工业经济发展放缓的影响下，电子信息制造业增幅也逐步减弱。2008 年受全球金融危机、原材料价格上涨、人民币升值、劳动力成本增加、节能环保减排降耗等多种因素影响，全市电子信息制造业出现了出口下降、产量下滑、效益下降的局面。特别是 2008 年下半年伴随金融危机不断扩散、蔓延、深化，国内经济放缓以及奥运结束等多种因素影响，在经历 2008 年第四季度增速短暂回升后，我市通信设备、计算机及其他电子设备制造业出现急速下滑态势。2009 年 1—2 月电子信息制造业部分数据出现回暖迹象。2010 年 1—2 月，占高技术产品出口比重七成以上的计算机与通信技术出口增长虽然同比下降 16%，但环比上涨 18.7%，继续 1 月以来的环比上涨局面，且 2 月当月出口同比增长 5.5%，一改上年 11 月以来的负增长局面。其中手持或车载无线电话机出口 2 月份同比增长 11.7%。此外，手机、微型电子计算机、显示器三大产品产量的月度增长也出现明显好转。2 月份，这三大产品产量一改去年下半年来的负增长局面，同比分别出现 13.1%、83.9%、28.1% 的增长。

通过图 7－1 我们发现，北京电子信息产业近几年的销售额增长幅度稳步增加，2008 年特殊的经济环境对电子信息产业的影响较大。

通信设备制造业和计算机制造业是北京电子产业的支柱产业，2007 年两个产业产值占全行业总产值的 85.5%，其次是电子元器件，占 11.3%。具体见图 7－2。

北京生产的主要电子产品有移动通信手机、程控交换机、移动通信基站、微型电脑、显示器和集成电路等。其中移动通信手机、程控交换机和移动通信基站占全国的比例分别为 63.5%、50.77% 和 18.9%。

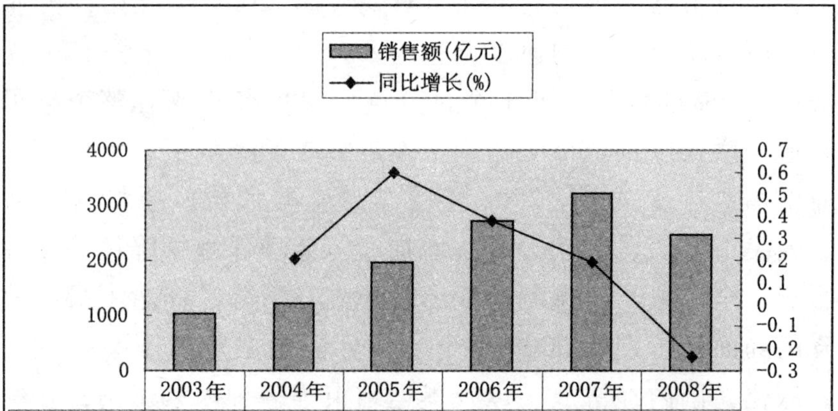

	2003年	2004年	2005年	2006年	2007年	2008年
销售额(亿元)	1020	1233	1968	2710	3223	2466
同比增长(%)		0.208824	0.596107	0.377033	0.189299	-0.234874

图 7－1　2003—2008 年北京电子信息产业销售情况

资料来源：An Annual Statistics Report of China Electronics and Information Industry, *Ministry of Industry and Information Technology of China* (*MIIT*), 2003—2007; China Electronics and Information Industry Trend Monthly, *Ministry of Industry and Information Technology of China* (*MIIT*), 2008 (6)。

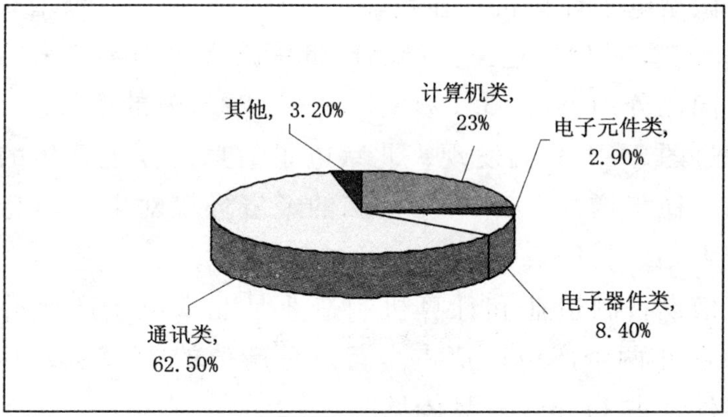

图 7－2　2007 年北京电子信息产业产值结构

资料来源：北京市统计局："2007 年北京国民经济和社会发展统计公报"，2008.6，http：//www.bjstats.gov.cn/

表 7 -7　2007 年北京主要电子产品产量

主要电子产品	全国产量	北京产量	北京产量占全国份额（%）
移动电话（万部）	54858	34834	63.50
程控交换机（含移动）	5387	2735	50.77
移动通信基站（万信道）	1604	303	18.90
微机（万台）	12073	832	6.89
显示器（万台）	9483	514	5.42
集成电路（亿只）	411.6	15.7	3.81

资料来源：信息产业部经济体制改革与经济运行司：《中国电子信息产业统计年鉴（2008）》，电子工业出版社 2008 年版。

2009 年北京市政府出台的《北京市调整和振兴电子信息产业实施方案》明确提出，要深入贯彻落实科学发展观，按照建设人文北京、科技北京、绿色北京的要求，围绕“调结构、上水平”的目标，加快信息基础设施建设，带动消费升级，推进产业结构调整；以实施重大工程实现关键技术突破，提高自主创新能力；以加快专业园区建设，推动产业链不断完善，促进产业集聚发展；以示范应用带动新兴产业成长，培育新的经济增长点。逐步把北京建设成为亚太地区信息中心城市，成为全球最具创新活力、市场竞争力和产业辐射力的电子信息产业基地。在电子信息产业发展中要重点巩固移动通信产业的优势地位，普及交互式高清数字电视，发展软件和信息增值服务，推动高世代平板显示产业发展，完善集成电路产业链，扩大计算机和下一代互联网应用，实现到 2011 年产业规模稳步增长、产业结构更加优化、产业布局更趋合理、创新能力持续提升、带动作用明显增强的目标。方案中强调，发展电子信息产业，要积极培养和吸引高端人才，把吸引人才放在与吸引外资同等重要的位置，加大海外人才引进力度，聚集一批由高端人才领军的创新、创业团队。要通过发展信息产业提升高端装备制造业水平，在加大技术改造力度的同时，通过优化发展环境，加快高端要素聚集，进一步完善产业链。要构建适应信息产业发展趋势的多极支撑产业格局，全面提升信息产业、信息化基础设施与信息化服务水平，为把北京建设成“城乡一体化的数字城市、资讯获取便利的信息城市、移动互联的网络城市、信息新技术新业务的先行城市、信息安全水平一流的可信城市”奠定坚实基础。①

7.2.3 北京汽车制造业的历史及现状

（1）北京汽车制造业的历史

从20世纪30年代起，北京地区就出现了最初的一批汽车修理厂和零部件制造厂，但规模比较小，技术水平低。1949年北京和平解放以后，人民政府接收了国民党政府和外资的汽车修理厂，陆续进行了合并重组，改建为华北军区后勤部北平汽车修配厂、华北农业机械总厂、北京市汽车修配厂、北平振华铁工厂等，它们分别是北京汽车工业主要骨干企业北京汽车制造厂、北京内燃机总厂、北京第二汽车制造厂、北京齿轮总厂等的前身。“一五”期间，为配合长春第一汽车制造厂、洛阳第一拖拉机厂的建设，建立了北京第一汽车附件厂，实现了从汽车修理——单件小批生产——大批量配套生产的过渡，纳入了国家汽车工业的生产体系，并为后来发展整车生产培养了技术后备军。

从1958年到20世纪70年代以前，北京陆续进行了多种汽车整车产品的开发试制，如北京牌高级轿车、东方红轿车、井冈山牌小轿车、BJ210、BJ212轻型越野车、BJ750轿车、BJ130轻型载货车、卫星牌微型汽车、东风牌三轮摩托车，其中BJ212、BJ130和三轮摩托车成为北京汽车工业最早的主导产品，并形成了较好的地区配套体系。到70年代初，北京已经成为初具规模

① 王彦：“北京研究振兴电子信息产业”，《中国电子报》，2009年5月14日。

的汽车生产基地，年产量在 1.5 万辆左右，成为北京工业部门中的一个新兴行业。

1973 年北京市汽车工业公司成立，1974 年北京市计委先后公布了三批由北京市汽车工业公司归口管理的 100 多家配件生产企业名单。1978 年 4 月北京市工业交通办公室批准成立了北京市汽车配件总厂和北京市内燃机配件总厂，北京市汽车工业公司将北京市工业改组时划归该公司的 33 个区县属汽车配件厂分别划归汽配总厂、内配总厂、北汽、北内、北二汽等厂。由于采取了这些措施，促进了北京汽车零部件工业的发展，形成了较强的配套基地，增强了北京汽车的配套能力，地区自配率一度达到 85% 以上。

20 世纪 70 年代中期至 90 年代初期，北京汽车工业一直处于国内前三名，其中一个重要原因就是北京汽车产品选型和定位好，适应国情，满足了市场需要。原来，国家在建设中国汽车工业时，首先是从战备和国民经济战略运输的需要出发，所以一汽和二汽都选择了中型卡车作为主要产品；轻型车、乘用车、重型车几乎都是空白，但是国内市场又非常急需，所以，北京主要选择了轻型车、乘用车作为自己的主导产品，形成了自己的特殊优势。

20 世纪 90 年代，北京汽车工业通过资产重组，实行跨地区经济联合，建立了北汽福田车辆股份有限公司，在全国独树一帜。在 21 世纪初，北京汽车工业进入全新的发展阶段，扩大同戴—克公司的合资经营；同韩国现代汽车公司合资生产轿车，实现了当年签约、当年投产、当年盈利，取得了较好的经济效益。

北京汽车工业的发展历史给我们留下了宝贵的经验：

第一，满足市场需要是北京汽车工业发展的根本原因。汽车产品技术复杂，涉及行业多，开发研制周期长，投资大，对配套体系要求高，因此汽车产品开发是一项长远发展战略，要不断研究和预测市场需要，以决定新产品开发方向。北京汽车工业持续快速发展，根本的原因就是自行开发的产品适合市场的需要。

第二，坚持自主开发具有竞争力的汽车品牌，才能把握自己的命运。20 世纪 60 年代以后，由于国际形势的重大变化，我们已经不可能引进技术，只能走自行开发的道路，如果不搞自行开发，就根本不会有后来北京汽车工业的发展。

第三，专业化协作是北京汽车工业的特色。一汽、东风等企业是国家集中投资，动员全国支援建成的全能工厂，这种方式建成的工厂技术水平较高，生产规模大，但是投资很大，建设周期长。当时条件下，北京发展汽车工业不可能也没有条件走这条道路。北京汽车工业以主机厂为依托，由小到大，渐渐形成了专业化生产协作体系，逐步发展壮大。

第四，有一支作风过硬、水平较高的技术和管理队伍。北京汽车工业战线的广大干部职工，在长期的实践中形成了团结协作、勇于负责、大胆创新、科学管理的干部队伍；培育了一大批事业心强、专业水平高，富有自力更生精神的科技干部队伍；造就了一大批艰苦奋斗，勇于拼搏、技术高超、无私奉献的技工队伍。他们在党的领导下，团结奋斗，自强不息，是北京汽车工业发展的灵魂和脊梁，从行业主管到各企业历届领导班子，都有着强烈的事业心和责任感，身体力行，带领广大职工艰苦创业，为北京汽车工业的形成和发展作出了巨大贡献。

第五，汽车工业管理体制对北京汽车工业的发展也是一个至关重要的因素。

（2）北京汽车制造业的现状

2002 年以来，北京市政府把汽车产业作为北京发展现代制造业的突破口，并从发展环境、策略人才等多方面给予支持，短短几年里，北京市汽车工业与全国汽车工业发展形势相一致，呈现出适度快速、渐趋理性、平稳上升的趋势。表 7－8 说明了北京市汽车整车制造业 2004 年至 2008 年的发展情况。

2009 年北京实现地区生产总值 11865.9 亿元，按可比价格计算，比上年增长 10.1%，超额完成地区生产总值增长 9% 的目标，北京市人均地区生产总值已突破 1 万美元大关。2009 年 1—11 月，全市规模以上工业企业实现利润总额 561.1 亿元，同比增长 17.1%。汽车行业贡献尤其突出，2009 年，全市生产汽车 127.1 万辆，交通运输设备制造业增加值比上年增长 33.9%，共拉动全市规模以上工业增长 2.4 个百分点。

表 7－8　2004—2008 年北京市汽车整车制造业主要经济指标

年份	资产总计（千元）	产品销售收入（千元）	税金总额（千元）	利润总额（千元）	全部从业人员年平均人数（人）
2004	25301568	47860578	28436	235115	35549
2005	25978201	47094302	52527	431209	30849
2006	27562667	56972108	40223	522909	29182
2007	32575416	62299426	56174	1477722	30701
2008	36424580	66989005	75707	1601383	32794

虽然近来车市出现明显萧条，汽车销量有所下滑，但北京市的汽车工业仍保持较快投资增长。北京市工业促进局公布的数字显示，2008 年 1—10 月北京汽车工业投资已达 113 亿元，生产汽车 67 万辆，实现销售收入 200 亿元，提供 4 万多个就业岗位，北京汽车工业产值已占到全市工业总产值的 1/3。

北京的汽车产业，尤其是轿车，主要是在引进国外先进技术、与国际大型汽车企业组建合资企业的基础上发展起来的。目前，北汽控股已经形成“三大板块”，是以北京现代汽车公司、北京奔驰—戴姆勒·克莱斯勒汽车有限公司为代表的轿车，以北汽福田汽车股份公司为代表的商用车，以北京汽车制造厂有限公司为代表的越野车。2010 年 1 月 12 日，北汽控股公司发布了 2009 年产销业绩，全年共生产汽车 127.1 万辆，同比增长

64.7%，完成全年计划的134%；销售汽车124.3万辆，同比增长61.1%，完成全年计划的130.8%；销售收入1166亿元，同比增长51.9%，完成全年计划的116.5%；实现利润61.3亿元，同比增长234.7%，完成全年计划的324.6%；市场占有率达到9.11%，比上年提高0.85个百分点。超额完成了产销突破百万辆的目标任务，成功实现了在北京市率先打造千亿元企业集团的承诺，各项指标增速均创下历史之最，并在行业内位居领先水平，带动北京汽车制造业的发展。

7.2.4 北京医药制造业的历史与现状

（1）北京医药制造业的历史

新中国成立初期，中国医药管理一直处于多头分散和多变的状态之中。当时就中央归口而言，最少时有2个部门，最多时5个部门，比如在1978年前的23年里，中医药系统就曾7次变更隶属关系。这样的体制无法做到统筹规划，不易协调步调，造成产供销之间的矛盾难以解决。同时，由于权力分散，中药、西药和医疗器械在各部门都摆不上重要位置，得不到应有的重视。1978年，国家计委将当时的医药管理状况写成报告直呈国务院。随后，国务院作出决定：将分散在化工、商业、卫生等部门的医药管理工作集中起来，成立国家医药管理总局，统一管理中药、西药、医疗器械等的生产、流通以及科研、教育、外事、设计等部门。国家医药管理总局的成立标志着中国医药行业正式成为一个独立的行业。

北京是中成药的发祥地之一，历史上有着同仁堂等众多的堂店字号。解放前北京药铺以及手工作坊发展缓慢。解放后实行专业化分工、协作生产、规模经营，中药事业发展迅猛。

1955年成立了中国药材公司北京市分公司，划归北京市工商局管理，确立了北京市中药行业的管理体制，这一体制一直延续到改革开放。1957 年，北京中药产值达 326 万元；1959 年，中药产值达到 1388 万元。20 世纪 60 年代初，北京市中药形成以生产传统药为主，不断发展片、散等新剂型药的全国主要生产基地之一，中药在北京医药产业中占有越来越重要的地位。1969 年，北京市中药产值达到 2872 万元；1979 年，北京中药工业固定资产价值达 1099.8 万元，职工人数 2599 人，产值 5783.3 万元。

改革开放以后，北京中药行业开始步入快速发展时期，在医药产业中所占分量逐步加重。1979 年，北京市医药总公司成立，实行全市医药生产经营的统一管理体制，这一体制一直延续到 20 世纪 90 年代初。在这 10 年左右的时间里，北京中药行业的实力不断壮大。1987 年，中药行业年总产值达到 1.4 亿元，占全市医药行业年总产值的 21.8%；中成药有 18 个剂型、490 多个规格品种，中药饮片达 4000 余种。以北京两大中药生产企业为例，从 1977 年到 1987 年的 10 年间，北京中药厂的总产值从 826.19 万元增长到 3412 万元，增加了 3.13 倍；同仁堂制药厂的总产值从 1188 万元增长到 5500 万元，增加了 3 倍以上。

进入 20 世纪 90 年代以后，北京中药行业面临发展的新机遇，北京市政府高度重视以同仁堂为代表的中药行业，着力提高中药行业对国民经济增长的贡献率，以此发挥北京中药行业独特的作用，进一步提升其在整个医药行业中的地位。1992 年，中国北京同仁堂集团宣告成立，北京中药行业开始形成规模生产和规模经营。到 1997 年，北京中药行业总产值达 86921 万元，占全市医药行业总产值的 28.5%。此后几年，北京中药行业发展迅猛，到 2001 年，中药行业总产值达 165918 万元，占医药行业总产值的 24.76%；中药行业利润总额 32616 万元，占医药行业利润总额的 31.2%；中药行业销售收入 243758 万元，占医药行业销售收入的 35.7%；中药行业资产总计 569650 万元，占医药行业资产总额的 32.73%；中药行业从业人员 14358 人，占医药行业从业人员总额的 40.54%。

近年来，北京的生物医药产业依靠科技创新保持了平稳较快增长，产业规模持续扩大。经过多年发展，北京的生物医药产业在产业结构、创新能力、发展潜力、空间布局等方面形成了显著的“首都特色”。

1）以大中型国有企业为骨干的北京生物医药创新体系已初步形成。几年来，北京市重点推动北京医药集团、北京同仁堂集团、中国生物技术公司三大集团的创新体系建设。目前，三大集团与首都科技资源联合建立了一批国家工程中心和企业技术中心，标志着北京在化学药、中药、生物制药等领域已经初步建成了以企业为主体的创新体系。这些工程技术中心承担并开展了新产品研发、大品种再开发、生产工艺关键技术提升等大量工作，为企业的发展和产业的壮大发挥了积极作用。现在，骨干企业已经成为推动北京生物医药产业发展的最重要力量。2008 年，以北药集团、同仁堂集团、天坛生物等为代表的骨干企业完成销售额 228 亿元，为本产业贡献了 75% 的工业产值。

2）中小创新型企业在支持北京生物医药产业可持续发展的过程中起着重要作用。以泰德制药、源德生物、乐普医疗、双鹭药业等为代表的一批具有专有技术的高成长性企业已成为北京生物医药产业的重要组成部分。凭借专有技术或独家品种，这些企业盈利能力强劲，销售利润率往往高达 50%。科技型企业依靠创新发展，得到了国内外资本市场的广泛认可。乐普医疗、天坛生物、北京科兴、源德生物、中生北控、同仁堂科技、双鹤药业等 16 家北京生物医药科技型企业先后在纽约、新加坡和我国香港、上海、深圳等国内外证券交易所成功上市，目前市值超过 1000 亿元。

3）北京已经成为全球生物医药产业的重要城市。北京强大的科技资源、临床资源和市场吸引了大批海内外企业和研发机构来京发展。2003 年以来，北京生物医药领域已吸引外来投资项目 77 个，总投资额达 138.08 亿元。法国的赛诺菲—安万特、美国的宝洁和健赞、丹麦的诺和诺德以及江苏扬子江、吉林修正、河北以岭、江西江中等国内外知名企业已成为北京生物医药领域的重要力量。

4）一大批企业开始走出去。北京生物医药产业的国际化具有坚实的基础和良好的开端。近年来，一批发展态势较好、品牌认知度较高的骨干企业在国际上均有着良好的表现：北京赛科药业已开始在美国申请注册自己生产的仿制药；北京紫竹药业的原料药及制剂产品已行销 20 余个国家；同仁堂集团开设了多家海外分店，海外注册品种超过 400 个，等等。

2009 年 11 月 20 日，北京市发布生物医药产业等五大产业调整振兴规划实施方案，实施年限为 2009—2011 年。在生物医药领域，提出将紧紧抓住“成果产业化、产业规模化、服务现代化”的主线，巩固发展现代中药、化学制药、医疗器械三个优势领域，积极培育生物制药、生物农药、工业生物三个潜力领域，加快发展研发服务、成果转化、市场流通三个领域的重点任务。基础雄厚的北京生物医药产业已经进入了发展的快车道，迎来历史发展的新机遇。

（2）北京医药制造业的现状

1）销售收入继续保持增长，利润总额增幅处历史地位，但增长幅度略有下降。据表 7－9 相关数据显示，北京市医药制造业整体收入中中成药制造及医疗诊断、监护及治疗设备制造业占有较大比重。截至 2008 年，北京市医药制造业完成销售收入 133.1 亿元，同比增长 14.78%；累计实现利润达 18.53 亿元，同比增长 35.35%，居全国医药工业首位。由图 7－3 也能明显看出 2004—2008 年医药制造业销售收入稳步增长，然而增长幅度不容乐观，2007—2008 年，医药行业销售收入增长幅度降低了 12.39 个百分点，这意味着医药行业市场发展速度有所下降。

表 7－9　2004—2008 年北京市医药制造业销售收入情况

单位：千元

类别＼销售收入＼年份	2004	2005	2006	2007	2008
中成药制造业	3375230	3563364	3490756	3683056	3952279
兽用药品制造业	147291	149110	395067	552886	745087
生物、生化制品的制造业	1232698	1542864	1450545	3161426	3916878
卫生材料及医药用品制造业	178867	116424	214650	436742	258355
医疗诊断、监护及治疗设备制造业	3127791	2881667	3359309	3544984	4048129
实验室及医用消毒设备和器具制造业	40824	15244	37990	44911	92528
医疗、外科及兽医用器械制造业	187448	174969	169696	171104	297629
合计	8290149	8443642	9118013	11595109	13310885
增长幅度	—	1.85%	7.99%	27.17%	14.78%

2）成熟度高、市场前景好、特色性强的重大创新药物技术略显缺乏。北京医药技术市场前几年一直保持两位数增长速度，2001—2006 年北京医药技术市场成交额年均复合增长率达到 21.49%，但是从 2007 年开始，该领域技术市场活跃度大不如前，交易合同数量降幅较大，创新药物技术市场供给能力不足，难以满足制药企业的实际需求。分析其原因，2007 年国家相关行业监管政策的频繁调整与出台，尤其是国家食品药品监督管理局对《药物注册管理办法》、《技术转让规定》的修订对国内制药企业、研发机构的经营产生了重要影响，政府对非创新类药物的不鼓励态度已跃然于各项制度规定之上，使得委托开发、合作

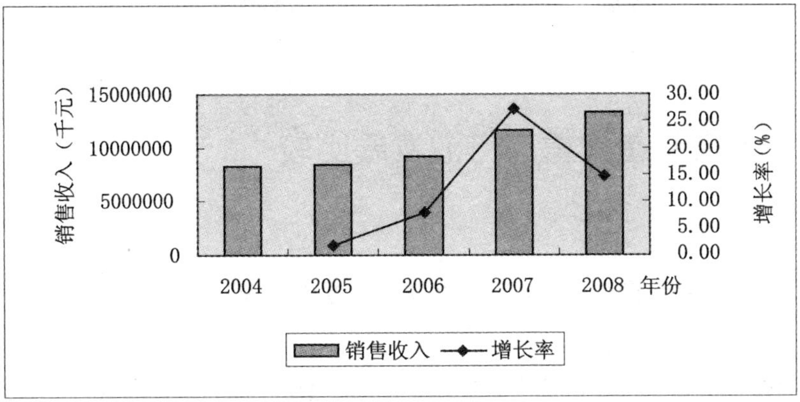

图 7－3　2004—2008 年北京市医药制造业销售收入增长趋势图

开发等新药创制模式在我国制药企业的经营活动中运用的更为谨慎，企业面临的新药创新成本、风险、时间和监管压力更大，以往仿制、简单改剂型等开发行为在 2007 年基本已全面停止，相关法规正式出台的 2008 年直至未来很长一段时间内，此现象将形成一种典型发展趋势，不但是北京生物医药技术市场，其将代表全国医药技术市场的发展方向，真正具有创新意义的新药开发活动将成为技术交易主流，并在今后相当长时期内得到稳定的增长。

3）北京药物技术出口保持良好增长趋势，但总成交金额仍然偏低。随着北京地区药物技术研发外包活动日益活跃，带动了药物技术出口的增长，近年来保持良好的增长趋势。成交合同从 2004 年的 12 份增至 2007 年的 49 份，年复合增长率达 59.83%。2007 年的 49 份合同中，涉外技术合同数比 2006 年增加了 81.48%，成交金额 1.08 亿元，较 2006 年减少了 20.77%。成交合同份数保持了良好的增长趋势，合同成交金额尚未实现质的突破，保持在 1 亿元上下的市场规模，2007—2008 年还表现出略减的趋势。这说明北京地区医药制造业技术出口能力尚弱，尚未显示出高技术附加值应有的高绝对额增长态势。①

7.3 北京制造业重点行业发展比较

7.3.1 北京制造业重点行业发展的历史比较

我们将在论述北京制造业各行业1997—2007年的发展变化的基础上，通过比较1997年和2007年制造业各行业总产值所占比重排位前十名情况（见图7－4和图7－5），了解十年来北京制造业重点行业的发展变迁。

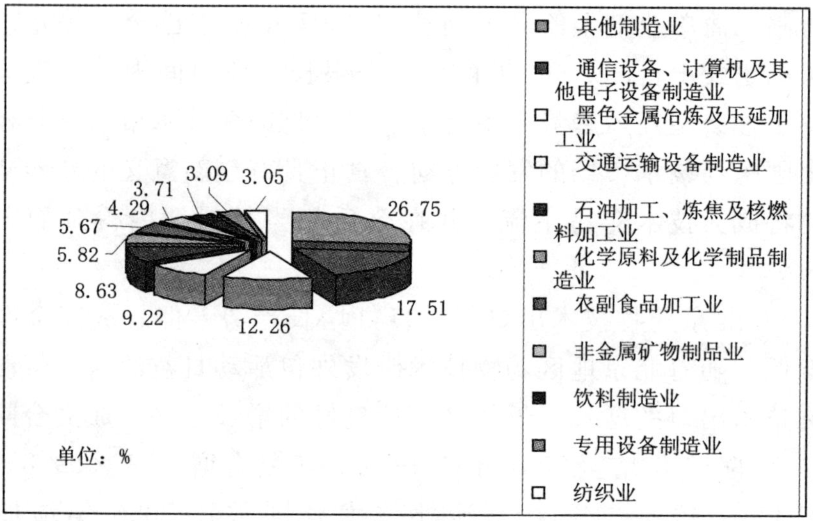

图7－4　1997年北京制造业各行业工业总产值比重

为了更为直观说明这十年间各产业发展情况，把以上行业产

① 芮国忠、林耕、张海波、张若然："2007年度北京医药技术市场发展研究分析报告"，《中国医药技术经济与管理》，2008年第10期，第9—24页。

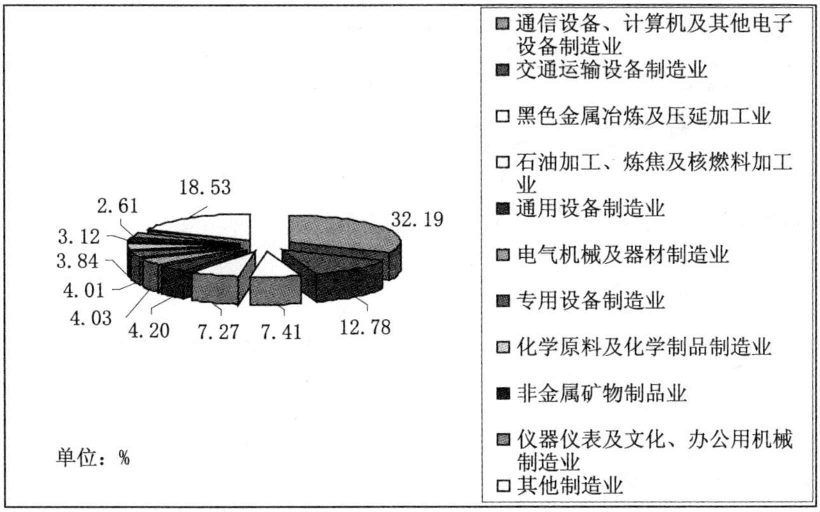

图 7－5　2007 年北京制造业各行业总产值比重

品市场占有率数据进行对比，得到表 7－10 和图 7－6。

表 7－10　1997 年和 2007 年北京市重点行业市场占有率情况比较

行业＼市场占有率＼年份	1997	2007
通信设备、计算机及其他电子设备制造业	17.51%	32.19%
黑色金属冶炼及压延加工业	12.26%	7.41%
交通运输设备制造业	9.22%	12.78%
石油加工、炼焦及核燃料加工业	8.63%	7.27%
化学原料及化学制品制造业	5.82%	3.84%
农副食品加工业	5.67%	2.25%
非金属矿物制品业	4.29%	3.12%
饮料制造业	3.71%	1.50%
专用设备制造业	3.09%	4.01%

续表

行业 \ 市场占有率 \ 年份	1997	2007
纺织业	3.05%	0.86%
电气机械及器材制造业	3.04%	4.03%
通用设备制造业	2.90%	4.20%
其他制造业	20.81%	16.53%

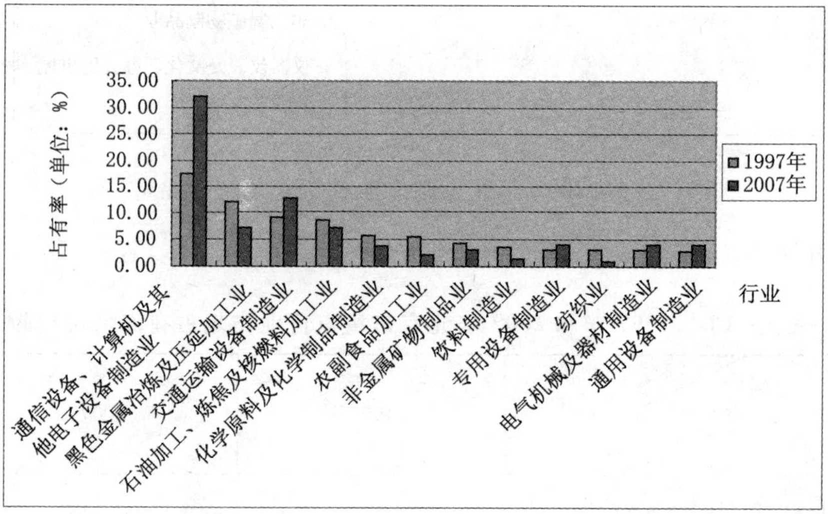

图7-6 1997年、2007年北京市重点行业市场占有率情况比较

从以上比较中，我们可以得到如下结论：

第一，通信设备、计算机及其他电子设备制造业，交通运输设备制造业，黑色金属冶炼及压延加工业，化学原料及化学制品制造业，石油加工、炼焦及核燃料加工，专业设备制造业等六个行业的产值一直位于前列，这十年间它们已成为北京制造业发展的主力行业；并且通信设备、计算机及其他电子设备制造业的排名一直处于首位，其在2007年的产值是1997年的近2倍，明显拉大了与其他行业间的差距，可见其已经成为北京制造业发展的突出力量。

第二，随着以通信设备、计算机及其他电子设备制造业为代表的一些技术密集型行业产值的持续增长，纺织业、农副食品加工业等一批偏重劳动密集型的行业昔日的位置也逐渐被取代。各部门正在技术知识密集型产业的带动下逐步升级。

7.3.2　北京现代制造业重点行业发展现状比较

下面我们要利用 2007 年的相关统计数据分析北京制造业的内部产业结构、就业结构等，对北京制造业的重点行业发展现状进行比较研究，从而进一步认识现阶段北京制造业的就业趋势和产业发展结构。

（1）制造业行业的产值结构

从图 7 -7 中可以看出，在制造业中总产值排名前十位的行业其工业增加值所占比重都较高，其中通信设备、计算机及其他电子设备制造业，交通运输设备制造业和黑色金属冶炼及压延加工业等三行业的增加值仍处在前三位，并且它们与电气机械及器材制造业工业增加值之和就达到了 51.63%，前十位产业的工业增加值占了制造业工业增加值的 78.09%，而比重超过 5% 的行业分别为通信设备、计算机及其他电子设备制造业，交通运输设备制造业，黑色金属冶炼及压延加工业。显然，这些行业具有发展潜力，并将成为今后北京现代制造业发展的重点领域。

（2）制造业行业的就业结构

在劳动就业方面（见图 7 -8），2007 年北京制造业从业人员年平均人数较多的产业有通信设备、计算机及其他电子设备制造业，交通运输设备制造业，纺织服装、鞋、帽制造业，专用设备制造业，非金属矿物制品业和化学原料及化学制品制造业。这六个行业共约吸纳就业人口 53.53 万人，将近整体人数的一半。其中通信设备、计算机及其他电子设备制造业，交通运输设备制造业从业人员最多，分别达到了 14.5 万人和 10.9 万人，共占制

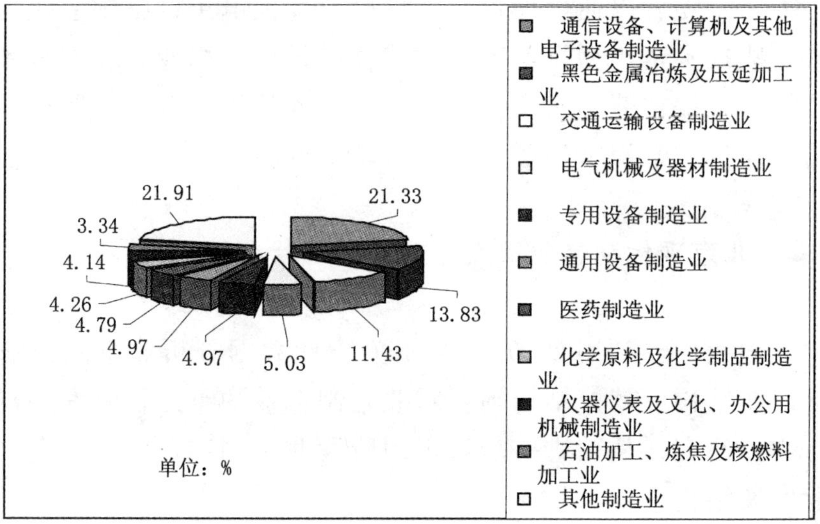

图 7－7　2007 年北京制造业各行业增加值比重

造业从业总人数的 23%。像纺织服装、鞋、帽制造业这种劳动密集型产业吸纳就业人员的功能对北京制造业发展有着不可替代的作用。而对于通信设备、计算机及其他电子设备制造业等技术密集型产业也能吸纳大量的就业人口。这说明北京拥有大量的科技人才，劳动者的整体素质较高，并且以通信设备、计算机及其他电子设备制造业为代表的技术密集型企业在北京有良好的发展环境，并且反过来也对优秀人才有着极强的吸引作用。

（3）制造业行业的出口结构

从图 7－9 中我们可以看出，通信设备、计算机及其他电子设备制造业在北京制造业出口交货值中占有绝对优势，其出口交货值达到了 1368.7 亿元，占总额的 74%，与其他行业拉开了较大差距。因此，北京制造业的出口现状越来越表现为技术密集型产业产品为主的局面。

（4）制造业重点行业效益分析

从北京制造业各行业创造效益的角度分析，如图 7－10，2007 年在制造业 30 个行业中，创造利润较多的有通信设备、计

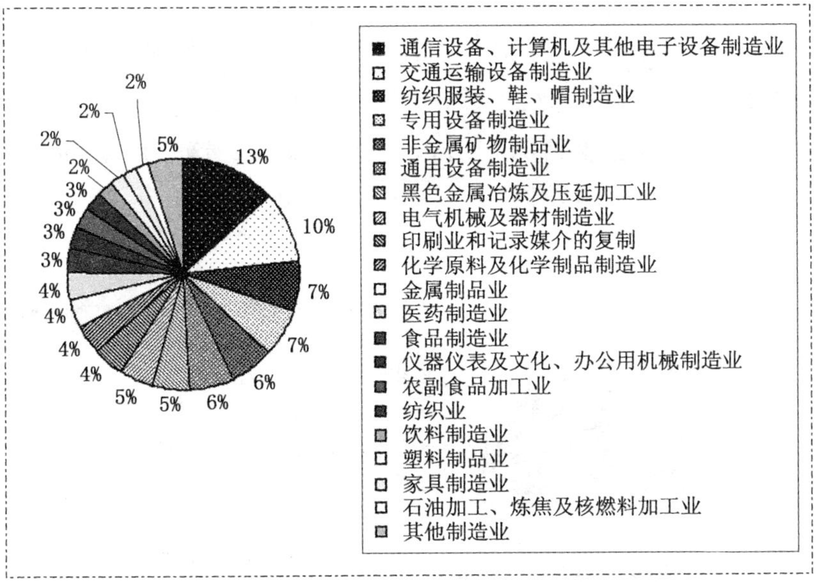

图 7－8　2007 年北京制造业各行业从业人员比重

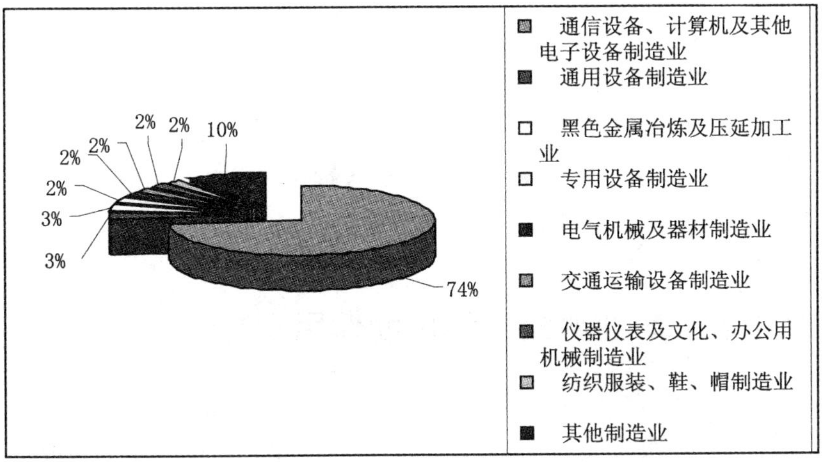

图 7－9　2007 年北京制造业各行业出口交货值比重

算机及其他电子设备制造业，交通运输设备制造业，电气机械及器材制造业，专用设备制造业，仪器仪表及文化、办公用机械制造业，通用设备制造业六大行业利润总额约为 286.03 亿元，占制造业全部利润的67%。其中，制造业各行业中利润最高的是通信设备、计算机及其他电子设备制造业，其利润总额达到117.45亿元，占制造业的28%。以上的分析说明：与电子相关的行业在北京制造业利润中所占的比重较大，这一产业的发展必将带动高技术产业的发展。

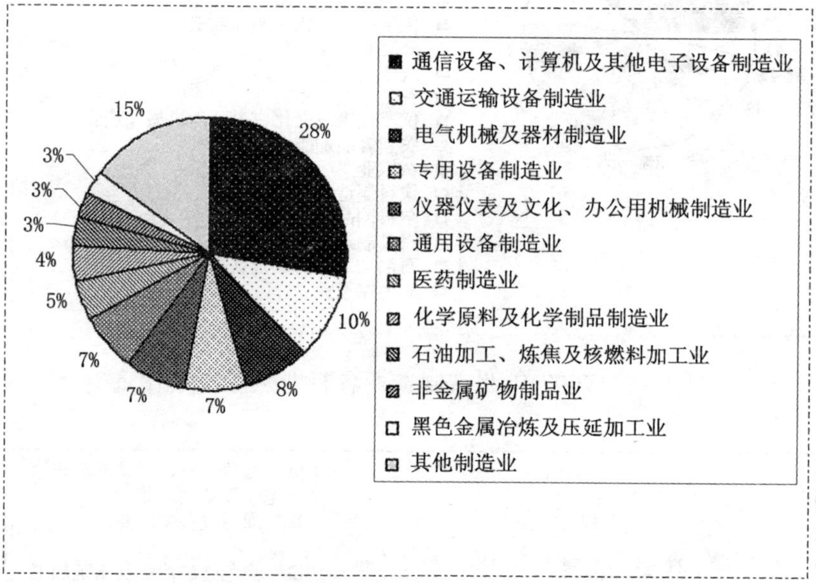

图7-10 2007年北京制造业各行业利润总额比例①

7.4 北京制造业对经济的拉动作用

利用北京市各部门1992年、1995年、1997年、2002年、2005年的投入产出数据，计算和分析北京市各产业部门的直接消耗系数、完全消耗系数、影响力系数及感应度系数等，得出北京十几年的建设中产业结构的关联特征，并探讨制造业的发展对

① 北京统计信息网：http://www.bjstats.gov.cn/

其他部门的依存关系以及对北京市经济的拉动作用。

投入产出技术是研究经济系统各部分间表现为投入与产出相互依存关系的经济数量分析方法。此方法最初由诺贝尔经济学奖得主列昂惕夫提出，在国内得到广泛应用。王岳平等人利用我国投入产出表的数据，分析了产业结构的关联特征，提示产业结构变动的内在机理。刘起运提出了关于投入产出系数计算的改进方法。陈怡等人利用此方法探讨了我国服务贸易出口的贡献率。李斌等人探讨了如何根据离散的投入产出表生成逐年连续的投入产出表的方法。而早在 1999 年史耀远就利用投入产出技术和结构分析方法研究了技术进步和最终需求结构变动对中国经济结构变动的影响。于庆年针对丹东市旅游产业的投入产出调查和分析进行研究，完整地描述了影响产业发展的各因素之间的依赖制约关系。2009 年魏巍贤等人又利用投入产出分析方法，对北京、上海、厦门三地的房地产业与国民经济各产业部门之间的关联关系以及在整个经济中的地位进行了比较全面的比较。在国外 Hermann Schnabl 对各个投入产出系数的灵敏度分析做了系统研究。Santadas, Ghosh, Joyashree Roy 探讨了关于各个部门产出对投入系数的重要性测量的方法和计算公式。

综上，国内外的相关研究主要集中在两个方面，一方面是不断探讨投入产出各种系数计算的优化和修正模型，另一方面主要是在应用层针对实际问题做分析和讨论。即基于投入产出模型的研究在理论方法及应用方面广泛展开。北京在 20 世纪 80 年代就开始了各产业投入产出表的调查和编制，但是目前基于投入产出系数来分析北京产业关联特征的研究还不多。尤其在北京发展面临更多的资源环境约束的情况下，作为支撑北京经济发展主要力量的制造工业的发展该如何调整，学术界和产业界都有不同的观点。因此本部分将应用投入产出方法对北京十几年来各产业发展的依存关系特征进行分析，同时主要针对制造行业的发展对其他部门经济的依赖和拉动做详细探讨，为北京未来制造业的发展方向和发展策略提供依据。

7.4.1 投入产出表及系数介绍

投入产出表是运用投入产出技术，将国民经济各部门生产中投入的各种费用的来源与产出的各种产品和服务的使用去向，组成纵横交错的棋盘式平衡表，全面而系统地反映国民经济各部门在生产过程中互相依存、互相制约的经济技术联系。投入产出表于20世纪30年代产生于美国，它是由美国经济学家、哈佛大学教授瓦西里·列昂惕夫（W. Leontief）在前人关于经济活动相互依存性的研究基础上首先提出并研究和编制的。投入产出简化表如表7－11所示。

表7－11　投入产出简表

产出 投入		中间使用					最终使用	总产出
		1	2	…	n	合计		
中间投入	1	X_{11}	X_{12}	…	X_{1n}	W_1	Y_1	X_1
	2	X_{21}	X_{22}	…	X_{2n}	W_2	Y_2	X_2
	…	…	…	…	…	…	…	…
	n	X_{n1}	X_{n2}	…	X_{nn}	W_n	Y_n	X_n
	合计	C_1	C_2	…	C_n	W	Y	X
增加值		N_1	N_2	…	N_n	N		
总投入		X_1	X_2	…	X_n	X		

在投入产出简化表的基础上，我们介绍几种主要的投入产出系数：

（1）直接消耗系数 a_{ij}：又叫投入系数，其经济含义是生产 j 单位产品所直接消耗的 i 产品的数量，a_{ij} 反映的是 j 产品的生产与 i 产品生产之间的需求与供给关系。a_{ij} 值越大，说明两个部门之间的联系越紧密。a_{ij} 值越小，说明两个部门之间的联系越少。这样将 a_{ij} 排序的话可以看出部门之间依存关系的强弱。计算公式为：

$$a_{ij} = x_{xj}/X_j, (i,j = 1,2,...,n) \tag{1}$$

直接消耗系数的矩阵形式表示为：

$$A = \begin{bmatrix} a_{11} & a_{12} & \cdots\cdots & a_{1n} \\ a_{21} & a_{22} & \cdots & a_{2n} \\ \cdots & \cdots & \cdots & \cdots \\ a_{n1} & a_{n2} & \cdots & a_{nn} \end{bmatrix} \tag{2}$$

（2）完全消耗矩阵 B：$B = (b_{ij})$，b_{ij} 反映的是 i 部门与 j 部门之间完全依存关系，包括直接的和所有间接的依存关系。将 b_{ij} 排序可以看出任意两个部门之间的完全依存关系的强弱。计算公式为：

$$B = (I - A)^{-1} - I，其中 B = (b_{ij})，I 为单位矩阵。 \tag{3}$$

（3）影响力系数和感应度系数：影响力系数是指国民经济某一个产品部门增加一个单位最终产品时，对国民经济各部门所产生的生产需求波及程度。影响力系数越大，该部门对其他部门的拉动作用也越大。感应度系数是国民经济各产品部门均增加一个单位最终产品时，某一个产品部门由此而受到的需求感应程度，也就是需要该部门为其他部门的生产而提供的产出量。感应度系数越大，该部门所受到的需求压力越大。传统的影响力系数和感应度系数的计算公式为：

$$\delta_j = \sum_i \overline{b_{ij}} / \frac{1}{n} \sum_j \sum_i \overline{b_{ij}}. (j = 1,2,\cdots,n),$$

$$\theta_j = \sum_j \overline{b_{ij}} / \frac{1}{n} \sum_i \sum_j \overline{b_{ij}}, (i = 1,2,\cdots,n) \tag{4}$$

式中，$\overline{b_{ij}}$ 表示 $(I - A)^{-1}$ 的元素。由于上述两个系数中分母这种简单的求和平均的算术平均法无法做更好的经济解释，因此，我们引用刘起运专家提出的加权平均法来求分母。其中权数的计算方法为：

$$a_j = \frac{y_j}{\sum_j y_j}(j = 1,2,\cdots,n) \quad (5)$$

式中，y_j 表示第 j 部门最终产品量；$\sum_j y_j$ 表示国民经济最终产品总量。a_j 表示第 j 部门最终产品占国民经济最终产品总量的比例，即最终产品实物构成系数。因此，我们把影响力系数和感应力系数的计算公式调整为：

$$\delta_j^* = \sum_i \overline{b_{ij}} / \frac{1}{n}\sum_j \sum_i \overline{b_{ij}} * a_j.\ (j = 1,2,\cdots,n),$$

$$\theta_j^* = \sum_j \overline{b_{ij}} / \frac{1}{n}\sum_i \sum_j \overline{b_{ij}} * a_j.\ (i = 1,2,\cdots,n) \quad (6)$$

改进后的系数具有更加明显的经济含义，表现出某一部门最终产品影响力或者感应度与国民经济最终产品综合影响力或者感应度之比，而这个最终产品不再是哪一个部门的了。

7.4.2 北京产业依存关系特征分析

我们选取了北京市 1992 年、1995 年、1997 年、2000 年、2002 年、2005 年的投入产出数据，分别计算了直接消耗系数、完全消耗系数、影响力系数和感应度系数，由于篇幅有限，部分结果省略。我们只对系数值较大的取出进行排序，方便我们看趋势变化。

从 1992 年完全消耗系数计算结果（见表 7 - 12）得出：缝纫及皮革制品业和纺织业的完全依存关系最为密切，完全消耗系数为 0.73；金属冶炼及压延加工业与金属制品业之间的依存关系为 0.66；饮食业与食品制造业、炼焦煤气及煤制品业与煤炭采选业、食品制造业与农业的依存关系为 0.58；木材加工及家具制造业与金属冶炼及压延加工业、纺织业与化学工业依存关系分别为 0.48 和 0.47；而饮食业与农业、金融保险业和商业、缝纫及皮革制品业和商业的依存关系均在 0.35 左右；金属制品业与商业、建材及金属矿物制品业与化学工业、电器机械及器材制造业与金属冶炼及压延加工业的依存关系在 0.3 以上。

表 7-12　　1992 年完全消耗系数结果

$a_{76}=0.73$	$a_{16(15)}=0.66$	$a_{12(2)}=0.58$	$a_{27(5)}=0.58$	$a_{51}=0.58$	$a_{8(13)}=0.48$
$a_{6(13)}=0.47$	$a_{27(1)}=0.39$	$a_{26(31)}=0.37$	$a_{7(26)}=0.34$	$a_{16(26)}=0.31$	$a_{14(13)}=0.3$

结论：制造业的发展主要包括轻工业和重工业两个部分，作为主导产业的北京制造业对农业以及第三产业的依存程度不高。而制造业内部的行业细分中处于产业链上下游关联的产业依存度较高。从分析也可以得出 20 世纪 80 年代末 90 年代初的北京制造业主要以传统制造业发展为主，高新技术产业以及现代制造业的发展不发达。

结论：同 1992 年的产业结构依存度相比，纺织业与缝纫及皮革制品业、金属采选业与炼焦煤气及煤制品业、饮食业和食品制造业、农业和食品制造业、化学工业和木材加工及家具制造业、纺织业和化学工业等产业之间的依存度的趋势均表现出弱化或者保持原来的标准。说明这些产业是产业结构中发展比较稳固的，而与 1992 年相比，出现了新的产业发展趋势，即各制造业与金融保险业的依存关系普遍存在，维持在 0.3—0.5。说明北京产业结构中服务业的发展开始起步，并与制造业的发展依存度较高。而制造业行业细分中的依存关系也在扩大，出现了新的产业，例如电子及通信设备制造业，仪器仪表及其他计量器具制造业，交通运输设备制造业等。

表 7-13 1995 年完全消耗系数结果

$a_{27(5)}=0.55$	$a_{51}=0.53$	$a_{25(30)}=0.52$	$a_{6(31)}=0.5$	$a_{8(13)}=0.49$	$a_{19(31)}=0.48$
$a_{6(13)}=0.47$	$a_{22(18)}=0.47$	$a_{5(31)}=0.44$	$a_{20(31)}=0.44$	$a_{7(31)}=0.41$	$a_{8(31)}=0.4$
$a_{12(2)}=0.38$	$a_{76}=0.37$	$a_{6(13)}=0.37$	$a_{21(31)}=0.37$	$a_{2(31)}=0.36$	$a_{9(31)}=0.35$
$a_{13(31)}=0.34$	$a_{28(18)}=0.34$	$a_{7(26)}=0.34$	$a_{31(29)}=0.33$	$a_{16(31)}=0.33$	$a_{22(31)}=0.32$
$a_{15(31)}=0.32$	$a_{14(31)}=0.31$	$a_{4(25)}=0.31$	$a_{17(31)}=0.31$		

结论：1997 年的产业结构发展趋势：金属冶炼及压延加工业的产业链不断延长，与众多产业的依存关系密切，电子及通信设备制造业与其他多个产业的依存度也较大，显示出了新兴产业与传统产业的依存程度较大。其次，房地产业与金融保险业等也在迅速发展。参见表 7-14。

表 7-14 1997 年完全消耗系数结果

$a_{30(5)}=0.58$	$a_{37(18)}=0.57$	$a_{17(18)}=0.55$	$a_{14(13)}=0.5$	$a_{19(18)}=0.49$	$a_{33(32)}=0.48$
$a_{76}=0.45$	$a_{15(18)}=0.43$	$a_{51}=0.4$	$a_{26(13)}=0.38$	$a_{15(13)}=0.36$	$a_{16(13)}=0.36$

结论：2000 年电子及通信设备制造业与科学研究事业、电气机械及器材制造业、机械工业、仪器仪表及文化办公用机械制造业的产业依存度在 1 以上，与其他制造业、社会服务业、邮电业等产业的依存度在 0.5 以上，与石油加工及炼焦业、交通运输设备制造业、机械设备修理业、非金属采选业、综合技术服务业等产业依存度也在 0.4 以上。充分表现了制造业中电子及通信设备制造业的发展对众多产业的依存度明显增大。其次一批服务行业也在不断发展，例如社会服务业、科学研究事业、综合技术服务业等开始发展并与其他制造业关系密切。参见表 7-15。

表 7－15　　2000 年完全消耗系数结果

$a_{18(37)}=1.58$	$a_{18(17)}=1.30$	$a_{18(15)}=1.25$	$a_{18(19)}=1.07$	$a_{18(34)}=0.90$	$a_{67}=0.74$
$a_{11(35)}=0.71$	$a_{18(21)}=0.55$	$a_{5(30)}=0.51$	$a_{18(28)}=0.50$	$a_{18(16)}=0.53$	$a_{18(4)}=0.50$
$a_{15}=0.45$	$a_{13(14)}=0.45$	$a_{18(38)}=0.45$	$a_{18(20)}=0.41$	$a_{1(30)}=0.40$	$a_{3(13)}=0.39$

结论：2002 年的结果再次表现了通信设备计算机及其他电子设备制造业与信息传输计算机服务和软件业以及金融保险业、房地产业等的发展领先态势。参见表 7－16。

表 7－16　　2002 年完全消耗系数结果

$a_{11(39)}=0.53$	$a_{18(19)}=0.52$	$a_{13(14)}=0.5$	$a_{67}=0.45$	$a_{18(28)}=0.38$
$a_{31(32)}=0.38$	$a_{3(13)}=0.34$	$a_{28(40)}=0.3$	—	—

结论：2005 年的结果显示北京电力热力的生产和供应、水的生产和供应业的关联程度提高为 0.53，纺织业与服装皮革羽绒及其制品业、金属冶炼及压延加工业与金属制品业、交通运输及仓储业与交通运输设备制造业等保持了十几年来的产业依存程度在 0.5 左右。通信设备计算机及其他电子设备制造业依然显示了其强大的发展空间和带动作用，与信息传输计算机服务和软件业、仪器仪表及文化办公用机械制造等的产业依存程度依然很高。参见表 7－17。

表 7－17　　2005 年完全消耗系数结果

$a_{22(24)}=0.53$	$a_{67}=0.52$	$a_{13(14)}=0.49$	$a_{11(39)}=0.46$	$a_{18(28)}=0.44$
$a_{18(19)}=0.44$	$a_{16(26)}=0.42$	$a_{3(13)}=0.4$	$a_{6(30)}=0.38$	$a_{13(25)}=0.32$

综上，通过对 1992—2005 年的投入产出表的完全消耗系数进行分析，我们得出下面几点结论：

1）北京市的工业发展逐渐由重工业向轻工业、向高新技术产业和服务业调整。

2）北京的产业结构调整逐渐显示出了现代制造业与服务业的发展空间不断增大，同时，现代制造业、服务业与传统产业的依存度保持在一定的范围内，使得北京产业结构的升级和调整在稳步发展。

3）北京的制造工业中依然有部分传统产业保持着旺盛的生命力，在技术不断融入的基础上，快速发展，例如：纺织业、金属制品业等等。

4）北京制造工业的发展逐渐形成对北京市电力热力以及水资源等能源和资源的威胁，因此如何开发新能源以供制造工业的发展是需要进一步思考的。

7.4.3 北京各产业对经济的带动分析

通过对1992年、1995年、1997年、2000年、2002年和2005年的投入产出表数据的整理，我们计算了各年度各产业的加权影响力系数和加权感应度系数，并将系数排序得出前十名的产业。从中可以发现，制造业中的通信设备计算机及其电子设备制造业的影响力系数和感应度系数都比较高，说明此产业的发展对其他产业发展的拉动作用比较大，同时其他产业的发展对本产业的需求压力也比较大。目前北京制造业中电子信息产业的发展势头较好，也必将带动其他产业的快速发展，同时对于加速制造业和服务业的融合也将起到重要推动作用。参见表7－18、表7－19。

表 7－18　1992—2005 年加权影响力系数排序结果

排名	行业	2005 年	行业	2002 年	行业	2000 年	行业	1997 年	行业	1995 年	行业	1992 年
1	建筑业	0.169	通信设备、计算机及其他电子设备制造业	0.179	建筑业	0.168	建筑业	0.169	建筑业	0.173	建筑业	0.141
2	通信设备、计算机及其他电子设备制造业	0.143	建筑业	0.168	电子及通信设备制造业	0.111	金融保险业	0.125	机械工业	0.104	食品制造业	0.094
3	批发和零售贸易业	0.094	通用、专用设备制造业	0.062	社会服务业	0.096	食品制造及烟草加工业	0.084	食品制造业	0.099	交通运输设备制造业	0.080
4	信息传输、计算机服务和软件业	0.063	化学工业	0.056	金融保险业	0.061	电子及通信设备制造业	0.066	交通运输设备制造业	0.072	文教卫生科研事业	0.079
5	租赁和商务服务业	0.060	信息传输、计算机服务和软件	0.054	食品制造及烟草加工业	0.055	机械工业	0.056	电子及通信设备制造业	0.066	机械工业	0.077
6	通用、专用设备制造业	0.054	食品制造及烟草加工	0.042	综合技术服务业	0.050	社会服务业	0.048	缝纫及皮革制品业	0.063	商业	0.073
7	交通运输及仓储业	0.042	金融保险业	0.042	机械工业	0.048	商业	0.042	农业	0.059	缝纫及皮革制品业	0.067
8	交通运输设备制造业	0.034	交通运输设备制造业	0.037	商业	0.036	电气机械及器材制造业	0.041	文教卫生科研事业	0.045	电子及通信设备制造	0.060
9	公共管理和社会组织	0.032	批发和零售贸易业	0.036	教育文化艺术及广播电影电视事业	0.036	综合技术服务业	0.034	行政机关	0.043	金属冶炼及压延加工业	0.051
10	房地产业	0.031	综合技术服务业	0.033	电气机械及器材制造	0.034	交通运输设备制造业	0.033	纺织业	0.041	行政机关	0.045

表 7-19 1992—2005 年加权感应度系数排序结果

排名	行业	2005 年	行业	2002 年	行业	2000 年	行业	1997 年	行业	1995 年	行业	1992 年
1	通信设备、计算机及其他电子设备制造业	0.203	通信设备、计算机及其他电子设备制造业	0.250	电子及通信设备制造业	0.451	金融保险业	0.337	文教卫生科研事业	0.120	商业	0.185
2	批发和零售贸易业	0.118	金融保险业	0.115	社会服务业	0.116	商业	0.125	食品制造业	0.086	文教卫生科研事业	0.115
3	建筑业	0.110	化学工业	0.114	商业	0.094	电子及通信设备制造	0.124	交通运输设备制造业	0.085	食品制造业	0.099
4	信息传输、计算机服务和软件	0.101	建筑业	0.081	金融保险业	0.077	社会服务业	0.097	公用事业及居民服务业	0.066	金属冶炼及压延加工业	0.095
5	租赁和商务服务业	0.086	信息传输、计算机服务和软件	0.071	建筑业	0.067	建筑业	0.080	建筑业	0.061	化学工业	0.074
6	交通运输及仓储业	0.083	通用、专用设备制造业	0.060	综合技术服务业	0.045	食品制造及烟草加工	0.066	农业	0.050	机械工业	0.073
7	通用、专用设备制造业	0.053	交通运输及仓储业	0.053	食品制造及烟草加工	0.042	化学工业	0.054	旅客运输业	0.047	建筑业	0.061
8	金融保险业	0.052	租赁和商务服务业	0.048	化学工业	0.037	综合技术服务	0.045	机械工业	0.046	交通运输设备制造业	0.060
9	交通运输设备制造业	0.049	综合技术服务业	0.046	房地产业	0.032	机械工业	0.039	商业	0.046	公用事业及居民服务	0.048
10	化学工业	0.048	房地产业	0.038	机械工业	0.027	交通运输设备制造业	0.035	金属冶炼及压延加工	0.045	电子及通信设备制造	0.041

结论：上述 25 个行业在北京产业发展的十几年里，对北京经济的带动作用和受其他部门需求的压力较大。而 2005 年的结果显示，对北京经济拉动作用较大产业为：建筑业；通信设备计算机及其他电子设备制造业；批发和零售贸易业；信息传输计算机服务和软件业；租赁和商务服务业；通用专用设备制造业；交通运输及仓储业；交通运输设备制造业；社会服务业和房地产业。说明目前北京的主导产业依然为：制造业中的高新技术制造业，其中除传统的建筑业外，包含了电子工业，汽车工业，机械工业；而服务业包括生产性服务业和商务服务业的发展空间也不断增加，对经济的带动作用和对其他部门的需求压力感受也很大。说明目前北京只有协调好制造业与服务业的关系，才能保证经济的稳步增长。

小　结

第一，制造业是推动北京经济增长的重要产业。适度发展北京现代制造业必须准确把握各行业的综合竞争能力，从而在培养和发展重点行业上作出科学的判断与选择。而把握各行业的综合竞争力，我们不仅要关注各行业对经济发展的贡献率，同时也要关注行业的创新能力、资源消耗情况等综合效益。

第二，通过对历史资料的梳理和分析，我们可以看出，行业的产生、发展、衰退等都与社会的需要变化紧密相关。而任何一个产业都应该在满足社会经济发展需要的基础上，协调好与资源环境的关系，重视信息技术、高新技术等与制造业的渗透，才能增强行业的竞争能力和生命力。通过上述我们对北京市重点制造行业的历史及现状的描述以及各行业的历史发展比较，我们能够看出高、精、尖的发展方向已经确定并正在制造业发展中不断深化。

第三，我们运用 1992—2005 年北京市投入产出数据表进行了各种系数的计算，通过比较分析得出北京制造业的发展对北京经济发展的推动作用非常大的结论。北京制造业的发展对服务业等产业的依存度也不断增加，既说明北京经济的发展不能离开制造业的发展，也说明北京制造业的发展对其他产业的依存度较高。这体现了制造业对其他产业的带动作用，也表明了制造业发展与服务业发展的融合趋势。

第8章

北京现代制造业适度发展研究

在资源环境约束条件下，按照“国家首都、世界城市、文化名城、宜居城市”的北京城市发展目标，结合京津冀都市圈全新定位，北京市制造业总体发展战略定位为适度发展，重点发展高端、高效、高辐射力的现代制造业。

8.1 北京现代制造业适度发展的提出

8.1.1 北京现代制造业适度发展提出的背景

（1）政策背景

“十五”期间，北京制造业在总量增长、结构调整、布局调整等各个方面都取得了很大成就，同时还存在一些不足，主要表现在：产业配套能力弱；工业企业自主创新能力不足；高耗能、高耗水行业所占比重依然较大，如黑色金属冶炼及压延业、化学原料及化学品制造业、非金属矿物制造业、电蒸汽热水生产和供应业、石油加工及炼焦业等五大行业工业总产值只占全市工业的28%，却消耗了全市工业总能耗的84%，消耗了全市工业总取水量的77%。

在《北京城市总体规划（2004—2020年）》中，首次提出了北京将建成“宜居城市”的概念。在科学规划发展的前提下，“宜居城市”被定位为具有充分的就业机会，舒适的居住环境，创建以人为本、可持续发展的首善之区。新规划将北京未来发展的目标定位为“国家首都、世界城市、文化名城、宜居城市”。按照国务院对北京城市总体规划的批复精神，北京的产业发展要突出首都的特点，充分发挥科技优势，加快发展高新技术产业，适度发展现代制造业。首都功能定位要求北京工业必须加快调整经济结构和转变增长方式，优先并着力发展高端、高效、高辐射力和低消耗、低污染的产业，走新型工业化道路，实现首都工业经济和社会发展的和谐统一。

（2）工业化的历史发展背景

适度发展北京现代制造业不仅仅是在政策驱动下提出的，同时也是工业化发展和建设的历史规律的体现。工业化的本意是产业化，是各个产业不断从传统经济中产生、发展和壮大的过程，产业结构演变和升级是工业化的显著特征。撒克（Thakur, S. Y., 1985）认为，在工业化初期，消费品工业之所以首先发展，原因之一是像食品加工和纺织之类的工业是满足人们最基本需求的部门，只有当基本需求得到满足后，才有可能将更多的资源投入到其他工业；原因之二是在工业化初期的国家要素禀赋（资本、技术和熟练劳动力稀缺，非熟练劳动力丰富）有利于发展消费品工业，不利于发展资本品工业。而当工业化进行到一定阶段后，资本品工业必须加速发展，原因之一是如果一个国家长期只是发展消费品工业，它就永远也不可能站在科技和工业发展的前沿阵地；原因之二是消费品工业的扩张和质量的提高只有在资本品工业不断发展的条件下才有可能。

新中国成立后的北京开始由消费性城市向生产性城市转变，恢复生产和大搞经济建设成为主要任务，工业发展开始由消费产品的生产转向资本品的生产，因此城市的定位要求北京制造工业的发展以重工业为核心。北京的工业化进程主要分为几个阶段：从 1949 年到 20 世纪 80 年代中期，北京的产业主要以工业为发展重点；进入到 90 年代，第三产业迅速崛起，到 1993 年，北京经济的产业结构"二三一"的发展格局转变为"三二一"的发展格局，第三产业超过第二产业，成为北京经济中的最大和增长最快的产业。第三产业在整个产业中占绝对优势。

根据国际大都市发展的一般规律，北京目前正处于由工业化中期向后期推进的阶段，工业化的历史任务尚未完成，因此当前第二、第三产业之间的相互融合，推动高新技术产业化以及附加了高新技术的现代制造业的发展是历史的必然选择。面临资源短缺及城市环境建设的重要任务，北京制造业的发展必须改变"重重轻轻"的局面，发展高端、高效、高辐射力、低污染、低排放产业。

（3）社会背景

工业化的进程要与时代和社会背景相符合，即北京目前不能仅仅局限于物质财富的增加，也不能仅仅局限于现代服务业的发展，必须着眼于经济和社会的协调发展。高新技术的发展离不开制造业的支持，服务业的发展也不能脱离制造业独立存在。目前北京的产业主体依然是制造业。制造业在承担着环境保护、经济增长、技术创新等重要任务的同时，也承担着社会责任，即制造业的发展要与北京的生产要素分布相协调，调控好制造业发展与劳动力、技术和资本三者的关系是从新角度反映制造业结构演进的新特点和新规律。因此适度发展北京现代制造业不能一味地摒弃传统制造业，也无法在短时期内完全的高技术化。利用先进技术改造传统产业，不断拓展现代制造业的范围，协调传统与现代制造业的关系是社会赋予北京制造业发展的历史使命。

8.1.2 北京现代制造业适度发展的内涵

现代制造业是北京工业重要的组成部分。“十一五”期间，国家要突出产业选择性，重点发展高端、高效、高辐射力的现代制造业。其中要推动装备制造业升级突破：优先发展数控机床、印刷机械设备产业；重点发展电站及输变电成套设备、仪器仪表及自动化控制系统、工程机械；大力发展电子专用装备及其他先进装备；壮大汽车产业整体实力：发展汽车整车工业、汽车零部件工业及服务贸易；培育医药产业规模发展：加强重要的医疗器械领域、生物医疗领域、化学药领域及医药流通领域的发展；打造都市产业知名品牌：推动服装行业、食品工业及印刷包装行业的发展。

（1）现代制造业的发展应该把握的“度”

1）制造业的发展程度和规模要与当前北京城市的发展的总体定位和需求相适应。北京作为中国的首都，是全国政治、文化的中心。从总体来说，北京的现代制造业的发展规模只要能满足北京市的需要即可，规模不宜过大。一方面，制造业是工业发展的重要组成部分，从历史的角度看，北京发展工业有其历史的延续性、客观需求性和技术经验等的积累性，因此我们不能抛弃工业而单纯的寻找其他产业取而代之。另一方面，北京城市的消费离不开制造业，制造业中的高新技术产业更是北京经济腾飞的支柱产业。老百姓生活与北京经济的发展都离不开工业和制造业的发展，无论从历史的演化，还是现实的需求，都要求制造业必须发展。但是，目前在北京发展工业，尤其发展制造业，我们要适度，这个“度”一方面体现在质上，一方面体现在量上。从质的方面讲，北京的城市定位为生态城市，目标要建设成宜居城市，要根据国内外宜居城市的标准来规划北京工业的发展，无论是大力发展高新技术产业，还是发展都市工业，无论是发展低消耗、低污染、低排放的产业，还是要大力促进产业园区的建设，归根结底要根据北京现有资源及可开发资源的情况，同时结合北京市生产、生活的需要，结合国外宜居城市建设的标准，规划北京工业应该发展哪些产业。从量的方面讲，北京作为中国的首都，既要注重自身经济的建设和城市的发展，又要做到对周边地区的辐射与带动作用。因此，发展哪些产业、产业的规模如何与其在周围乃至在全国的工业发展规划地位息息相关。北京要同周边地区协调发展，做到资源互补，同时也要为周边地区的发展提供相应的支持和政策带动。考虑北京制造业的发展不仅要关注城市内部，也要放眼全环渤海地区。在区域协调的基础上注重制造业发展的质量和规模，这才是适度的前提。

2）北京现代制造业内部的发展也要有一定的“度”。北京现代制造业主要包括四大产业，即汽车工业、微电子集成电路产业、光机电一体化产业、生物工程和生物医药产业。现在已形成四大产业基地，即北京汽车工业基地、北方微电子产业基地、光机电一体化基地、生物工程和新医药产业基地。目前，四大产业的发展都形成了一定的规模，在四大产业齐头并进的基础上，不同产业之间的协调以及单个产业发展的规划都要以大局为重。例如，北京汽车工业的发展近几年取得了很大进步，在自主创新方面取得了一些成绩，但是在占领北京市场尤其是高端市场的汽车品牌中，国内品牌与国外品牌依然存在差距。如何搞好中国汽车的研发，而不仅仅是国外汽车零配件的组装基地，是需要有关方面研究和讨论的。另外还要结合北京生态环境，汽车产业往哪个方向发展才有利于百姓和城市发展也需要讨论，节能与环保能否成为汽车行业发展的方向，自主品牌汽车的研发与生产是否是北京汽车工业发展的脊梁等问题将影响着汽车工业发展的进程。

3）适度发展的内涵还体现在制造活动的模式上。要适应北京社会环境和自然环境的变化和约束：制造业的发展要依靠工业园区这一重要载体，追求规模效益的同时要适应北京的整体城市规划；在节约能源减少污染的前提下谈发展，最终目标达到制造业的可持续发展；选择突出产业，即高端高效高辐射力的现代制造业。

（2）高端产业的内涵

1）产业垂直分工体系的高端。劳动密集型产业处于产业垂直分工体系的低端，技术（知识）密集型产业处于产业垂直分工体系的高端。以现代制造业与传统制造业比较为例，现代制造业更强调以知识和技术为投入要素，具有产品附加价值高、产业链条长的特点。从全国来看，现阶段产业结构仍然以劳动密集型产业为主，处于垂直分工体系的低端。发展高端产业，就是要占领产业垂直分工体系的制高点。

2）产业价值链的高端。产业链利润呈现“V”字形，即“微笑曲线”。“微笑曲线”，就是指附加值高低随着产业链上中下游的变化而变化。一般情况下，产业链的上游如产品的开发、设计、关键零部件的生产等工序和产业链的下游如渠道运营、品牌管理、售后服务等工序，可以产生较高的附加值，产业利润在20%—25%；产业链的中游如加工、装配等环节的附加值相对较低，产业利润只有5%。发展高端产业，就是要占领产业价值链的制高点。

3）产品市场的高端。由于消费者的需求层次不同，每种产品、服务的市场都有高档、中档、大众化之分。持续稳定的经济增长使我国人民的生活水平有了显著提高，伴随而来的是我国消费者对高档产品、高档消费的接受、认同。高档产品质优价高，价格往往高于中低档产品数倍。发展高端产业，就是要占领产品市场的制高点。

高端产业的本质特征是高效和高辐射力。高效，即高端产业具有较高的经济效益、社会效益、生态效益。高辐射力，即高端产业对相关产业和区域发展的关联效应大、带动作用强。走“三高”产业之路，具体说，就是要加快发展现代服务业，稳步提升金融、文化创意、房地产、商贸服务四大支柱产业，积极培育旅游、物流、商务服务三大潜力产业。大力发展高新技术产业，重点发展以软件产业、信息服务业、研发产业为主的高新技术服务业和以电子信息制造业、生物产业为主的高新技术制造业。适度发展现代制造业，稳步提升汽车、装备制造、都市工业和石化新材料等支柱产业，加快发展生物医药、新能源和再生材料等潜力产业，拓展优化建筑业。优化发展现代农业，坚决退出劣势产业。

综上，北京现代制造业的发展一定要保持一定的“度”。这不仅需要各产业的发展在总体规划上要保证高质量，也需要各产业内部的发展要高标准，即提高产业发展的高技术含金量、高生态含金量、高需求含金量，才能对北京工业和北京城市的发展有益。因此北京现代制造业的适度发展要坚持以下两个原则：一是结构稳定，即调整制造业和其他产业尤其是密切相关产业的比例关系，配合完成北京城市产业结构调整和升级；二是关系和谐，包括要处理好北京制造业发展与周边地区的关系，处理好北京制造业发展与资源环境的关系，处理好北京制造业发展与城市定位与功能转化之间的关系等。

8.2　北京现代制造业适度发展的策略

8.2.1　北京现代制造业与北京资源环境协调发展

（1）北京现代制造业与自然资源协调

从北京市水资源的历史利用情况可以看出，在北京用水总量中，工业用水和农业用水以及居民生活用水相比还较少。并且随着工业总产值的增加，北京工业用水量在减少，同时工业用水占用水总量的比重也在降低。这些充分表明北京制造工业已经在能源节约和资源利用方面取得了进步。

从北京市的环境建设来看，工业的污染排放量也在减少，其数据可见表8-1。

表8-1　北京工业污染排放情况

项　目	2007年	2006年
工业废水排放总量（万吨）	9134.25	10169.92
工业粉尘排放量（万吨）	1.93	3.01
工业固体废物产生量（万吨）	1274.84	1355.76
工业固体废物排放量（万吨）	0.09	0.10

虽然从表8-1可以得出，在资源节约利用以及污染排放方面北京工业取得了一定的成绩，但是否还有上升的空间，空间有多大，如何更好地协调好制造业的发展与资源环境的关系，进一步从根本上改善问题，还需要进一步研究。将制造业各细分产业单位增加值、工业"三废"排放的平均数值和2007年北京市制造业相应各细分产业的增加值相对应，在工业固废、工业废气、工业废水排放中，基础产业单位工业增加值排放居首位，而北京制造业增加值在基础产业中产出规模相当大。尤其是医药制造业、交通运输设备制造业的"三废"污染较高。说明北京制造业发展应该考虑在污染程度较低的现代制造业中适度发展并探索发展空间。

（2）北京现代制造业与技术资源相协调

近几年北京高新技术制造业的总产值分别是：2003年为1520.9亿元，2004年为1750.1亿元，2005年为2407.1亿元，2006年为2665.7亿元，2007年为3194.4亿元。其中高新技术制造业包含了电子信息产品制造、医药制造、航空航天制造、电子及通讯设备制造、电子计算机及办公设备制造以及医疗设备及仪器仪表制造、光机电一体化、新材料新能源等。高新技术制造业的行业归类与现代制造业的行业归类非常类似，因此，有关方面要想处理好现代制造业的发展与资源环境的关系就要不断融入新技术。

高新技术的产生和发展有着积极和消极的双重作用，需要在发展现代制造业的过程中给予重视。随着科学技术的发展，工业文明的进步，人们日益感受到科学技术带来的巨大利益。工业革命的兴起带来了机器大生产的时代，信息技术的发展使得制造业的生产由规模化调整为个性化的定制，商务智能技术的发展推动着网络制造模式的产生，这些不仅推动着制造模式的改变，同时也使得制造活动和制造模式更加具有针对性和柔性，进而满足人类社会的快速需求变化。技术的产生在改变制造模式的同时也提高了生产效率，改变了生产资料与生产者的关系。当今社会，生产资料由原来的有形物质也逐渐变得边界模糊，甚至出现无形化。从制造业的发展历史来看，新技术的不断出现不仅推动了时代的进步，也改变着社会的生产方式和生活方式，满足了人类社会各方面的需要。但与此同时，人们也日益发现社会发展的本质以及人的价值及意义等问题并未因技术的不断更新得到很好的解决。工业文明给人类带来的并不是更自由、更舒适、更有保障的生活，人不但没有得到解放，反倒成为现代化生产的奴隶。人类在制造生产的过程中不断创新技术征服自然，因此才导致资源的过度开发、环境污染严重。而为了解决由一项技术造成的问题又不得不开发出另外一项技术解决新问题，进而新技术的出现在解决老问题的同时又产生新的问题。汽车的发展历史就足以证明，汽车的出现改变了人类的生活方式，提高了人类生活的节奏，而同时汽车工业的发展给环境和能源造成了巨大的危机。而手机这一通讯工具的出现，一方面表现了人类通讯设备制造技术的进步，另一方面也给人类带来了很多困扰。可以说，现代制造业的发展一方面要融入高新技术，增强其技术附加值，但与此同时如何从哲学层面对于以理性、计算与控制为基础的技术思维方式进行批判，也是我们需要关注的问题。重视技术但同时又能客观理性地看待新技术，站在历史发展的角度并以未来的眼光来创新制造技术才是技术发展的本质。北京现代制造业要依靠技术的力量改变生产和制造方式，改变以往的高开采、高消耗、高排放、低利用的粗放型增长模式，推动经济发展。不断研究并开发新信息技术、新材料技术、新能源和再生能源技术、先进制造技术、环保技术等将为制造业的发展以及北京经济发展和资源环境的协调提供有效的方法。

北京悠久的制造工业发展史不仅为社会创造了巨大的物质财富，也留下了宝贵的文化遗产。从景泰蓝到牙雕，从剪纸到漆雕等等这些宝贵的手工制造产品都承载了浓郁的历史色彩，是北京制造工业发展的历史见证。但是，随着技术的发展，传统的手工艺受到了现代制造业的冲击，并一度表现出衰退的迹象。因此，我们要思考的问题是新技术的出现如何为宝贵的传统手工制造创造机会，而不仅是为传统文化的传承和发扬创造机会，也将为社会创造巨大财富。

协调好北京现代制造业持续发展与资源环境的关系，就是利用高新技术提高制造的效率和工艺，利用高新技术改造传统制造工艺，利用高新技术改变高消耗、高排放、高污染的制造方式，提高资源的利用效率。

(3) 北京现代制造业与人力资源协调

制造业发展经历了劳动力密集型、资金密集型和技术密集型等三种生产方式，在我们努力向技术密集型和资金密集型转型的今天，劳动力或者说人力资源依然是制造业的重要生产要素，而脱离劳动力密集型的生产方式就等于现代制造业要与廉价劳动力这个群体相分离，而更多地融入高技术的人才资源。北京有众多的高校和研究机构，这些优秀的人才培养机构为北京现代制造业培养了大量的后备人才，但是如何更好地利用人才是现代制造业亟待解决的问题。从人才培养方面来看，高校和制造企业之间还存在一定的脱节，一方面高校的专业设置和培养方向无法根据社会的需求灵活调整，使得大学生在出校后无法胜任现实工作。另一方面大学生、研究生在选择就业的过程中更倾向于事业单位、银行等，而不是制造行业的第一线。从人力资源需求层面来看，缺乏具有高水平的研究人员来占领现代制造业工艺研发的高端，缺乏具有高水平的技术人员来控制并改良目前的生产制造工艺。而这两方面的人才与高校培养的人才还无法很好的对接。2007年北京市劳动和社会保障局与北京市总工会都展开了深入的调研工作，发现北京市职工队伍中高级工及以上的高技能人才占职工总数的 18.2%，技师和高级技师只有 4%，同发达国家高达 40% 的比例仍有不小差距。技能人才的总量较少，高技能人才的比重低、年龄断层。同时，北京市制造业企业中配备有相当数量的先进数控设备，在高等院校和科研院所中也拥有一批数控技术水平较高的专业人才，经过分析发现，企业职工中数控技术应用水平亟待提高，这已经成为首都现代制造业发展的一个瓶颈。

所以，高校和科研院所的人才培养要很好地与企业对接，社会对人才的评价机制也要调整，才能更好地吸收优秀人才到制造企业中工作。

（4）北京现代制造业与资本资源协调

现代制造业的发展需要高新技术的融合、需要高水平的技术和技能人才的参与，大量资本的注入也是必需的。北京是全国的金融中心，自然有相当雄厚的资本力量，随着制造业全球化发展，资本全球化的趋势已经无法阻挡。制造行业作为资金密集型的行业，如何应对全球化带来的危机和挑战是需要有关方面考虑的问题。一方面我们要不断总结世界现代制造业发展的经验，把握好全球化带来的危机和机遇；另一方面我们要从制造业自身找问题，例如制造业的内部结构、制造业的质量检验、制造业的市场融资等。

8.2.2 北京现代制造业与北京城市定位协调发展

北京现代制造业的发展和定位与北京城市的发展与定位密切相关。城市是一个可以感知的三维空间，是人类社会活动（衣、食、住、行）的场所，是社会制度构架、历史与文化发生、演变的载体；同时，城市的空间形状与形态界定了城市与农村、城市内部与外部、公共与私密空间。

古代的北京因其特殊的地理位置，被各个朝代定为首都。伴随着战争和经济发展，制造业更多地满足了城市人口生活的需要和战争的需要。因此，古代的北京城市规划不是在平面上设计完成的，而是古人依据自然的地理地貌特征、风水地景的实际情况进行建设。战争的不断曾一度影响了城市的进步和规划，同时国外帝国主义的侵略也在这座城市的布局或多或少留下了一些“作品”，因此我们就不难理解万里长城在今天看来是难得的风景，但在古代确实是坚实的护城堡垒。古代制造业的发展可以说在一定程度上遵循了产业发展的规律和城市建设的规律，完成了城市建设的基本需求。套用马斯洛关于人的五层次需求理论，即北京制造业的发展满足了城市的生存需求和安全需求。也因为古代制造业的发展顺应了社会发展规律与城市建设规律，才使得今天的很多问题在古代却没有，例如资源的过度开发、污染物的大量排放。

自新中国成立以来，北京这座历史古都发生了巨大的变化。由于发展的需要，城市自组织过程受到了它组织的介入，即城市的发展开始在政府的规划中进行。而既然是规划，就存在着在不确定因素的前提下进行有目的、有意识、有计划地干预、控制、影响城市的发展的问题。我们暂且不去谈这种规划到底对城市的发展是否有利，我们更加关注的是这种规划与制造业发展的关系，考虑如何使制造业的发展在为社会创造巨大的物质财富、保护城市安全以外，更多的与城市规划的内涵和定位相协调。而这种表面的协调也直接导致在今天看来城市发展所遇到的问题，即城市发展与自然资源和环境之间不可调和的矛盾。

1949 年以来，北京共开展了 6 次较大规模的城市总体规划编制工作，也使得制造业的发展和布局发生了明显的变化。

（1）由消费性城市向生产性城市转变

新中国是个落后的农业国家，经历了连年的战争后，百废待兴。要想强国富民，势必选择工业化道路，以迅速恢复和发展生产。对新中国的首都北京来说，也面临着城市定位问题。从结果看，北京服从了国家工业化要求，这是时代背景所决定的。基于对北京古城的由衷赞美和充分尊重，主持北京规划的梁思成先生认为，国家的工业化不必局限在北京考虑，北京应该像华盛顿那样建成优美的政治和文化中心，为此提出保护古城、在西侧建设行政中心的新旧并立的双心结构。但这一构想未被采纳。从意识形态看，前苏联首都莫斯科的规划理念深深地影响了北京，为了突出社会主义国家首都中工人阶级的地位和作用，必须安排一定数量的工厂，提高工人阶级的比重，将长久以来的消费性城市改造为生产性城市。这种认识左右了北京此后 30 年的发展。[①] 因此，在新中国成立后到 1953 年，北京市政府主要完成了建立社会主义国营制造工业体系、为恢复制造业经济创造最基本条件的任务，同时完成了土地改革和工厂的民主改革、建立和稳定了以国营制造工业为主导的工业新秩序、发展商业、为制造工业生产的全面恢复提供保证的任务。1953 年北京市委出台的《改建与扩建北京市规划草案要点》提出，首都应该成为中国政治、经济和文化的中心，特别要把它建设成为中国强大的工业基地和科学技术的中心，用 20 年左右时间使人口由 200 万人增长到 500

① 杨保军："北京城市定位与空间嬗变"，《中国建设信息》，2009 年第 2 期，第 6—11 页。

万人。采用单中心加放射型路网结构模式，在城内特别是在郊区安排了大量工业企业，5 年间共建工业企业 41 个，改建和扩建 329 个，其中大部分企业都属于制造行业，如北京第一、第二、第三棉纺织厂，华北无线电器材厂，北京电子管厂，北京有线电厂，第一汽车附件厂，北京机织印染厂和北京毛纺厂等。在这段时间，北京的农业和工业的发展都比较协调。1958 年受“大跃进”影响，北京市委出台了《北京城市规划初步方案》，提出北京不仅是中国的政治和文化教育中心，还要迅速把它建成一个现代化的工业基地和科学技术中心，使它站在中国技术革命和文化革命的最前列，用 50 年左右的时间使人口达到 1000 万人。为此，北京市上马了一些耗能大、用水多、占地广的工业企业，由于布局的不合理，打乱了“二五”计划的部署。重工业发展过快，造成结构的不尽合理，发展也不协调。同时，国民经济发生严重困难，但是 1958 年至 1960 年的建设，在北京出现了不少新兴的工业部门，如半导体、电子计算机以及汽车制造业等，北京工业在全国的地位也得到进一步加强。1973 年北京市委出台的《北京市建设总体规划方案》提出，多快好省地把北京建成一个具有现代工业、现代农业、现代科学文化和现代城市设施的清洁的社会主义首都。这个时期“文革”尚未结束，城市发展缓慢，城市定位也没有实质性变化。一直到改革开放前，北京都是延续工业城市的发展方向，强调“先生产、后生活”，城市的生活、服务功能薄弱。在这段时间，北京建立了多个制造工业小区，各个工业小区环立在以旧北京城为核心的周围四郊，形成了以市区为中心、向外扩展的“同心圆”格局，分成几个环状地带，每个环状工业区之间又有隔离间隙，这种环状布局从内向外扩展的特点，有利于各工业区内实行专业协作，防止或减少有些工业对城市中心区居民生活环境的影响。

（2）城市的核心职能发生转变

由于在消费性城市向生产性城市的转变过程中，工业大力发展，特别是重工业比例的增大，导致北京的水资源、能源和环境面临巨大压力，因此，1983 年北京市委出台的《北京城市建设总体规划方案》对北京的定位作了调整，提出北京是中国的政治中心和文化中心，对于以前讲的经济中心逐渐淡化，已经形成的中心城的空间布局没有发生变化，只是城市的布局规划开始以"摊大饼"的方式展开。这段时间的北京制造工业也开始淡化重工业的发展，着重发展高精尖的、技术密集型的制造工业。曾经有一段时间在淡化经济中心的过程中，对制造工业的发展没有给予足够重视，因为在用技术武装制造工业的过程中，我们本期待着利用市场换技术，但结果却是市场丢失了，技术也没得到，使得高技术武装的制造工业其本质依然延续了传统的制造工艺，而很多企业引入的新设备没有发挥其应有的作用。进入 20 世纪 80 年代后期，随着沿海地区特别是珠三角地区、长三角地区的迅猛发展，使得作为首都的北京意识到要加快城市建设的步伐，而城市建设需要强大的经济做后盾，作为拉动北京经济发展的制造工业再次受到重视。在 2002 年北京市工业经济形势分析会上，北京市人民政府明确提出"大力发展现代制造业，培育新的经济增长点"的发展战略。2002 年下半年，在北京市人民政府第 54 次常务会议上，通过了《关于振兴北京现代制造业的意见》（简称《意见》）。《意见》中首次提出将振兴北京现代制造业作为首都经济发展的主要增长点。而在振兴北京现代制造业的计划中，以微电子集成电路和光机电一体化产业基地为中心的 IT 制造业占了主要部分。根据《意见》，光机电一体化产业基地的建设模式是"一个基地、四个园区"。四大园区分别是北京经济技术开发区、电子城科技园、丰台科技园和昌平科技园。2004 年北京完成了新版总体规划，该版规划的主题是科学发展，延续了 1993 年版的定位，但补充了四个城市发展目标：国家首都、国际城市、文化名城、宜居城市。其内涵为：首先按照中央对北京做好"四个服务"：为中央党政军首脑机关正常开展工作服务，为日益扩大的国际交往服务，为国家教育、科技、文化的发展服务，为市民的生产和生活服务，强化首都职能；其次，充分发挥首都优势，进一步发展以现代服务业、高新技术产业和现代制造业为核心的首都经济，不断增强城市的综合辐射带动能力，提升国际化程度和国际影响力，在此基础上北京制造工业的发展由振兴转向适度发展。

按照美国学者弗里德曼关于国际大都市应该具有的标准我们总结出，国际大都市大都是多功能综合性的，大都是重要的国际制造业中心，现代制造业发展是大都市的重要方面。北京要建成多功能现代化的世界城市，制造业不可或缺，发展制造业不仅有利于促进经济增长、扩大就业和出口，也有利于增强城市综合实力和竞争力。

8.2.3 北京现代制造业与生产性服务业融合发展

服务业是国民经济重要产业之一，通常指那些以提供非实物产品的产业。20 世纪 90 年代以来，国际上曾有划分传统服务业和知识密集型服务业的先例。经合组织（OECD）将信息服务业(通信、计算机服务、软件服务等)、金融服务业、教育服务业、专业技术服务业、健康保健服务业等五大类列为知识密集型服务业，又称战略性服务业。它属于知识经济时代背景下成长性最强的新兴产业。现代服务业是近几年在中国出现的概念。2000 年 10 月，中共十五届五中全会关于“十五”计划建议中，提出“要发展现代服务业，改组和改造传统服务业。”现代服务业是指依托现代信息技术发展起来的，信息、知识和技能相对密集的服务业，特别是指服务业中最具活力的，在产前、产中和产后为生产服务的生产性服务业。

随着计算机和互联网技术的广泛应用，支撑现代经济发展的基础已经不再是大规模的工业生产，而是生产过程中大量和频繁的信息处理活动。

制造业在工业产业中占有重要的位置，而在制造业中，高新技术产业占据着关键位置。高新技术产业的发展除了与技术水平相关，同时也与广泛的服务活动相关——这种服务的范围相当广泛，包括金融、保险、物流、风险投资、产业孵化、信息提供、人员培训、职业教育以及医疗保健。这种趋势不仅在制造业中，在高新技术产业中也逐渐表现出来。“硅谷模式”的不可复制性就在于，发展中国家包括中国，能够复制硅谷企业的技术，但是却无法复制支持硅谷繁荣的企业生态——便利的融资渠道、宽松的创业投资环境、活跃的人才和技术交流市场等。

目前，对高新技术产业与现代服务业结合领域的研究还存在一些空白。但是，随着信息处理量的增大，网络建设的不断完善，企业之间、行业之间的信息沟通，企业与客户关系的维护，企业与众多代理商的交易，企业人员的教育与培训，生产 R&D 的投入等等方面的协调与发展都说明，生产与服务的关系越来越紧密。服务尤其是现代服务业的介入，才能促进中国从工业社会向后工业社会的转变。

北京现代制造业的适度发展也体现在现代制造业和现代服务业尤其是生产性服务业的融合发展。其二者的融合体现了制造业和服务业之间更深层次的专业化分工，既可以提升企业的专业化水平，让企业集中力量于自身的核心竞争力，提高企业的生产效率和产出质量，又可以促进企业充分利用各种社会资源，降低企业的运营成本，实现现代服务业和现代制造业之间的相互支撑和协调发展。

从北京现代制造业与生产性服务业融合发展的现状来看，其二者的融合发展更多地表现为服务业向制造业的渗透，特别是与生产过程相关的生产性服务业直接作用于制造业的生产流程，例如在很多以制造为主的企业中，其服务所产生的利润越来越高，而这将为生产性服务业从制造业中脱离出来形成产业奠定了良好的基础。在现代制造的各个环节中，部分环节正在不断剥离，例如包装、物流等这些新兴的服务行业正是从传统的制造业中剥离出来并不断发挥更加专业的作用。而在制造业竞争激烈的基础上，区域合作非常重要。因此，在区域经济发展的基础上搞好制造业和服务业的融合与协调发展是促进区域合作的重要途径。

现代制造业与生产性服务业的边界将随着二者的融合与协调发展变得越来越模糊。我们要不断挖掘现代制造业的各个环节的发展潜力，通过制造行业的发展促进服务业的产生和发展，关注生产性服务行业的特征及逐渐渗透的现代制造业的生产流程，使二者之间达到你中有我、我中有你的状态。而此二者的协调发展将大大提高制造业对经济的带动作用，同时也能促进北京市第三产业的发展，为产业结构的调整和升级提供保证。

8.2.4 北京现代制造业发展的区域协调

北京现代制造业的适度发展，要求有关方面充分重视区域合作与协调。经验表明，只有具备密切的联系与合理的空间劳动分工，才能提高制造业的竞争力。北京是位于环渤海区域的中心城市，目前这个区域的整体经济实力不强，落后于以上海为龙头的长三角地区和以广州为龙头的珠三角地区。进入21世纪，振兴环渤海区域经济已经成为促进区域协调发展的重大战略，而京津冀合作发展是加快环渤海区域发展的关键。

环渤海区域经济发展相对落后的主要原因之一，就是在这个地区缺少具有强辐射作用与带动作用的经济中心城市，亦即北京的龙头作用与经济中心作用不明显，对整个区域经济发展的带动作用不够。从产业的角度讲，是区域产业结构不合理，不能最充分有效地利用该地区海陆资源富庶、科技教育发达以及占全国1/3的大陆海岸线等优势。因此，加强北京与周围地区的区域协调是发挥环渤海和京津冀地区整体优势、加快北京发展的必由之路。

由图 8－1 可以看出，北京、天津两个直辖市和围绕京津的河北省唐山、承德、张家口、保定、廊坊、秦皇岛、沧州 7 座城市组成的京津冀都市圈是中国沿海地区的核心经济区域之一，是中国经济社会发展和参与全球竞争的重要区域，其内部的合作对各组成地区的经济社会发展具有重要意义。从全国来看，京津冀都市圈是三大都市圈之一，但和长三角、珠三角地区相比，区域统筹和整体发展明显不足。随着社会主义市场经济的发展，京津冀都市圈各组成地区之间合作的发展潜力巨大。北京的东部、南部、东南部与天津、河北等地在产业、交通等方面具有紧密的联系，并呈现出良好的发展态势。特别是在京津城镇走廊上分布有机场、港口、铁路、高速公路等战略资源，城镇发展具有良好的基础条件。

环渤海地区已成为继珠三角、长三角地区之后的我国第三个大规模区域制造中心。依托原有工业基础，环渤海地区不仅保持了诸如钢铁、原油、原盐等资源依托型产品优势，同时新兴的电子信息、生物制药、新材料等高新技术产业也发展迅猛，以京津冀地区为中心的环渤海地区，已经成为中国电子信息产业发展的中心之一。

实行区域统筹协调发展，加强北京与京津冀地区特别是与京津城镇走廊及北京周边城市的协调，不断完善地方产业配套体系，通过建立快速产业配套协作圈，加快推进有北京特色的重点产业集群，努力提升集群竞争力及区域整体竞争力，才能推动北京现代制造业发展乃至整个环渤海和京津冀的发展。

由于受各种因素特别是行政力量的影响，到目前为止，缺乏一个统筹协调发展的区域规划，各省市经济发展基本上各自为战，自成体系，未能形成地区的整体优势，没有形成合理的产业分工与合作格局。以致产业结构雷同，资源配置不合理，腹地重合，市场分割，重复建设，甚至经常发生争原料、争市场、争项

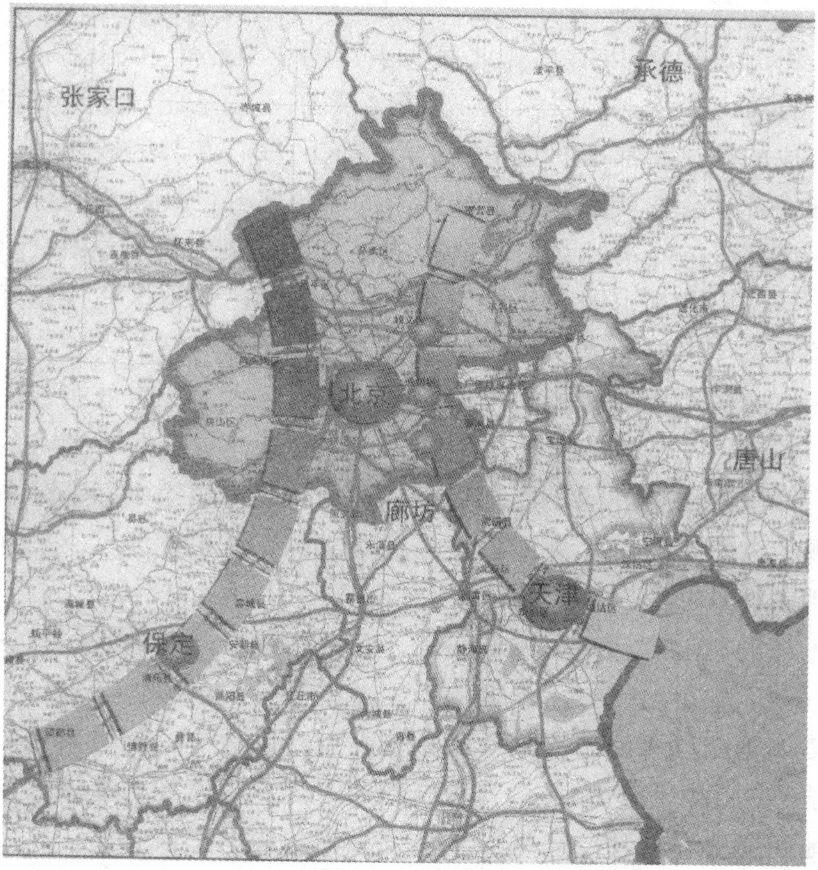

图8-1　北京的区域空间发展示意图

目的现象。重复投资与重复建设不仅带来了大量经济损失和资源的浪费，还直接造成整个区域经济发展水平落后。要素市场流动性较差，区域合作机制和跨省市按产业链组织的经济形态尚未形成。所以，该地区的经济落后于长三角和珠三角地区。

根据京津冀地区的地理位置、资源配置以及人才状况，我们认为，京津冀区域协调发展应采取以下措施：

1）积极推进环渤海地区的经济合作与协调发展，加强京津冀地区在产业发展、生态建设、环境保护、城镇空间与基础设施布局等方面的协调发展，进一步增强北京作为京津冀地区核心城市的综合辐射带动能力。与此同时避免区域内不同城市产业发展的趋同性，充分发挥各城市的优势资源和力量。

2）加强与以天津港为核心京唐港（王滩港区、曹妃甸港区）、秦皇岛港共同组成的渤海湾枢纽港群海洋运输体系的协调，建立以北京为核心的区域高速公路和铁路运输体系，以北京首都机场为枢纽的区域航空运输体系，形成陆海空一体、国际国内便捷联系的区域交通网络。为制造业的产业链延伸打下基础，使得区域合作与制造产业上下游关联产业同步协调发展。

3）以自主创新为先导，打造先进制造业基地和现代服务业基地，不断提高环渤海经济圈的国际竞争力。一要不断增强自主开发能力，推进环渤海经济区产业结构升级。完善政府支持、企业主导、产学研结合的开发体系，确立企业技术创新和科技投入的主体地位，把技术引进和消化吸收再创新结合起来，有效整合人才资源，全面提升区域自主创新能力。二要着力发展现代制造业。制造业的规模效应以及生产率的提高，对整个地区经济发展具有较大的推动力和外部性，不仅有利于吸收大量人口就业，加快本地区农村劳动力转移和城市化，而且可以实现工业专业化与市场经济的互动发展。重点在信息技术、现代装备、交通运输、生物医药等领域发展科技含量高、竞争优势明显的特色产业集群，形成一批拥有自主知识产权和知名品牌、有市场竞争力的优势企业。三要大力发展现代服务业，着力提高传统服务业的质量和水平。在环渤海区域建设一批集批发、零售、仓储、运输为一体的配货中心、商业中心和商品集散地，形成快捷通畅的现代物流网络体系。

4）加强各城市的政策规划和协调控制机制，创新企业间合作的网络模式，完善各种法规制度、监督机制等，为区域间制造活动的良性发展提供制度保证。

小　结

本章主要探讨了适度发展北京现代制造业的内涵及途径。从历史的角度来看，北京现代制造业的发展要在几个方面协调好关系才能达到适度：处理好与北京市自然环境、自然资源和社会环境、社会资源的关系，即关注制造产业产生和发展的历史需要和社会需求，才能更好地把握发展方向；处理好与北京城市发展的关系，协调城市发展中自组织和它组织的关系；处理好与服务业尤其是生产性服务业的关系。

第9章

北京制造业工业园区发展

20世纪80年代末，海淀区建立了“新技术产业开发试验区”，这是在北京市建立的第一个工业（科技）园区。邓小平同志南巡谈话发表以后，北京各类工业区、开发区、试验区犹如雨后春笋般地建立起来。

9.1 北京经济工业园区产生及发展

9.1.1 科学工业园区产生的国际背景

世界科学工业园区发展从自发形成到蓬勃发展经历了三个阶段：

第一个阶段（1951—1980年）：缓慢发展。以美国硅谷和英国剑桥科学园为代表。美国是世界科学工业园区的发祥地。这一阶段工业园区发展特点为：数量比较少，园区多数分布于发达国家，少数工业园区成效显著。

第二阶段（1980—1990年）：快速发展。各国的科学工业园区开始迅速建设，数量和质量都有所提高，分布的国家也比较广，发展中国家也开始学习发达国家的经验建立工业园区，使得园区的建设对各国以及地区的经济发展和产业升级起到了很好的带动作用。

第三阶段（20 世纪 90 年代以来）：稳定发展。科学工业园区在发展中国家和地区蓬勃兴起和发展，如中国内地在 20 世纪 80 年代后期开始创办工业园区。

世界科学工业园区发展的模式有三类：第一类是优势主导模式，主要是依靠一个地区的各种优势包括人力资源优势、地理优势、资金及科技优势等等来谋求地区的发展。第二类是优势导入模式，即地区优势不突出，但是面临很多问题，因此政府或者其他进入者创造条件谋求未来的发展。第三类是优势综合发展模式，即综合利用地区优势以及其他综合的政策等谋求发展。

9.1.2 经济工业园区产生的国内背景

在吸收世界科学工业园区建设经验的同时，我国在 20 世纪 80 年代后期也开始探索并建立工业园区，第一代工业园区是伴随着中国的改革开放而建立起来的经济技术开发区，主要功能是坚持以工业为主，吸引外资拓展出口为主。地点主要以深圳、珠海、汕头和厦门试办的经济特区为主。实践证明，这些工业园区的建设在政策指导并综合利用地区优势资源的情况下，为地区经济的腾飞起到了重要的推动和支撑作用。第二代工业园区是高新技术产业开发区，主要功能是发展我国高新技术产业。第二代工业园区的建设丰富了科学工业园区的内涵。由于我国在工业园区的建设过程中，出现了盲目占用大量耕地、能源和重要原材料等情况，为地区的生态环境建设带来了巨大威胁，因此，我国政府将第三代工业园区的建设调整为生态工业园区的建设。

9.1.3　北京科技工业园区产生及布局

北京市2008年末共有19个开发区，包括分园区在内共28个，规划面积为40843136公顷，按分布区域分，除北京经济技术开发区、中关村科技园区（包括海淀园、丰台园、昌平园、电子城、亦庄园、德胜园、石景山园、大兴生物医药基地8个分园区）和北京天竺出口加工区3个国家级开发区外，其他主要分布在11个区县，其中通州区5个，大兴区、顺义区、怀柔区、平谷区各3个，房山区、延庆县各2个，石景山区、门头沟区、昌平区、密云县各1个。

截至2008年年底，累计入区企业32979家，比上年末增加1907家；其中投产企业23500家，减少226家。就全国范围内来说，北京市的工业开发区依托首都优势，招商引资机会众多，经营应当说是比较成功的。然而，即使这样，在各开发区之间仍然形成了激烈的投资争夺战。

9.2　北京经济工业园区发展状况

9.2.1　北京经济工业园区发展特点

同南方地区和沿海开放城市相比，北京工业（科技）园区的建设起步较晚，但能在短期内取得比较好的成效，是有其自身特点和经验的，主要表现在：一是依托优势，统一规划，合理布局，避免了区县自行其是，乱圈地、乱占地和荒地现象的发生；二是坚持基础设施建设先行的原则，把加快基础设施建设，完善市政配套设施作为首要任务来抓；三是坚持“小块起步，分期开发，滚动发展”的建设方针，以项目带开发，开发一片，建成一片，收益一片，再开发新的一片；四是坚持“广开门路，多方求助”的方法，利用各种渠道，筹措开发资金。五是着眼于发展高新技术产业，积极引进国内外大公司在工业（科技）园区投资兴业，现已有几十家国际大公司先后在这些园区落户。

2008 年，中关村科技园区投产开业企业 18590 家，实现总收入 10081.4 亿元，比上年增长 12.4%；出口总额 232.9 亿美元，增长 18.3%；实现利润 760.8 亿元，比上年下降 3.3%；应缴税金 512.9 亿元，比上年增长 20.7%。北京市经济技术开发区投产开业企业 974 家，实现总收入 2900 亿元，比上年增长 1.2%；实现利润 250 亿元，比上年下降 23.9%；应缴税金 160 亿元，比上年增长 32.1%。

9.2.2 北京经济工业园区发展作用

北京工业（科技）园区的建立和目前所呈现出来的发展势头，对全市经济和社会的发展，起了积极的促进作用。

（1）北京经济新的增长点

工业（科技）园区建立以来，保持了良好的发展势头，工业产值、利税大幅度增长，新建企业投产速度快，2008 年全年各类开发区实现总收入 12909.9 亿元，增长 13.2%，利润 894 亿元，应缴税金 640 亿元，增长 25.5%。今后，多数工业（科技）园区在郊区、在全市经济总量的比重会大大提高，成为郊区及北京经济的新的增长点。

（2）吸引外资的基地和对外开放的窗口

工业（科技）园区的设立，改变了以往长期存在的工业布局分散，基础设施条件差，环境保护落后的局面。而以其集中的规模布局，良好的基础设施条件，改变了投资环境，显示了北京改革开放的新形象，对国际大公司产生了很强的吸引力，几十家国际大公司到郊区工业（科技）园区安家落户，就是有力的证明。

（3）带头实行“两个转变”

统一规划建设工业（科技）园区，有利于节约土地资源，有利于环境保护，走的是一条集约化发展的道路，符合国家提出的经济要实现两个转变的要求。

（4）促进郊区城镇建设

按照北京城市总体规划，为改变人口和产业过于集中于市区的现状，要逐步将人口和产业向郊区作战略转移，而工业（科技）园区的建立，则正是这种转移的重要组成部分。郊区城镇的建设，最终取决于当地经济的发展水平。工业（科技）园区的发展，会大大增强其经济实力，改善当地的环境，从而推动城镇的建设，进一步加快郊区的城镇化步伐。

9.3　北京现代制造工业园区规划与发展

9.3.1　北京科学工业园区内制造工业的发展状况

在 28 个科学工业园区中，除部分工业园区以服务业、旅游业为主外，绝大部分工业园区的建设都涵盖了现代制造业：

（1）中关村科技园区

中关村科技园区是中国第一个国家级高新技术产业开发区。2008 年年底园区拥有新技术企业 8000 余家，其中技工贸总收入超亿元的企业有 180 家；外资企业 1400 余家，其中全球 500 强企业 43 家；微软、IBM、摩托罗拉等 23 家高技术跨国公司在中国区设立了研发机构；有留学人员 3600 余人，创办企业 1200 多家。此外，联想、北大方正等一批代表中国高科技企业形象的企业也已入区。经过10多年的发展，中关村科技园区形成了以电子信息产业为主导、结构合理的高科技格局。以产值为例，其中电子信息占64.5%，光机电一体化占14.6%，新材料新能源占6.7%，生物医药占45%，其他领域占6.4%。

（2）北京经济技术开发区

北京经济技术开发区（亦庄）于1991年8月15日经北京市人民政府批准开始筹建，1994年8月25日经国务院批准为国家级经济技术开发区。1999年国务院批准加快中关村科技园区建设，北京经济技术开发区中的7平方千米被同时定名为中关村科技园区亦庄科技园。

北京经济技术开发区是北京唯一的国家级经济技术开发区，同时享受国家级经济技术开发区和国家高新技术产业园区双重优惠政策。

北京经济技术开发区入区企业超过千家，投资总额超过50亿美元。其中三资企业投资额占75%以上，高新技术企业产值占全区工业总产值的80%以上。北京经济技术开发区已经形成了电子信息（含微电子）、光机电一体化、生物工程与新医药、新能源与新材料及软件制造等五大主导产业，正在建设着“星网工业园”、“GE工业园”、“中芯国际产业园”、“京东方产业园”、“富士康工业园”、“首信工业园”等主导产业园，及“宏达”、“中和”、“隆盛”、“永昌”等综合工业园。诺基亚、通用电气、施耐德、拜耳、三洋、松下电器等世界500强企业近40家在开发区投资建厂。

（3）北京天竺空港工业区及出口加工区

北京天竺空港工业区，是1994年1月经北京市人民政府批准成立的市级工业区，是一个以国际标准建设、按国际惯例管理的经济区域。总体规划面积7.8平方千米。首期开发3.5平方千米。北京天竺空港工业区管理委员会代表政府对工业区实行统一领导和管理。空港工业区规划科学、功能齐全、基础设施、市政条件完善。在已开发的土地上实现了“九通一平”，并且法制健全、政策环境优越、办事程序简便、服务优质高效。目前已吸引了来自 20 多个国家和地区的一批著名跨国公司和高科技企业投资，初步形成了以生物技术和新医药、电子信息、光机电一体化、现代物流、新材料等五大行业为支柱的产业格局，成为了“世界工厂”的聚集地，投资者在这里尽展风姿。

北京天竺出口加工区于 2000 年 4 月经国务院批准设立，为全国首批 15 家出口加工区试点之一，是北京唯一的国家级出口加工区。出口加工区是实施海关封闭管理的特殊区域，实行境内关外的监管模式，按照国际惯例操作运行，为出口加工企业提供更为宽松和便利的经营环境。

北京天竺出口加工区位于空港工业 A 区，距首都国际机场 1 千米，规划面积 2.726 平方千米，一期开发 1.251 平方千米。建有 1 万平方米验货场，1 万平方米监管库，3 万平方米标准化厂房，达到“六通一平”。按照功能规划分为：管理和服务区、海关监管区、标准化厂房集中区、加工集中区。其发展目标为：建成首都外向型企业最集中、出口规模最大、对外开放程度最高的地区，北京市高科技产业化先导区、出口创汇重点区、加工贸易示范区。

在出口加工区内设立：

①出口加工企业；

②专为出口加工企业生产提供服务的仓储企业；

③经海关核准专门从事加工区内货物进出的运输业；

④出口加工区鼓励发展电子信息产业、生物医药产业、光机电一体化产业、新材料产业及其他各类高科技产业。

（4）北京通州工业开发区

北京通州工业开发区是由北京市人民政府批准建立的市级工业开发区，位于通州卫星城东南 5 千米的张家湾镇，规划面积 8.78 平方千米。开发区以其优越的交通条件、配套齐全的基础设施和完善服务体系为中外客商投资置业创造了良好的投资环境。

目前开发区有技工贸各类入区企业212家，投资商分别来自美国、法国、德国、马来西亚、日本、新加坡等十多个国家和地区以及国内的部分省市，国内外的一批知名大公司在区内投资建设。如美国的PPG公司、美国晶体技术公司，日本的旭硝子株式会社，法国的埃尔夫阿托化学公司，德国的工业自动化集团、奥托博克公司，马来西亚金狮集团，国内有吉林森林工业股份有限公司、北京农业集团等。形成了以新材料、新医药、电子、精细化工为支柱的新技术新材料产业园区。

（5）北京雁栖经济开发区

北京雁栖经济开发区成立于1992年，于2006年7月通过国务院审核，成为北京市19家被保留的开发区之一。总规划面积1493公顷，包括“一区两园”。其中“一区”指北京雁栖经济开发区，“两园”指北京雁栖经济开发区经纬园与北京雁栖经济开发区凤翔园。至2009年，北京雁栖经济开发区已进驻企业300多家，其中来自美国、德国等17个国家和地区的外资企业就有70多家。区内聚集了美国玛氏（Mars）、波尔（Ball）、圣尼斯种子（Seminis）、奥特奇（Attech）、欧文斯科宁（Owens Corning），日本朝日（Asahi）、丘比（Kewpie），泰国红牛（Redball），中国台湾顶津，瑞士科莱恩（Clariant），意大利刮拉瓶盖（Closures），国内大北农、安东石油、妙士乳业、天惠药业等一大批知名企业，形成了以外方投资企业为主的食品饮料、包装印刷、电子信息、生物制药产业基地。

目前，北京雁栖经济开发区正在着手打造“新九通一平”，即信息通、准入通、配套通、物流通、融资通、市场通、人才通，核算通、人脉通和新经济平台，全面提升开发区的服务软环境。今后，北京雁栖经济开发区将以“生态、环保”为主题，在产业发展方面将继续做大做强食品饮料、包装印刷两大优势产业，同时大力发展电子信息、生物制药、新材料等高新技术产业和先进制造业，全力打造一个现代化的绿色的科技新城。

（6）北京密云经济开发区

北京密云经济开发区总公司其前身为北京市密云县工业开发区总公司，是密云县政府派出机构，负责管理北京密云经济开发区，经营业务范围包括：开发区整体规划、基础设施开发、土地出转让及房地产开发、产业投资。公司成立于 1992 年，注册资金 2.8 亿元，实际总资产达 50 亿元。

开发区规划面积 35 平方千米，是教育部认定的“中国高校科技产业基地”、科技部批准的“国家火炬计划北京绿水高新技术产业基地”、北京市科委建立的“北京高新技术成果孵化产业基地”。1999 年国务院将其列入中关村科技园辐射区。2000 年升入北京市级开发区。目前，入区企业 136 多家，以清华威视股份、仁创集团为代表的高新科技产业基地，以韩国万都、福田汽车为代表的汽车零部件产业基地，以伊利、太子奶、今麦郎为代表的绿色食品产业基地，以华源仁济医药物流港为代表的生物医药产业等都已形成一定规模。我们的发展宗旨是：按照北京市经济发展战略和总体规划要求，坚持“发展是硬道理”，把开发区建设成为“规划科学、环境优美，产业集聚、特色突出，总量增加、就业充分的绿色生态园区”。

（7）北京大兴工业开发区

北京大兴工业开发区是北京市级开发区，兴建于 1992 年。面积 10 平方千米，它具有高标准的“八通一平”市政基础设施，包括供水、排水、供电、供热、供气、道路、电信和宽带网，地貌平整。

在北京各市级开发区中，大兴工业开发区距市中心最近，交通便捷。这里历来是京畿要地。大兴作为北京的直属区县已有 800 多年历史，是天下首邑。

北京“三纵三横”快速城市道路网络分布在开发区四周，

入区企业可享受到铁路、空运、海运服务。由开发区通往市中心的轻轨系统也已规划。

经过10年建设，大兴工业开发区以区内的北京基因园、软件园、留学生创业园为依托，形成了生物医药、电子软件、新材料等行业在内的高科技产业及都市型工业。它正向集研发、制造和营运于一体的国际化现代产业经济区发展，构筑环京高新技术产业带上的重要链环。

（8）北京八达岭工业开发区

北京八达岭工业开发区位于延庆县城西南，东邻八达岭长城，西毗康西草原，北接延庆万亩森林公园。区间东侧有直通延庆县城（京张110国道）快速路，南侧有京张高速路，北侧有京包铁路线，西侧有专用铁路线一条。区内已铺设道路万余米，纵横交叉已形成网络。八达岭工业开发区距城区二环路德胜门62千米，八达岭高速公路直通区内，从市区开车40分钟即可到达。开发区西部与河北省怀来县相连，高速公路距怀来县城30千米，距张家口市90千米。

八达岭工业开发区于1992年8月经市政府批准成立，规划面积4.891平方千米，其前身市八达岭经济开发区，2000年12月，经市政府批准为市级开发区。

按照《北京城市总体规划》和《北京工业布局调整规划》区内分为高新技术产品加工区、轻工业加工区、科技服务项目区、新产品开发中试基地、服务设施区等部分。经过8年多的建设，开发区基础设施已达到六通一平。

（9）房山工业开发区

房山工业开发区经过多年的开发建设，已形成基础设施完备、服务体系完善、投资平台广阔、人才科技密集、企业蓬勃发展的良好态势。按照产业、产品的关联和聚集程度形成了三大产业基地。一是以房山工业园区为基础，依托全国大型石化公司——燕山石化的技术、人才、原料等诸多优势，以延伸产业链条，提高附加值和科技含量为目的建设的石油化工和新材料产业基地。该基地到 2010 年，预计实现收入 1000 亿元；二是以区政府所在地良乡周边的工业开发区为发展空间，依托中央、市属大型企业建设的机电装备产业制造基地；三是依托房山传统的建材优势，与大型建材龙头企业北新建材、金隅集团等合作共建的北京新型建材产业基地。同时，以都市工业为主的农民就业产业基地正在快速发展。一批符合首都功能需要的高新技术企业如中旺食品、首创轮胎、北一机床、四环制药、燕京汽车、佳晋彩印、新兴集团、红都集团、杜邦公司等相继落户开发区。由此形成了石油化工和新材料、机电装备制造业、新型建材、生物医药、都市工业五大支柱产业的龙头，经济实力日益壮大。房山工业开发区已成为首都经济最具潜力和最具吸引力的投资区域之一。

（10）北京林河工业开发区①

北京林河工业开发区坐落在首都国际机场东侧的顺义区境内。自 1993 年成立至今，经过十年的发展建设，拥有了“九通一平”的基础设施，即给水、排水、电力、热力、通讯、宽带网络、有线电视、天然气、道路和场地平整，引进了企业百余家，吸引投资百亿元，其中高科技企业占 85%，是北京市高科技产业的摇篮。截至 2003 年 7 月，林河工业开发区共完成总产值 51.2 亿元、地区生产总值 17.4 亿元、销售收入 47.24 亿元，全年可实现总产值 100 亿元。工业区各项事业蓬勃发展，各项经济指标已连续 5 年以 60% 的速度递增。优越的地理位置、齐全的配套设施、完善的物业功能和全方位的服务体系，使林河开发区初步形成了四大产业同业交融、协调发展的良好格局。

1）微电子产业——优势初显。北京作为中国首都，在科技、信息、人才、资金、政策等多方面具有得天独厚的优势。目前电子信息产业已成为北京工业的第一大支柱产业。在微电子技

---

① 肖莉：“北京林河工业区”，《投资北京》，2004 年第 4 期，第 46 页。

术及产品方面，北京已初步形成了从研发、设计、制造、应用，到设备、材料研制互动发展的格局，一个较完整的产业发展链已具雏形，推动了首都经济的可持续发展。2000 年 10 月，北京林河工业开发区凭借其优越的地理位置、完善的服务体系和雄厚的资源优势，在众多开发区中脱颖而出，成为中国北方微电子产业基地。入驻园区的主要代表企业是有色金属研究及半导体材料股份有限公司（简称“有研硅股”）。该企业拥有我国第一条自主知识产权的八英寸单晶硅生产线。项目总投资 20 亿元，建设半导体材料生产基地，全部投产后年销售收入额可达 20 亿元人民币，年创利总额可达 5.6 亿元人民币。

2）光机电一体化产业——推陈出新。为了追踪国际光机电一体化的发展趋势，发挥北京地区科技和人才优势，调整北京光机电一体化的产业结构，构筑新世纪经济增长点，打造现代制造业产业群落，北京林河工业开发区重点发展了光机电一体化产业，并引进了业内的龙头企业——北京第一机床厂，该项目总投资 10 亿元人民币。达产后，年创产值 11 亿元人民币，年上缴利税 8000 万元人民币，年出口创汇额可达 2000 万美元。该项目将建成中国最大的数控机床研发、生产基地。

3）生物新医药产业——异军突起。为了更好地促进医药成果产业化，加速医药产业的发展进程，北京林河工业开发总公司、全国医药技术市场协会、北京双鹤药业股份有限公司和北京首创大地生物药业有限公司等多家股东成立了北京通和远博医药科技发展有限公司。该公司以市场型医药行业协会的形式规范药品交易，使企业更加了解国际生物领域的最新动态，促进开发区内医药企业的产品换代更新，延长企业生命周期；同时帮助政府及开发区把握生物技术和医药产业发展的方向，以更好地制定相应的生物技术产业政策，吸引国内国际生物技术及医药企业到北京投资、合作办厂，实现医药产业成果转化的市场机制，并促进北京医药企业的健康发展。到目前为止，开发区引进的百余家企业中有包括在国产人工关节领域填补空白的北京普鲁斯复星外科植入物有限公司在内的 20 余家生物医药企业，并且企业之间实现了优势互补、共同发展。

4）汽车及配套零部件产业——抓住机遇。为了积极应对中国加入世界贸易组织的挑战，抓住北京建设国际化大都市的发展机遇，北京市确定了以汽车工业为突破口，加快传统产业调整改革步伐，振兴装备制造业的调整思路。通过现代汽车的资本进入、产品导入和业务重组，实现了汽车工业布局向顺义区相对集中的格局，并于 2002 年 11 月确定北京林河工业开发区为北京汽车及配套零部件生产基地。代表企业是北京现代汽车有限公司。北京现代是中国加入世界贸易组织后批准的第一个汽车生产领域的合资项目，这个项目得到了中韩两国政府的大力支持和高度重视，并被北京市确定为振兴北京现代制造业的龙头项目，揭开了北京汽车制造业的新篇章，一座现代化的汽车城将在这里崛起。

（11）北京石龙工业开发区

北京石龙工业开发区是 1992 年 1 月经北京市人民政府批准建立并最早纳入北京市城市建设总体规划的工业开发区之一，规划面积 4 平方千米。2000 年末晋升为市级工业开发区。

目前，工业开发区市政基础设施完善，区内土地全部实现了“六通一平”，工商、税务等社会服务机构齐全。优越的地理位置、宜人的投资环境、完备的基础设施和齐全的服务机构吸引了大批国内外投资者，杜邦公司、万辉药业集团等一批市场前景好、科技含量高的国内外知名企业入区建厂。如今，石龙工业开发区已经发展成为一个以电子工业、生物医药、轻工食品、精细化工和新型建材为主导产业的、外向型多功能和综合性的现代化工业园区。

（12）北京良乡工业区

北京良乡工业区于 1992 年 10 月经北京市政府批准设立。总规划面积 6 平方千米，首期开发 944 亩，现已实现“六通一平”。工业区下设高科技园区，仓储物流区和夏庄工业园区。近年来工业区保持了经济高速增长的良好势头，北京电力公司、北京四环制药厂、北京天维康高科技有限公司、中油北京销售有限公司等一批国内外企业相继落户工业区，形成了以生物制药、光机电一体化和能源销售为主体的行业格局。

2008年各开发区的建设和发展状况如表9－1所示。

表9－1　2008年各类开发区投资、生产情况

名称	自年初累计						
	固定资产投资（万元）	新增固定资产（万元）	房屋建筑施工面积（平方米）	房屋建筑竣工面积（平方米）	总收入（万元）	利润总额（万元）	应缴税金总额（万元）
北京经济技术开发区	1019614	809464	3117903	582373	30274994	2720206	1385862
中关村科技园区	828448	531663	4152247	834046	102224442	7263153	5039552
中关村科技园区海淀园	232569	135490	707424	98075	48462924	3248162	2330953
中关村科技园区丰台园	195354	—	1244804	219500	12850134	591772	403210
中关村科技园区昌平园	114187	24005	253959	49778	6236200	524330	286774
中关村科技园区电子城科技园	23841	—	439408	—	7476436	329973	343345
中关村科技园区亦庄园	—	—	—	—	23458556	2268483	1501665
中关村科技园区德胜园	61359	127246	666216	229496	869045	116459	47061
中关村科技园区雍和园	161446	228414	379941	200838	987673	34494	42174

续表

名　称	自年初累计						
	固定资产投　资（万元）	新　增固定资产（万元）	房屋建筑施工面积（平方米）	房屋建筑竣工面积（平方米）	总收入（万元）	利润总额（万元）	应缴税金总　额（万元）
中关村科技园区石景山园	6944	876	79397	7199	1099764	124378	50721
中关村科技园区通州园	2100	177	79029	—	652951	3681	19700
中关村科技园区大兴生物工程与医药产业基地	30648	15455	302069	29160	130759	21421	13949
北京天竺出口加工区	3218	—	11729	—	90535	17297	855
北京石龙经济开发区	25700	22	151414	—	2937413	18806	124300
北京良乡经济开发区	12800	12800	3500	3500	1767151	30958	86802
北京大兴经济开发区	12504	4724	119150	10572	575319	4214	16812
北京通州经济开发区	11490	5000	105568	32900	707938	20084	33711
北京雁栖经济开发区	44514	49619	232786	128192	1413477	91377	95066
北京兴谷经济开发区	16153	2064	22412	22412	1272846	61383	68116
北京密云经济开发区	44775	20614	158934	2699	1133716	6842	43348
北京林河经济开发区	34200	3033	38472	—	3889714	192134	273160
北京天竺空港经济开发区	443551	35468	790248	51030	7029827	498017	396079

续表

名称	自年初累计						
	固定资产投资（万元）	新增固定资产（万元）	房屋建筑施工面积（平方米）	房屋建筑竣工面积（平方米）	总收入（万元）	利润总额（万元）	应缴税金总额（万元）
北京八达岭经济开发区	38057	38057	—	—	650094	18062	36415
北京永乐经济开发区	—	—	—	—	18631	794	2200
北京延庆经济开发区	37063	37063	—	—	734172	-169	54147
北京昌平小汤山工业园区	1327	1327	6760	6760	135439	992	2575
大兴采育经济开发区	27290	25590	48703	15318	92227	3100	1829
北京房山工业园区	5286	180	164417	164417	61210	-921	1602
北京马坊工业园区	16177	16177	21768	21768	74380	2597	5688

9.3.2 北京现代制造业园区规划

北京12个工业园区发展现代制造业的规划及格局参见表9-2。

表9-2 北京12个工业园区的现代制造业产业发展规划及格局

工业园区名称	产业发展规划及格局
中关村科技园区	电子信息产业为主导（占64.5%），光机电一体化、新材料新能源、生物医药等产业格局
北京经济技术开发区	电子信息（含微电子）、光机电一体化、生物工程与新医药、新能源与新材料及软件制造等五大主导产业格局

续表

工业园区名称	产业发展规划及格局
北京天竺出口加工区	生物技术和新医药、电子信息、光机电一体化、现代物流、新材料等五大行业为支柱的产业格局
北京通州工业开发区	新材料、新医药、电子、精细化工为支柱的新技术新材料产业格局
北京雁栖经济开发区	外方投资企业为主的食品饮料、包装印刷、电子信息、生物制药产业基地
北京密云经济开发区	高新科技产业基地、汽车零部件产业基地、绿色食品产业基地、生物医药等产业格局
北京大兴工业开发区	生物医药、电子软件、新材料等行业在内的高科技产业及都市型工业
北京八达岭工业开发区	高新技术产品加工区、轻工业加工区、科技服务项目区、新产品开发中试基地、服务设施区等产业格局
房山的工业开发区	石油化工和新材料、机电装备制造业、新型建材、生物医药和都市工业五大支柱产业格局
北京林河工业开发区	微电子产业、光机电一体化产业、生物新医药产业、汽车及配套零部件产业协调发展格局
北京石龙工业开发区	电子工业、生物医药、轻工食品、精细化工和新型建材为主导产业的、外向型多功能和综合性的现代化工业园区格局
北京良乡工业区	生物制药、光机电一体化和能源销售

由表 9 – 2 可以看出，12 个工业园区的产业格局的形成都基本以现代制造业为主，北京工业的发展离不开制造业，而制造业的发展主要以现代制造业为主，现代制造业目前的发展在北京以园区的模式展开，并主要分布在北京城市的郊区，各制造工业园区的发展目前都已经形成了比较稳定的规模和格局。

9.3.3 北京生态工业园区建设的启动

2008 年 8 月全国人大常委会发布的《中华人民共和国循环经济促进法》第二十九条中明确指出："各类产业园区应当组织区内企业进行资源综合利用，促进循环经济发展。国家鼓励各类产业园区的企业进行废物交换利用、能量梯级利用、土地集约利用、水的分类利用和循环使用，共同使用基础设施和其他有关设施。"为生态工业园区的建设提供了法律依据和指导。2007 年 11 月 14 日由北京市工业促进局联合市发改委、市科委、市统计局等 6 委办召开了北京市开发区生态工业园试点建设启动会，会议宣布大兴生物医药产业基地、林河、密云经济开发区三个生态工业园试点园区的建设被首批启动。会议要求相关单位探索建设经验、完善推进政策、建立评价标准，带动并指导全市开发区朝着生态化方向发展，实现北京工业又好又快发展。目前评价生态工业园区的指标正在研究和制定过程中。北京生态工业园区的发展和建设进一步说明北京现代制造业的发展要协调好与资源环境的关系，搞循环经济，才能实现持续发展和健康发展。

9.4 北京制造业工业园区发展面临问题

经过近 30 年的建设，北京工业园区快速发展，为北京市经济的发展和工业产值的增加作出了巨大贡献。目前各个工业园区形成了稳定的产业布局和发展趋势。但是在发展过程中依然存在不少问题需要给予重视。

（1）关于北京工业园区的评价问题

工业园区发展几十年，到目前为止还没有形成一套切实可行的用于工业园区综合发展状况的评价指标和评价方法。虽然国家环保总局针对生态工业园区的发展出台了一系列的指标，但是由于我国生态工业园区的发展时间较短，无法从纵向发展的角度作综合评价，而统计方面也没有形成规范数据的收集和整理。因此使得国家评价指标出台了，但是评价工作以及评价后的调整工作进展不大。目前的学术界针对不同的区域以及功能分别制定了一些针对性的指标，但评价指标的大部分数据具有较大的主观性，对每个工业园区的实际运行经济数据、能耗数据、人力资源数据、技术研发数据等无法准确取得，使得评价结果的科学性大打折扣。

针对这种情况，我们建议北京市有关方面应该针对不同级别的工业园区制定不同的评价指标，在保证指标数据可取得的前提下由政府牵头负责数据的收集，从而保证数据统计的真实性和有效性，同时利用指标体系选择合适的方法对北京目前形成的不同工业园区进行综合评价，从而为评价标准的制定打下基础。这种评价不仅包括时间上的纵向评价，也包括空间上的横向评价，根据各区域的特色产业进行，避免急功近利，从而可以很好地了解各个工业园区的发展状况并进行及时的战略调整和长期的跟踪，促进各工业园区的良性发展。

（2）工业园区产业布局的重复规划

制订工业园区的产业发展规划要考虑区域的资源禀赋。从北京市现有的工业园区产业格局来看，产业结构规划有重复现象，重点发展产业不突出，产业发展与区域特色资源结合不够紧密。这种结果一方面由市场驱动，因为对于经济增长拉动比较快的产业各个园区都积极发展，另一方面是园区原来建设的延续，产业升级比较困难。各工业园区产业格局特色不明显，既导致工业园区的专业化建设步伐缓慢，又使得各相似产业的发展之间形成了竞争，区域之间的协调成本增大。

（3）园区发展的内涵和质量还有待提高

虽然北京市的工业园区建设在规划中都提到了是高新技术开

发区、现代制造业开发区，强调高新技术在园区产业发展中的地位，但是实际情况是园区内的很多企业依然是以劳动密集型和加工组装为主，真正能够拥有自主知识产权和自主品牌的产品较少，产品的技术含量和附加值不高，使得北京市的工业园区的发展与以科技武装的科学工业园区相比还相差甚远，因此引进高水平的科学研究人员和高技能的工作人员、改变产品结构，促进产品升级，提高企业的创新能力，改变集约化的经营和增长方式才是提高工业园区内涵和质量的关键。

（4）园区的发展面临的资源环境的约束

北京市的自然资源是园区发展的瓶颈，虽然园区内引入了高新技术产业，但是对水资源、土地资源需求依然很大。随着各园区的规模扩大，产业发展和土地、水资源、各类能源材料之间的矛盾将加大。因此如何节约能源，不断研发新能源新材料，优化利用土地资源是未来发展需要关注的问题。

（5）园区管理的制度和政策相对落后

园区的良性发展不仅需要资源和科技的支撑，同时也需要政策的指导和制度的约束，从园区内部来看，各园区对于进入园区的企业需要有良好的准入机制与退出机制，对已经进入园区的企业要有发展状况的评价和监督，同时对于园区的产业结构调整和升级也要有良好的制度和规划保障。从北京市来看，对各个园区的协调发展也要有一套现代化的管理体制和制度，一方面解决园区内出现的问题，一方面约束园区的不合理发展，同时保证为园区的发展创造良好的环境。

9.5 北京制造业工业园区发展策略

在首都经济快速发展的背景下，北京工业园区发展的潜力和空间还很大，未来一段时间，北京工业园区将按照北京市的定位，努力建设国际一流的现代制造业基地。按照国际惯例和国际化的标准，吸引跨国企业，接收更高层次的产业转移，高标准建设现代化的基础设施和公共服务设施，大力引进高层次国际化人才，提供专业化的政府服务，形成与国际接轨的区域文化。

（1）继续优化产业发展环境

环境对企业的发展和创新至关重要。企业发展的原动力已不仅局限于企业内部，同时也高度依赖企业外部的发展环境。北京经济技术开发区将围绕综合产业新城建设，不断完善各类城市生产生活配套设施，优化发展环境。

（2）全力打造产业集群

坚持产业链招商思路。按照产业规律和产业关联性，吸引龙头企业，完善配套服务，降低产业发展综合成本，形成集群效应。一是要做强做大电子通信、装备制造、汽车制造、生物医药四大现有产业集群。采取一切优惠政策，想企业之所想，帮助企业完善上下游产业链条。二是大力培育新的产业集群。另外，在制造业的基础——装备制造业方面，给予更多的关注和优先发展。没有先进的装备制造能力，制造业就没有根基；没有强大的装备制造业，工业制造业就永远不可能走在别国前头。

（3）引才引智，聚贤聚能，打造北京人才高地

高端产业竞争的关键要素就是人才，谁拥有高端人才，谁就能掌握先进技术，掌握市场的主动权。我们要坚持“以人为本、人才强区”的原则，不断加强留学人员创业园、开发区海外学人中心的建设，优化环境，创造高素质人才交流、创业、合作的平台。不断完善人才引进政策，帮助解决其子女教育、配偶工作、居住、生活等各项问题。争取区域性降低个人所得税政策，使高端人才切实享受到政策优惠，力争成为北京的人才高地。另外，还要建立健全一般产业工人培训机构。良好的高素质劳动力供应也是高端产业发展不可缺少的条件。

（4）持续提升服务水平

开发区管委会及各个职能局和专业公司要不断更新理念、延伸职能、自我完善。近期它们推出了几大服务性举措：建立起管委会领导与区内企业高层双向联络渠道的大项目领导联系制；为强化对生产规模较大经济效益较好的入区大企业服务，设立了大企业服务组，为缩短重点项目入区时间、加快前期审批流程而制定的项目并联审批制以及为更好地协调、衔接项目入区推进工作而实施的项目网上公开制，这一系列创新服务措施都将有助于全面满足企业发展的各项服务需求。

发展高端制造业是我国走新型工业化道路的重要组成部分，也是北京产业结构调整中不可缺少的内容。北京经济技术开发区将紧紧围绕“建设世界一流现代制造业基地”的目标创造高水平的综合投资环境，实现“制造园区”向“创造园区”的融合和转变，建成面向国际市场的高端产业园区。

小　结

工业园区是充分发挥产业集聚功能、提高产业规模效益、溢出效益的载体。因此，北京现代制造业要搞园区建设。但是产业园区规划和发展要紧密联系区域的定位、规划以及资源环境的特点。各个园区之间要有分工与协作，改变园区建设过程中重复布局、相互恶性竞争的局面。而政府在园区建设过程中也要做好政策引导、政策扶持、监督以及评价等工作。充分发挥园区在市场中运行的核心功能，培育龙头企业，打造国际品牌，结合产业链的发展和优化提升产业的竞争力和园区的总体实力。做好园区运行过程中的政策调整和评估，建立并完善园区建设过程中的推出机制和淘汰机制。选择优势产业、特色产业以及有市场发展潜力的企业进入园区。总之，北京现代制造业工业园区的发展潜力还有待进一步挖掘。

第 10 章

北京制造业与服务业的融合发展

现代制造业和现代服务业的融合发展已经成为全球产业经济发展的主流和趋势。总体表现在现代服务业加速向现代制造业生产前期研发、设计，中期管理、融资和后期物流、销售、售后服务、信息反馈等全过程渗透。

10.1 制造业与服务业的关系

10.1.1 服务业的内涵

服务业是随着工业化的发展而逐渐产生并区别于农业和工业，是分工和专业化的结果。从我国产业分类中可以看出，最初的产业分类是两大部类，生产资料的生产部门和消费资料的生产部门。除上述分类外还有把生产物质产品的基本部门分为农业、轻工业和重工业三大部门。随着专业化和分工的不断细分，三次产业分类法出现，按照生产过程的特征和产品性质划分为第一产业（主要指农业）、第二产业（主要指工业）、第三产业（主要指服务业）。作为我国产业结构的重要组成部分，服务业的产生和发展与制造工业关系密切。

从历史发展的角度来看，服务业的产生有其深刻的产业背景，农业和工业的发展为人类生存和安全的需要提供了物质保障。随着人类需求的不断增加，服务业的出现为人类生产、生活和社会发展提供服务从而满足更多的人类需要。而服务业产生的最初阶段主要是以消费性服务业为主并长期以这种方式存在，例如文化、娱乐、教育等部门是服务业的最初形态。而服务业与制造业关联开始于生产性服务业。

10.1.2 制造业与服务业的关系

随着制造业企业规模的扩大和业务的扩充，制造企业内部的专业化开始加深。为了发挥并集中企业的优势力量，企业逐渐把与服务相关同时不属于企业重点发展的项目和部分分离出来，即保留核心竞争力的部分，将非核心的业务和部分以外包等方式给专业的服务商或者其他专业机构来做的时候，生产性服务业开始产生并发展起来。从历史发展的角度来看，服务业与制造业的关系是：服务业的产生落后于制造业，服务业的产生和发展尤其是生产性服务业的发展要依赖制造业的存在和发展。或者可以说，生产性服务业的产生是源于制造业，并从制造业中剥离出来而独立存在的。实际上，就是制造业企业将一系列以前由内部提供的生产性服务活动进行垂直分解，实施外部化，将研发、设计、内部运输、采购等活动外包给生产性服务企业。

而当生产性服务业迅速发展后，又为制造业的服务化提供了保证和基础。从这个角度看，制造业如果想更专业化发展，提高其市场的竞争力就要依赖服务业的发展。因此制造业和服务业的一种关系是相互作用、相互依赖、共同发展的互补性关系。

当人类社会经过工业社会发展到后工业社会时，信息时代和知识经济到来，使得社会经济活动也由以制造为中心向以服务为中心转变。以北京的发展来看，要建设国际化的大都市，就要提高第三产业及服务业在产业结构中的地位和比重，因此城市的经济发展要求大力发展服务业，但是在以消费性为主的服务业发展空间逐渐缩小的前提下，以生产性为主的服务就逐渐成为拉动经济的另外一个支柱，并在最初发展阶段与制造业产生协调发展的关系。信息社会的到来使得在制造的过程中，中间投入品中服务投入所占的比例不断增大，制造业服务化的趋势日益明显，使得服务业在融入了信息后也开始向制造业一样能够有固定的产品和市场，即制造信息产品成为制造活动的又一部分，此部分的出现打破了我们认为制造业的产品都是有形的这一传统看法。自此我们归纳制造业和服务业的关系的时候，二者之间的界限变得模糊，二者的关系发展为相互融合。

进入工业化时代，制造业与服务业的发展在国民经济中的地位越来越重要。美国著名管理学家彼得·德鲁克说：“在中国最大的商机，不是在制造业而是在服务业。”如何合理分配稀缺的资源，高效可行地发展制造业与服务业，是工业化经济需要思考的问题。根据配第—克拉克定理，随着人均国民收入的增加，制造业与服务业在产业结构中所占的比重将越来越高。在工业化时代，服务业中发展最为迅速的生产性服务业，作为进一步生产的中间投入，与制造业关系最为紧密。生产性服务将无形的服务作为生产要素引入到制造业中，已越来越广泛地参与到生产制造的过程中，成为一种间接投入。

10.2　现代服务业与现代制造业的融合

自 20 世纪 80 年代开始，世界产业结构呈现出“工业型经济”向“服务型经济”转型的总趋势。1980—2000 年，全球服务业增加值占 GDP 的比重不断上升，由 56% 升至 63% 。其中，主要发达国家占 71% ，中等收入国家占 61% ，低收入国家占

43%。服务业吸收就业比重也呈不断增长趋势，西方发达国家服务业就业比重普遍达70%左右，少数发达国家高达80%以上。

中国在30多年的经济改革和对外开放过程中，制造业得益最大，显示出强劲的力量，改革开放前工农业产品普遍短缺的现象，到了20世纪90年代却变成令人头痛的过剩问题。另一方面，服务业欠发展，不能满足日益增长的需要，在国际市场上也没有竞争力。然而，“新经济”以及人们经常谈到的“知识经济”本质上是知识密集型的服务经济，因此，服务业不发达不仅损害了消费者利益，而且制约了一个国家的经济发展，削弱了其国际竞争力。为此，自20世纪90年代初开始，中国政府就制定了大力发展第三产业的经济政策。1992年提出90年代“第三产业增长速度要高于第一、第二产业”。长期以来，我国同时使用“第三产业”和“服务业”两个概念，其内涵大致相同。最近几年，中央正式文件和政府主管部门主要使用“服务业”概念，“服务业”也与国际通用概念一致。

在国内，有学者将我国与世界其他国家的数据进行了比较，详细考察了我国服务业的发展与内部结构的变化，从多个角度，用不同的数据样本，分析了经济增长与服务业发展的关系，并建立了一个多元回归模型分析收入水平、消费结构、城市化等因素变化对服务业今后发展的影响。

世界银行东亚经济管理部前首席经济学家华而诚指出：“中国应善于利用加入WTO首次开放服务业的契机，提高服务业的整体水平，以促进国民经济的发展。”李晓西等人研究了信息服务业对中国经济的促进作用。

进入21世纪，随着中国经济的持续高速增长，尤其是“中国制造”遍及全球，深刻地影响到世界经济的发展并正在改写世界的经济版图。不过，在“中国制造”大踏步挺进的时候，中国经济也出现了不少问题，主要表现为：第一，经济发展对外依存度过高，缺乏强有力的内需支撑；第二，就业不足；第三，经济增长的低效率，即有增长而无发展；第四，资源和能源消耗过大。而解决这些问题的关键就是大力发展高知识含量的生产性服务业，使“中国制造”逐步由外延式增长转变为内涵式发展。

鉴于此，制造业与服务业融合发展是世界产业结构调整中必须经历的阶段，中国亦是，北京亦如此。

10.2.1　现代服务业与现代制造业融合发展的动力

现代服务业与传统服务业相对应，是指在工业化高度发展阶段产生的，依托信息技术和现代管理理念、经营方式和组织形式而发展起来的服务业，其本质是服务业的现代化。现代服务业一般分为两类：一类是直接因信息产业和信息化的发展而产生的新兴服务业。如，计算机和软件服务、移动通信服务、信息咨询服务、现代物流服务等新兴部门。另一类是通过应用现代化的新技术、新业态改造和提升的传统服务业。如，通信业、信息咨询、金融服务业等。

产业是指具有某种同类属性或特征的企业经济活动的集合，属于同一产业的企业群在产业内部、企业之间展开竞争。但是，一旦由于技术创新开发出替代性的产品或服务，或由于放宽限制，各产业展开相互介入，相关的产业企业群就会处于相互竞争的状态之中，从而使原来的产业边界消失或模糊。学者们将这种通过技术革新和放宽限制来降低产业间的壁垒，改变各产业企业间竞争合作关系的经济现象定义为“产业融合”。而我们所说的现代服务业与现代制造业的融合发展即可表述为服务业和制造业的产业融合。

（1）社会需求的改变是推动现代服务业和现代制造业融合发展的根本动力

随着全球化发展趋势的蔓延，使得资本、人力资源、技术以及信息等生产要素也开始表现出全球化的趋势，社会的需求变得更加快速多变，个性化极强，市场竞争变得更加激烈，生存和淘汰对于企业来讲周期变得更短。社会需求的改变迫使现代制造业的生产模式和经营管理方式等要创新，传统的大规模的机器化生产无法满足灵活多变的需求，因此制造企业必须集中优势力量，在研发、生产线、销售等各个环节表现出更强的专业化和快变换，所以传统的大而全、小而全的生产模式已经无法适应社会的需要，专业化分工与企业间的合作成为应对市场变化的关键之一。因此，传统的制造企业在深入研究自身的优势的同时，不断将业务单元细化，进而将非核心的业务单元逐渐分化外包给其他的企业或者机构。而承担制造企业非核心业务的企业也在不断的专业化改革过程中独立出来成为新兴的产业。使现代制造业和现代服务业得以合作发展。因此我们得出社会需求的变化是制造业和服务业融合发展的根本动力，这种融合从最初的被迫性逐渐转变为主动融合进而向自然融合发展的状态。

（2）信息技术的发展是现代服务业与现代制造业融合发展的基础动力

伴随信息技术的飞速发展和广泛应用，传统意义上的制造业与服务业的边界越来越模糊，二者间不再是简单的分工关系，而更多地表现为你中有我、我中有你的融合趋势。这一趋势在附加了高科技的现代制造业所生产的产品中更为明显：在高科技产品中，服务价值的比重往往超过实体价值的比重。例如，机械、电子设备制造企业事实上不再是简单的销售产品，而是在销售产品的同时，提供与该产品配套的包括信息系统、配套软件、操作程序以及维护服务等在内的一个完整的服务系统，称为“产品—服务包”。许多制造企业同时也是服务企业[①]。因此在这个社会

---

① 胡国良：“国外现代服务业与先进制造业融合发展的现状、模式和趋势”，《新华日报》，http://policy.xhby.net/system/2009/03/10/010457175.shtml

背景下产业为了适应环境就要融合发展，而融合的技术手段之一是信息技术的发展。

(3) 信息化的建设是现代服务业和现代制造业融合发展的保障

从某种角度上讲，现代服务业与现代制造业融合发展其实是信息化与工业化融合发展过程中的一个阶段。如果信息化不普及，信息化得不到社会认可，得不到企业认可，那么服务业和制造业融合的进程恐怕要滞后。信息化时代的到来为制造业和服务业的融合发展提供了社会条件的保障、良好的社会环境、基础设施的保障和技术支持。

10.2.2　现代服务业与现代制造业融合发展的形式

现代服务业与现代制造业的关系，从历史的角度看，它经历了纯粹的专业分工，互补发展到融合发展三个阶段。今天的二者融合发展形式可以归纳为以下几种：

(1) 结合型融合

所谓结合型融合是指在制造业产品生产过程中，中间投入品中服务投入所占的比重越来越大，如在产品制造过程中市场调研、产品研发、员工培训、管理咨询和销售服务的投入日益增加；同时，在服务业最终产品的提供过程中，中间投入品中制造业产品投入所占比重也是越来越大，如移动通讯、互联网、金融等服务提供过程中无不依赖于大量的制造业“硬件”投入。这些作为中间投入的制造业或服务业产品，往往不出现在最终的服务或产品中，而是在服务或产品的生产的过程中与之结合为一体。近年来发展迅猛的生产性服务业，正是服务业与制造业“结合型”融合的产物，服务作为一种软性生产资料正越来越多进入生产领域，导致制造业生产过程的“软化”，并对提高经济效率和竞争力产生重要影响。

（2）绑定型融合

所谓绑定型融合是指越来越多的制造业实体产品必须与相应的服务业产品绑定在一起使用，才能使消费者获得完整的功能体验。消费者对制造业的需求已不仅仅是有形产品，而是从产品购买、使用、维修到报废、回收全生命周期的服务保证，产品的内涵已经从单一的实体，扩展到为用户提供全面解决方案。很多制造业的产品就是为了提供某种服务而生产，如通信产品和家电等；部分制造企业还将技术服务等与产品一同出售，如电脑与操作系统软件等。在绑定型融合过程中，服务正在引导制造业部门的技术变革和产品创新，服务的需求与供给指引着制造业的技术进步和产品开发方向，如对拍照片、发电邮、听音乐等服务的需求，推动了由功能单一的普通手机向功能更强大的多媒体手机的升级。

（3）延伸型融合

所谓延伸型融合是指以体育文化产业、娱乐产业为代表的服务业引致周边衍生产品的生产需求，从而带动相关制造产业的共同发展。电影、动漫、体育赛事等能够带来大量的衍生品消费，包括服装、食品、玩具、装饰品、音像制品、工艺纪念品等实体产品，这些产品在文化、体育和娱乐产业周围构成一个庞大的产业链，这个产业链在为服务业供应商带来丰厚利润的同时，也给相关制造产业带来了巨大商机，从而把服务业同制造业紧密结合在一起，推动着整个连带产业共同向前发展。有资料显示，美国等电影产业比较发达的国家，票房一般只占到电影业全部收入的1/3，其余则来自相关电影衍生产品。发达国家的经验表明，在整个动漫游戏的庞大产业链中，有70%—80%的利润是靠周边产品来实现的。

现代制造业和现代服务业融合发展将导致新的产业形态出现两化：现代制造服务化和现代服务制造化。

制造服务是向产品产生过程和产品使用过程所提供的各种形

式的服务的总称，服务的主体或客体之一是制造企业。现代制造服务业，是指融合了互联网、通信、计算机等信息化手段和现代管理思想与方法的制造服务业。现代制造服务业将信息化作为提供服务的平台和工具，借助于信息化手段把服务向业务链的前端和后端延伸，扩大了服务范围，拓展了服务群体，并且能够快速获得客户的反馈，能够不断优化服务内容，持续改进服务质量。

具体而言，生产制造和加工装配开展的设备成套、工程总承包、交钥匙工程、解决方案、下料配送、检修检测、备件配件供应、上线物流、供应链管理、设备改造、设备租赁、各类服务平台、产品回收、设计研发、管理咨询、生产力促进、商标专利、会计审计、法律咨询、会展、担保、ASP、培训以及电子商务等，均属于制造服务业的范畴。

现代服务制造化的含义是服务业的发展在融合了信息技术的同时不仅仅是提供无形的消费性产品，也可以成批地制造有形的产品，而这些制造产品更多的用于服务领域。

制造服务化和服务制造化的趋势彻底打破了制造业和服务业的界限，使二者的融合发展有了牢固的基础和稳定的形式。

10.3　北京制造业与服务业融合发展的现状分析

10.3.1　北京制造业与服务业融合发展的量化分析

以上我们从理论方面分析了制造业与服务业融合发展，下面我们将针对北京市的实际情况通过量化的方法来验证或者检验制造业和服务业融合发展的情况。我们首先依据《北京统计年鉴》的资料得到了表 10 - 1。

表 10－1　1986—2008 年北京市地区生产总值　单位：亿元

年份	地区生产总值	第一产业增加值	第二产业增加值	#工业增加值	第三产业增加值
1986	284.9	19.1	165.8	141.2	100.0
1987	326.8	24.3	182.6	154.5	119.9
1988	410.2	37.1	221.3	189.5	151.8
1989	456.0	38.5	252.2	212.8	165.3
1990	500.8	43.9	262.4	219.3	194.5
1991	598.9	45.8	291.5	255.6	261.6
1992	709.1	49.1	345.9	293.0	314.1
1993	886.2	53.7	419.6	339.2	412.9
1994	1145.3	67.5	517.6	417.9	560.2
1995	1507.7	73.5	645.8	527.8	788.4
1996	1789.2	75.0	714.7	576.2	999.5
1997	2075.6	75.7	781.9	635.9	1218.0
1998	2376.0	76.7	840.6	670.4	1458.7
1999	2677.6	77.1	907.3	724.0	1693.2
2000	3161.0	78.6	1033.3	844.0	2049.1
2001	3710.5	80.8	1142.4	938.8	2487.3
2002	4330.4	84.0	1250.0	1021.2	2996.4
2003	5023.8	89.8	1487.2	1224.5	3446.8
2004	6060.3	95.5	1853.6	1554.7	4111.2
2005	6886.3	98.0	2026.5	1707.0	4761.8
2006	7861.0	88.8	2191.4	1821.8	5580.8
2007	9353.3	101.3	2509.4	2082.8	6742.6
2008	10488.0	112.8	2693.2	2198.5	7682.0

备注："#"代表包含在上一级项目中。

通过表 10－1 我们得出北京市产业结构状况（参见表

10－2）。

表 10－2　　1952—2008 年北京产业结构状况

年份	第一产业增加值比重	第二产业增加值比重	#工业增加值比重	第三产业增加值比重	第一产业、第二产业、第三产业增加值比例
1952	22.2%	38.7%	*	40%	22：39：40
1965	12.5%	59.1%	*	28.5%	13：59：29
1978	5.17%	71.1%	*	23.7%	5：71：24
1986	6.7%	58.2%	49.6%	35.1%	7：58：35
1987	7.4%	55.9%	47.3%	36.7%	7：56：37
1988	9.0%	53.9%	46.2%	37.0%	9：54：37
1989	8.4%	55.3%	46.7%	36.3%	9：55：36
1990	8.8%	52.4%	43.8%	38.8%	9：52：39
1991	7.6%	48.7%	42.7%	43.7%	8：49：44
1992	6.9%	48.8%	41.3%	44.3%	7：49：44
1993	6.1%	47.3%	38.3%	46.6%	6：47：47
1994	5.9%	45.2%	36.5%	48.9%	6：45：49
1995	4.9%	42.8%	35.0%	52.3%	5：43：52
1996	4.2%	39.9%	32.2%	55.9%	4：40：56
1997	3.6%	37.7%	30.6%	58.7%	4：38：59
1998	3.2%	35.4%	28.2%	61.4%	3：35：61
1999	2.9%	33.9%	27.0%	63.2%	3：34：63
2000	2.5%	32.7%	26.7%	64.8%	3：33：65
2001	2.2%	30.8%	25.3%	67.0%	2：31：67
2002	1.9%	28.9%	23.6%	69.2%	2：29：69
2003	1.8%	29.6%	24.4%	68.6%	2：30：69
2004	1.6%	30.6%	25.7%	67.8%	2：31：68
2005	1.4%	29.4%	24.8%	69.1%	1：29：70
2006	1.1%	27.9%	23.2%	71.0%	1：28：71
2007	1.1%	26.8%	22.3%	72.1%	1：27：72
2008	1.1%	25.7%	21.0%	73.2%	1：26：73

* 代表数据缺失。

数据处理说明：由于在第二产业中除了制造业就是建筑业，而建筑业增加值占第二产业增加值的比重较小，一般在20%以下，同时在北京年度数据统计中对制造业的统计数据取得比较困难，所以我们暂时可以用工业总增加值的数据来替代制造业总增加值的数据。由此可以看出现阶段制造业依然是北京工业发展中的重要组成部分。我们也暂时利用第三产业的数据代替服务业的数据，进行下面的量化分析。

通过图10－1我们归纳出北京产业结构变化的几个阶段：

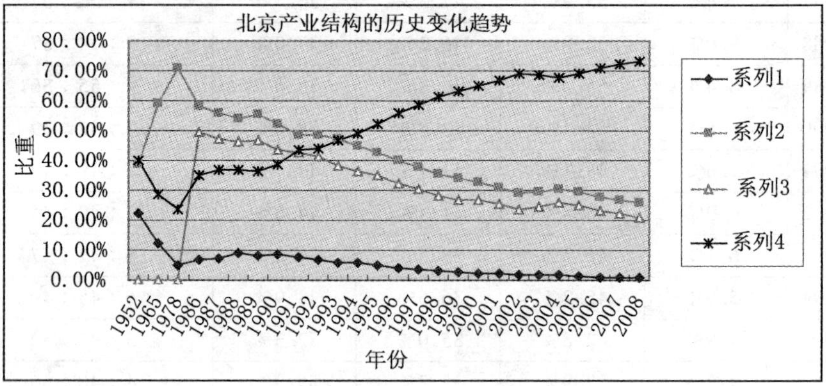

图10－1 1952—2008年北京产业结构变化趋势

从建国初期到1965年属于第一个阶段，在这个阶段，三大产业增加值的比例从1952年的22.21：38.71：39.09演变为1965年的12.47：59.06：28.47。第一产业增加值呈逐渐下降的趋势，第二产业增加值则下降明显，第三产业也明显下降。

1965—1978年是第二个阶段，产业结构格局保持了“二、三、一”结构，第二产业发展迅速，第一产业增加值迅速下降，1978年三大产业增加值的比例为5.17：71.14：23.69，这段时期第三产业的发展依然缓慢并有下降趋势。

1978—1990年是第三个阶段，北京市产业结构由低水平的“二、三、一”进入到高水平的“二、三、一”格局，同时第三产业有了较大的发展，1990年的三大产业增加值的比例为9：52：39。

1990 年起到 2002 年，在经济发展的第四个阶段，三大产业增加值的比例由 9：52：39 演变为 2002 年的 2：29：69，由高水平的“二、三、一”结构演变为高水平的“三、二、一”格局，这个阶段的特点是第三产业逐渐超越了第二产业，成为了北京市经济发展的第一个大产业。

从 2002—2004 年北京的产业结构有一个小的波动，这与北京市对发展制造业的规划调整有关系，振兴制造业以及大力发展制造业使得制造业的发展在这两年有小幅度的增加，同时第三产业的增幅降低，因此产业结构变化趋势出现波动。

2004 年至今，北京产业结构调整的变化趋势又恢复从前，出现了典型的“三、二、一”结构，并且结构调整幅度更大，其比例从 2004 年的 2：31：68 演变为 2008 年的 1：26：73，可以得出北京目前服务业所占的比重非常高，其增加值占地区产业总增加值的 73%。

随着北京工业发展，第三产业将成为推进北京城市化的主要动力。当工业发展到一定程度，自然会产生对各种服务的需求，市场需求会极大地推动第三产业的发展（具体量化调查见表 10－3）。从工业化进程的几个阶段看，前工业化时期，第三产业在国民经济中的地位十分微小；工业化初期，工业重心从轻工业转向基础工业，第三产业有所发展，但是在国民经济中的比重仍然较小；工业化中期，第三产业加速增长；工业化后期，第三产业超过第二产业成为国民经济中的支柱。后工业化时期，知识产业和高新技术是主要特征，第三产业占有绝对优势。因此，我们应当紧紧把握工业化这个中心环节，积极推进工业化进程，拉动第三产业的发展和第一产业的升级。

北京作为首都，随着经济的快速发展和全球交往的频繁，不断融入全球经济一体化的浪潮之中，并逐步成为全球经济的重要组成部分，产业融合的态势日趋明显。其突出特征是，现代服务业加速向现代制造业生产前期研发、设计，中期管理、融资和后期物流、销售、售后服务、信息反馈等全过程渗透，现代制造业内部逐渐由以制造为中心转向以服务为中心。2004年，北京市发改委组织了对信息、汽车、装备以及医药四大产业约20家现代制造业企业对研发、物流、销售、信息咨询、售后服务等现代服务业需求的抽样调查。其结果如表10－3所示。

表10－3 制造业对服务业的需求调查

单位：%

	研发	物流	信息咨询	售后服务	自身售后和外包服务业务
所占比重	45	80	85	45	30
占企业销售收入比重	0.11—13.3	0.1—3	0.48—6.96	—	—

结果显示，北京市45%的现代制造业企业有外包研发服务需求；80%的企业有委托第三方物流的业务；85%的企业有咨询服务方面的需求；45%的企业有售后服务的需求。其中研发占到企业销售收入的比例最高可达到13.3%。一些现代制造业企业延伸服务收入已经占到总收入的较大比重，如首钢已经发展成为集研发、物流、生产、售后服务为一体的大型企业集团；一些服务性企业也日益融入到现代制造业的各个环节当中，如北京市信息服务企业向手机制造企业的渗透。

由于现代技术的渗透和信息化，工业和服务业的边界日益模糊化，它们之间不是孤立的，而是有所交叉的，因而在发展过程中要充分利用它们之间的相互依赖和相互支持的关系。与其把它们看做产业链的上下游，不如把它们视为产业集群的成员和伙伴。

北京制造业和服务业增加值变化的趋势参见图10－2。

从图10－2中我们可以看出，北京制造业和服务业在增加值

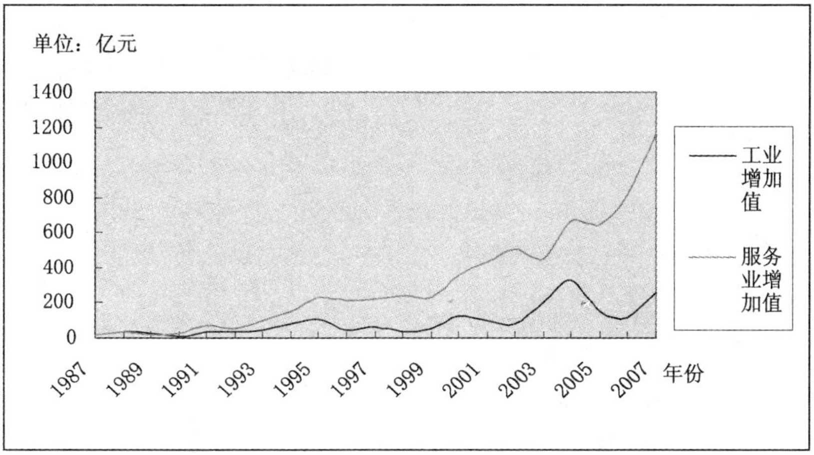

图 10－2　北京制造业和服务业增加值的变化趋势

的变化趋势非常类似，在一定程度上表明了二者融合发展的态势。通过增加值变化曲线我们发现 1995 年后北京服务业增加值增加的态势有超过制造业增加值增加的态势，说明随着制造业和服务业的融合发展，生产性服务业得到了迅速发展，因此提高了服务业增加的比重。下面我们将进一步针对制造业和服务业增加值做回归分析，研究二者之间的带动关系。

通过散点图来看制造业增加值和服务业增加值之间是否具有线形关系，利用 SPSS 统计软件我们画图 10－3。

通过上述散点图我们发现二者之间存在线形关系，我们可以用公式 $y=\beta_0+\beta_1 x+\varepsilon$ 来模拟二者之间的关系。

下面我们建立方程：

在第一个方程为我们取制造业增加值为因变量，服务业增加值为自变量；在第二个方程我们取服务业增加值为因变量，制造业增加值为自变量。回归结果如表 10－4。

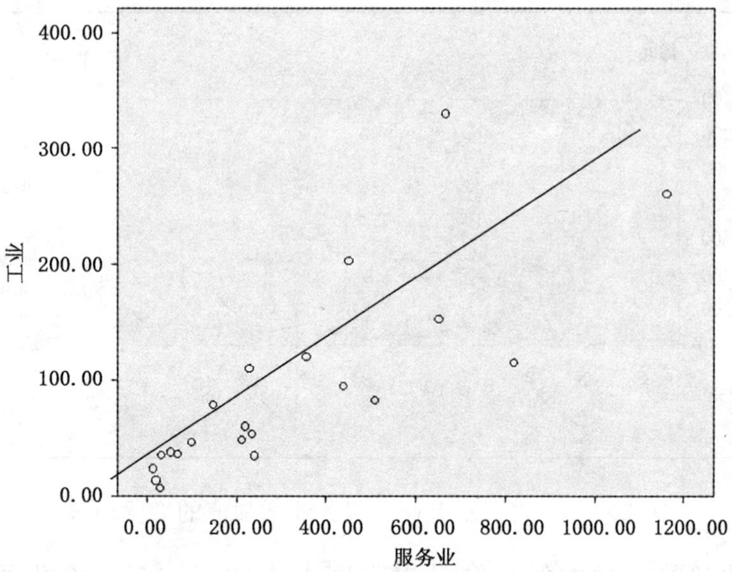

图 10-3 制造业和服务业增加值的散点图

表 10-4 回归模型结果

	非标准化系数		标准化系数	T 值	显著性
模型一	系数	标准差	Beta	—	—
常数	46.052	61.459	—	0.749	0.463
制造业增加值	2.923	0.498	0.803	5.872	0.000
模型二	系数	标准差	Beta	—	—
常数	22.688	16.320	0.803	1.390	0.181
服务业增加值	0.221	0.038	—	5.872	0.000

分析得到的回归模型如下：

Y1 = 46.052 + 2.923X1 （R2 = 0.645，Ra2 = 0.626，F = 34.483）

X1 = 22.688 + 0.221Y1 （R2 = 0.645，Ra2 = 0.626，F = 34.483）

（Y1 表示服务业增加值，X1 表示制造业增加值）

通过上述分析，我们可以得出两个方程的模拟效果较好，服务业和制造业之间的相关性显示为正，即二者之间是相互促进发展的关系，当服务业增加值每增加一个单位时，能提高制造业 0.221 个单位增加值上升，当制造业每增加一个单位时，能提高服务业 2.923 个单位增加值上升。从分析结果我们发现目前北京制造业的发展对服务业的带动作用比较大，而服务业发展对制造业发展的带动相对较小。

10.3.2　北京产业结构与其他城市的比较

从世界经济的发展来看，各国和各地区产业结构的变化都具有共同的发展规律即产业结构朝着农业为主——工业为主——第三产业为主的方向发展。北京市产业结构的变化也符合这一发展规律，逐步从新中国成立以来以第二产业为主即以工业为发展重点，转变到以第三产业为主，使北京由消费性城市变为生产性城市，进一步向服务性城市的方向发展。下面我们通过北京的产业结构和国内外其他城市的产业结构分布相比较，来探讨北京目前的发展水平和面临的问题。

从表 10－5 我们可以看出北京经济发展在 1995 年时，第一产业比重接近 5%，第二、第三产业比重相近，因此我们确定其刚达到工业化成熟阶段，而与同期的发达国家城市第一产业比重不足 5%、第三产业比重达 70% 左右的城市产业结构相比还是有不小的差距。但到 2005 年北京经济发展迅速从工业化成熟阶段过渡到后工业化阶段，2008 年后工业化的发展态势仍在继续，北京第三产业比重已经居首并超过 73%，因此可以说北京现在已经处于后工业时期，在产业结构上进一步缩小了与发达国家大城市的差距。

表 10 -5　北京及世界部分城市三次产业产值和就业结构

城市	GNP 构成（%）			就业构成（%）			统计时间
	第一产业	第二产业	第三产业	第一产业	第二产业	第三产业	（年份）
北京	1.39	29.43	69.18	7.1	26.30	66.6	2005
北京	4.8	42.80	52.4	5.60	46.82	47.58	1995
上海	0.90	48.51	50.59	6.47	38.30	58.74	2006
香港	0.30	26.50	73.20	0.10	36.60	63.30	1990
东京	0.20	27.30	72.50	0.60	29.40	70.00	1989
汉城	0.40	30.70	68.90	0.40	36.40	63.20	1989
纽约	0.00	20.00	80.00	0	13.30	86.70	1989
巴黎	0.33	27.00	72.70	0.01	22.09	77.90	1988
罗马	4.00	23.00	73.00	0.10	19.00	80.90	1981

人均国民收入水平越低的城市，农业劳动力所占比重相对越大，而第二、第三产业劳动力所占比重相对越小；反之，人均国民收入水平越高的城市，农业劳动力所占比重相对越小，而第二、第三产业的劳动力所占比重相对就越大。随着经济发展水平的提高，第一产业的劳动力比重下降，第二、第三产业的劳动力比重上升，而且第三产业的劳动力比重上升更快。因而三个产业间劳动力的分布结构可以反映一城市的经济发展水平。20 世纪 70 年代以后，发达国家城市的第三产业的劳动力比重一般都超过了一半以上。通过表 10 -5 也可以看出，1995 年北京第三产业的劳动力比重不到一半，2005 年达到了 66.6%，但其同发达国家城市在 20 世纪 80 年代的水平相比有一定的差距。在国内，北京第三产业的劳动力比重虽然明显高于上海，但总的来说，两个城市同发达国家城市相比，第二产业的劳动力比重还是偏高。所以从劳动力分布上来看，我国的大城市北京和上海的第二产业在国民经济中的比重还是很高的。

通过上述比较我们发现，北京的产业结构从比例上来看已经基本赶上了发达国家的水平，但是我们要比那些城市晚 10—20

年的时间。那么这段时间发达国家如何发展他们的制造业和服务业就是我们需要关注的问题。同时，我们从比例上完成了工业化中期向后工业化的过渡，但是比例后面的内涵是什么，也需要我们关注。因此我们下一步的任务就是在不断稳定产业结构的同时，完成产业结构的升级，即提高制造业和服务业的内涵和发展质量，减少服务业和制造业发展对资源的大量消耗以及对环境的污染，这样我们才能说向世界发达城市看齐了。我们要在注重制造业和服务业内涵发展的同时，促进产业的融合发展，以信息时代为契机，以高新技术为支撑，加强制造业和服务业在高端的融合发展，提高制造业对服务业的经济拉动作用以及服务业发展对制造业经济发展的推动作用。

10.4　北京制造业与服务业融合发展中面临的问题

（1）现代制造业与现代服务业的科学统计制度有待完善

科学统计的完善对于分析现代制造业和生产性服务业以及现代制造业之间的融合发展关系有一定的帮助。目前北京市的统计数据无法将现代制造业、生产性服务业和现代制造业各行业的统计数据收集完整，使得在跟踪现代制造业和现代服务业之间发展关系变化的时候我们只能依据工业和第三产业的整体数据。而随着北京工业结构的调整和升级，现代制造业所占的比重也就半成，现代服务业在整个服务业中所占的比重也无法准确统计，因此我们上述的量化分析只能大体上分析趋势，无法更准确地判断二者之间的关系。因此现代制造业和现代服务业融合发展过程中必须做好统计数据的收集和规范等基础性工作。在此过程中随着制造业和服务业融合发展的趋势不断深化会使得二者之间的边界变得模糊，从而对数据的归类工作会遇到困难。为了方便国内学者和产业界人员对此问题的研究，完善统计口径和标准依然非常重要。

（2）服务业对制造业的经济拉动作用不足

从目前来看，随着生产性服务业的快速发展，北京市服务业的比重不断增长，已占地区生产总值的七成左右，而制造业在不断调整的过程中把原来重工业的部分搬出北京，在着重发展现代制造业的同时，使得现代制造业的发展对生产性服务业的经济增长的拉动作用大大提升，从整体上使北京工业的发展对服务业的拉动作用依然很大。目前，北京市大部分现代制造业的企业其创新能力依然有待提高，使服务业的发展对制造业的经济增长带动作用还不足。

（3）产业融合发展的相关配套政策和措施还需要完善

从北京市各工业园区的规划定位来看，有关方面对促进现代制造业和现代服务业融合发展的相关措施还不够到位，如何在园区内引入配套的现代制造业企业和现代服务业的企业并引导企业间的合作，促进成果的转化等方面的政策还需要完善。根据不同园区的特点把握企业融合、市场融合、业务融合的基础、动力、形式等方面还有待系统研究。

（4）信息技术和信息化建设依然是产业融合发展的瓶颈之一

北京市的信息化建设已经进行了一段时间，但是信息化在现代制造业和现代服务业融合的过程中如何发挥作用依然存在很多问题，例如制造业和服务业目前的信息化和网络化建设水平不高，信息服务企业尤其是软件服务企业针对现代制造业产业特点和产业延伸的个性化服务能力不足。另外，约束现代服务水平的信用体系和保障制度不完善，造成现代制造业与服务业无法从本质上协调，而使得融合的速度和质量不高。

小　结

中国工程院郭重庆院士在谈到装备制造业的发展时，曾提出装备制造业要与现代服务业实现互动发展、两轮驱动。北京现代制造业与现代服务业的融合发展是必然趋势。从制造业发展看，服务化趋势日益显现。从服务业发展看，生产型服务也已成为一种趋势，金融、风险投资、物流、设计、制造技术等专业中介服务成为新兴服务业，为制造业发展提供更多支持，现代服务业正成为制造业企业提高劳动生产率和商品竞争力的关键手段。从定性的角度探讨制造业与服务业的融合发展，总结融合发展的理论基础和支撑，归纳产业融合发展的规律，有利于更加清晰地界定现代服务业的内涵并进行行业细分。从定量的角度验证并分析制造业与服务业融合发展的态势和遇到的问题，对于提高两个产业融合发展、共同促进经济建设也是非常重要的。

第 11 章

北京制造业发展战略问题探讨

21 世纪初，国务院批准的《北京城市总体规划（2004—2020 年）》将北京发展目标确定为：国家首都、世界城市、文化名城和宜居城市，到建国 100 周年建设成为经济、社会、生态全面协调可持续发展的城市，进入世界城市行列。本章将结合历史发展，围绕目前北京城市的发展目标，探讨北京制造业发展战略。

11.1 树立新的制造观

北京的制造活动在远古就已经开始，可以说，人类通过制造活动满足自身需求、改造自然环境的历史非常悠久，人类社会进入文明时期的历程也是人类生产、生活与自然协调的过程。科学技术的出现提高了人类改造自然界的能力。从大机器制造工业的时代开始，北京的制造工业发展就与自然有了更加密切的关系，但在制造工业产值增加的同时也消耗了自然界大量的资源，制造所产生的废弃物也由自然界来消化。这种趋势的蔓延使北京城市的发展走向了两个极端，一是技术的进步、制造活动的发展在不断满足人类需求的同时也不断刺激新的需求，于是制造工业就像一个刚刚学自行车的孩子一样，要想不摔跤就要提高速度，使得制造业的发展在不断承担满足人类需求以及城市经济速度增长的使命面前无法停住脚步。而另一个极端是人类在物质需求满足的同时不断增加精神需求，生活舒适健康的需求对城市环境和资源的需求也进一步增大。因此导致制造工业的发展与城市自然环境之间形成了相互依赖但又相互制约的关系。在北京工业发展的历史过程中曾经试图改善这种矛盾，而改变的方法不是不搞制造工业，而是采用先污染后治理、先利用再寻找替代资源的方式，这一方式曾一度使得北京的产业结构中重工业的比重偏大，从而加深了自然和城市发展的矛盾。于是人们又开始探讨另外一种途径即不搞制造业，搞轻工业、搞服务业，这些产业对于资源的利用和对环境造成的压力都相对比较小，但结果是经济发展速度减慢，直接影响了北京作为首都的功能完善。于是北京经济的发展一方面离不开制造业，一方面又要关注已经变得越来越稀缺的资源。如水资源、土地资源等。如何发展成为城市经济建设的重点。

20 世纪末 21 世纪初，随着技术的不断进步并借鉴国内外大城市制造业发展的经验，北京提出发展现代制造业并注意要适度发展，提倡发展现代服务业，尤其是生产性服务业。其核心依然是当矛盾产生的时候试图用技术来解决问题。但是通过我们对制造业发展历史资料的整理发现，技术进步只是使经济社会发展面临的问题在技术层面能够暂时解决，而无法得到根本解决。因此我们大胆地提出无论是发展现代制造业，还是发展现代服务业，技术作为必要的工具一定会起作用，但是更关键的是观念的转变。人类对制造的含义还处于浅层面的理解，认为制造就要依靠大机器，靠高科技，才能增加附加值，才能增加出口，刺激消费，进而提高经济的发展速度。而人们目前对北京市资源稀缺的含义也没有理解透彻，稀缺到什么程度，这种稀缺会给人们未来的生活带来什么压力，这种危机感还不够。因此我们提出北京经济的发展不仅仅是制造业如何发展的问题，自然资源的危机也不仅仅是针对北京产业的发展与调整。这是一个系统的工程，应该从全局从更深层次来看待和处理，要树立新的制造观。

（1）作为首都的北京，目前制造业要发展而且必须发展

目前制造业依然是带动经济增长的主体和北京市经济发展的支柱产业。但是制造的含义我们需要重新认识，制造不仅仅是生产出有形的产品，制造也可以生产无形的产品。例如，我们可以制造服务、制造标准，而这种制造活动不仅可以与自然界协调发展，同时也能提高制造活动的产值。有句话叫“三流国家卖产品、二流国家卖品牌、一流国家卖标准”。如果我们只停留在卖产品的层面，那么北京制造业的发展就不会有内涵式的突破。同时，制造活动不一定要制造高技术的产品，制造文化也是一种途径，而这不仅可以增加制造产品的附加值，也为城市文化的传承作出巨大的贡献。因此对于制造含义的认识我们需要在制造业不断发展过程中进行调整，只有认识的调整才能改变行为方式，进而从本质上影响北京制造业发展与自然环境的关系。

（2）北京制造业的发展为自然资源和环境带来了巨大压力

通过统计数据分析，人们不合理的生活方式给自然环境带来的压力是巨大的，因此提高人们节约资源的意识也非常重要。节约资源不仅能够改变人们的生活方式（当然包括人们的消费方式），进而刺激人类的需求向更健康的方向发展。只有人类的生产方式发生变化，人们对制造模式和制造产品的认识才会随之改变。高耗能、高污染的产品才会没有市场，从而促进制造企业的创新能力和新标准的制定。

（3）北京制造业的发展不仅仅与自然环境要协调，也要与社会环境相协调

制造活动从产生就具有双重属性，即自然属性和社会属性。自然属性是相对固定的，只要在适度范围内改造自然就会收到较好的效果，而社会属性将随着历史的发展其内涵不断发生变化，因为社会的重要组成部分是人。北京制造业的发展就是要在自然

界自组织和人类社会它组织的环境中寻求平衡点，所以目前的北京制造业发展要适应城市的整体规划和城市建设的目标。

制造活动从开始产生到今天，无论其技术如何进步、制造模式如何改变，其都是在适应人类社会的发展，满足人类的需求。当人类需求变得更加理性、更加健康、更加绿色的时候，制造活动的本质才会变化。所以，制造业的发展在受到自然资源约束和人们需求的双重影响下，协调好二者的关系就要在不断改变人们生活方式和需求方式的前提下调整对制造活动的理解，进而创造新的制造模式。

11.2　循序渐进、协调发展

当我们对制造活动形成新的认识后，再来解决技术层面的问题就可能比较容易。就像人类学自行车一样，在初学阶段只能不断揣摩并重复技术要领保证加快速度才能不会摔倒，而真正领会技术的本质和学习自行车乐趣的时候，人才能和车融为一体，之后的目标就会发生变化。判断骑车水平的高低不再是谁骑得快，而是比谁骑得稳，谁骑得慢。北京制造业的发展目前只能属于初级阶段，因此只能从技术层面来解决已经面临的问题，长远健康发展要循序渐进。

1）制造活动服务化和服务活动制造化是融合的最高级形式，这种融合彻底改变了我们对制造和服务的形式化理解，当融合使得制造业和服务业的界限变得模糊并融为一体时，即达到了我们产业结构升级的目标。而这种融合不是一蹴而就的，需要多个步骤支持。

2）制造技术的进步是制造业和服务业融合发展的关键动力，而信息技术是制造业和服务业融合发展的黏合剂。要用先进的制造技术改造传统的不经济的制造技术，提高生产效率和产品的质量，要继承和发扬有悠久历史的传统制造工艺，提高制造产品的文化价值和艺术价值。要利用信息技术提高服务业对制造业的推动和促进。从目前北京制造业的发展来看，三个方面的问题都没有解决好，主要表现在：绝大部分制造产品的技术附加值不高，这与企业的创新能力和研发能力密切相关；很多传统的制造工艺和加工的技能已经失传，这对经济社会乃致文化的发展带来的损失是无法估量的；信息技术在服务领域还不能满足制造活动发展的需要，其间存在许多的问题，如服务效率不高、企业信用低、服务的持续性无法保障等等。因此，技术的进步要真正融入到制造业和服务业的发展过程中才能提高产业融合的速度。

3）制造业与服务业的融合还要进行其他方式的探索。例如从业务特征上挖掘新的方式，改变制造的模式进而实现服务替代。再比如改变工艺生产流程，把复杂的生产环节简单化等等。目标是对于技术的引进应以需求为准则，不要盲目地崇拜高科技，制造业与服务业的融合就好比脚和鞋的关系，二者融合的是否舒服要看相互选择是否合适，否则即使是穿上再好的鞋也不一定舒服。

11.3 绿色制造、低碳经济

（1）绿色制造模式

由于北京目前的社会经济发展还离不开制造业，而制造业大都是资源消耗较高的产业，因此绿色制造的模式就成为辅助制造业发展的新兴模式。

绿色工业就是以可持续发展为宗旨，在环境与经济协调发展思想的指导下，尊重客观经济规律，利用生态学与生态经济学原理和现代科学技术发展生态工业，推动工业绿色化，实现投入少、消耗低、质量高、无污染而又生产出符合生产环境标准的产品，达到生态和经济两个系统的良性循环和经济效益、生态效益、社会效益统一的工业模式或工业综合体系。

北京目前绿色制造模式的主要载体是绿色工业园区，已经初步建立的绿色工业园区包括：大兴生物医药基地、中关村生命科学园、北京经济技术开发区、北京通州工业开发区。北京的绿色工业园区是依据清洁生产要求、循环经济理念和工业生态学原理而设计建立的一种新型工业园区。它通过物流或能流传递等方式把不同工厂或企业连接起来，形成共享资源和互换副产品的产业共生组合，使一家工厂的废弃物或副产品成为另一家工厂的原料或能源，模拟自然系统，在产业系统中建立“生产者—消费者—分解者”的循环途径，寻求物质闭环循环、能量多级利用和废物产生最小化。

目前北京绿色工业虽有发展，但是发展水平还远远不够。北京目前工业的发展思路还主要是以 GDP 为指导。绿色工业提倡的是工业发展要与环境相协调，保持一种可持续的经济发展思路，对资源进行循环利用获得工业及社会的长远发展。当今中国正处于转型时期，许多人和机构看重的是经济的发展速度，而对于环境却没有太大的关注。

当前北京绿色工业发展缓慢的原因主要是：

1）中国正处于发展时期，有关方面更多的是考虑满足物质文化的需要，而对于环境方面虽有注意，但与经济的发展相比却明显重视不够。

2）绿色工业的成本较高，企业不愿意花大量资金用于处理废水、废气等，企业更关注的是获得更多的利润，占领更多的市场。因此，绿色工业的竞争力不够强，很难在市场立足。

3）政府的导向问题。政府在考核绩效时往往只看重经济的发展水平，对城市的绿色 GDP 指标重视不够。与保护环境相比，更热衷于经济 GDP。

4）绿色工业代表了新的制造模式，而在绿色工业化的过程中，企业、政府、消费者以及中介机构等多方之间是一个利益博弈的关系，各利益主体都有各自的目标和方案选择，各利益主体都充分考虑自己的收益和成本的投入，而只有多方的合作和协调才能够最终达到共赢的结果。合作的基础除了信任更重要的是对持续发展理念的充分认同。在此基础上才可以讨论更多技术层面的操作。

基于上述分析我们提出如下建议：

1）要改变政府政绩考核方式，把绿色环保纳入政绩考核，而且要占据一个重要的权重。这样可以促使政府或管理层重视绿色工业的发展。

2）政府应当大力扶持绿色工业，严惩污染行为。由于绿色工业成本高，在市场竞争中没有优势，政府应加大对绿色工业的扶持，给绿色工业在税收等其他方面以优惠，确保其健康发展。对制造污染的企业，政府应加大惩罚力度，让其做好污染物处理，向绿色工业转化。

3）政府应加大宣传力度，引导民众树立环保意识，鼓励人民消费绿色商品。当今媒体的影响力不可小觑，政府应该利用媒体，普及绿色工业知识。

4）制造企业要充分承担社会责任，充分重视制造活动对资源和环境带来的压力，提高研发的水平，开发新型的技术，大力发展循环经济，减少污染。在社会责任和企业利润之间寻找平衡。

5）中介机构应该架起企业和政府之间的桥梁，完成技术转化、推广新型技术的产业化，辅助政府完成新的制造模式的宣传和服务工作。

（2）低碳经济与工业设计

低碳经济是以低能耗、低污染、低排放为基础的经济模式，是人类社会继农业文明、工业文明之后的又一次重大进步。低碳经济实质是能源高效利用、清洁能源开发、追求绿色 GDP 的问题，核心是在可持续发展理念指导下，通过技术创新、制度创新、产业转型、新能源开发等多种手段，尽可能地减少煤炭、石油等高炭能源消耗，减少温室气体排放，达到经济社会发展与生态环境保护双赢的一种经济发展形态。

发展低碳经济，一方面是积极承担环境保护责任，完成国家节能降耗指标的要求；另一方面是调整经济结构，提高能源利用效益，发展新兴工业，建设生态文明。这是摒弃以往先污染后治理、先低端后高端、先粗放后集约的发展模式的现实途径，是实现经济发展与资源环境保护双赢的必然选择，因此发展低碳经济应该成为新国策。北京现代制造业的发展战略必须与发展低碳经济相结合。

1）缩短高碳产业所引申出来的产业链条，把这些产业的上、下游产业“低碳化”。

2）调整高碳产业结构，逐步降低高碳产业在整个国民经济中的比重，推进产业和产品向利润曲线两端延伸。

3）向前端延伸，从生态设计入手形成自主知识产权；向后端延伸，形成品牌与销售网络，提高核心竞争力，最终使国民经济的产业结构逐步趋向低碳经济的标准。

4）大力发展制造业产品的设计与研发，引入工业设计，延展工业设计产业链，构建产品完整生命周期产业链，促进整个产业集群的产业升级，降低生产成本，提高产品的附加价值和企业对市场环境的应变能力，提升制造企业品牌美誉度。

11.4　政府角色转变

北京制造业的发展离不开政府政策的引导和制度的支持。但是在市场经济逐渐完善的今天，政府调控与市场调控的关系如何协调，从而为制造业发展提供良好的环境和政策保障是需要关注的问题之一。对此我们提出如下几点看法：

（1）政府角色的转变

一直以来在城市发展和经济建设及产业发展过程中，政府都起着重要的作用，其中包括相关政策的制定和调整，法律法规的完善和与发展相对应的制度安排。但是在从计划经济向市场经济转型的过程中，政府的角色是否可以有突破，从而能更好地把服务和战略规划做好是学术界、产业界等大众关注的问题，也产生过一些分歧。其中有人认为，政府职能过强，管辖范围过大，对市场经济下企业的发展限制太死。对此问题我们的观点是，从北京城市发展的历史来看，政府在城市规划、环境治理、为企业发展搭建平台、解决产业发展过程中遇到的困难等多方面都起着重要的作用。但是在新的社会环境下，历史对政府将赋予更艰巨的使命，即转变政府职能，由政策引导、文件审批转变到战略制定。在经济全球化的环境下，企业面对复杂的竞争环境、产业发展的速度在提高，变化时刻存在，因此城市发展方向如何定位，与城市相协调的产业有哪些，产业发展方向在哪里以及在国际竞争中是否有优势等等问题不是单个企业能够把握的，还需要政府来把握全局，需要政府制定政策来引导企业发展。另外，快速的发展要求政府的政策既要保证稳定性，为企业的发展做好导向，同时政策也要不失灵活性，对于发展较快的企业和产业例如汽车产业其政策就要有灵活性，规划和制度要根据发展趋势进行调整，为企业的创新和发展提供条件。而对于一些需要长期研究才能出成果的行业例如医药行业就要给予长期的制度保障，为新产品的推出给予足够的时间。在战略角色的转变过程中，政府将由原来的政策制定、文件审批等事务性工作向制定战略、制定规划等决策性工作转变。同时政府角色的转变将对政府的办公效率、对政府工作人员的综合素质有更高的要求。

（2）宏观调控和市场调节

北京现代制造业不同产业的不同特征，决定了政府在制造业发展过程中既要有宏观调控，在大多数情况下又要让位于市场。在对外贸易方面，面对制造产品在国际出口中遇到的技术性贸易壁垒，政府一方面要在全局进行宏观调控，在监督出口产品质量达标的前提下又要作好应对新变化的预警工作，指导出口企业合理规避技术壁垒和其他相关的贸易壁垒。另一方面面对国内市场，在产业的区域发展过程中，就要让企业自由、自主的发展，不要用政府的强制力来限制企业发展和良性竞争。充分遵守市场发展的规律，让企业和行业在优胜劣汰的市场规则下充分发挥自己的优势。

（3）树立正确的制造观，引导大众的健康消费理念

北京发展制造业目的在于通过制造业的发展拉动城市经济的增长，满足广大市民的生活和生产需要，同时又要与社会和自然环境相协调。因此政府对制造业的功能、制造业的历史使命以及制造业的内涵和外延就要有超前的认识，站在社会发展和自然发展的角度来看待制造业发展的高级目标，树立新的制造观，引导大众消费，完善社会的各种评价体系，才能从根本上解决制造业发展给社会和自然带来的种种问题。

（4）作好产业融合的桥梁和企业发展的后勤工作

新时期北京发展现代制造业还要注意产业间的融合，区域间产业的合作与协调，注意企业的发展状况和工业园区的建设规划。因此政府在产业融合、区域协作等方面要有战略眼光，制定相关的配套措施和保障制度，为企业发展、产业发展建立良好的沟通渠道和保障措施，其中尤其重要的是产业和企业间信息交流和共享，为北京制造业的发展最大可能的创造良好的环境。更重要的是把环境治理好，吸引外资、引进技术进而使技术升级，提高制造业的技术含量。

11.5 北京制造业发展战略

（1）战略目标

北京应走出一条信息化与工业化结合的新型工业化之路，即科技支撑的自主创新型工业化道路。第二产业和第三产业并重，扩大经济总量，增强经济实力。要打造高技术服务业和高技术制造业相互链接的产业链，将制造业的高端核心放在北京，其他环节有序分布在首都大都市圈中小城市，做大第二产业；以生产性服务业为主，做强第三产业。

（2）战略任务

按照北京城市空间发展战略，调整工业布局，形成市中心体现繁华、郊区体现实力，相对集中，分布有序，产业结构和区域经济结构合理的工业布局体系。

（3）战略重点领域

1）汽车产业。乘用车领域重点引进戴—克体系的高中端产品，加快现代中低端产品入市；商用车领域依托北汽福田、戴—克做大商用车产业，完善产品链；汽车零部件领域通过整车带动和零部件自身发展两个途径，促进北京汽车零部件产业发展，完善北京汽车产业链。

2）生物医药产业。重点发展化学制药、中医药、生物医药。

3）光机电产业。重点发展数控机床、发电及输变电设备、工程机械、电子专用设备、智能化仪器仪表、印刷机械、医疗器械、新能源与节能环保设备、激光、机器人。

4）微电子产业。重点发展单芯片系统、液晶显示器、计算机及网络产品、第三代移动通信、数码影像产品、交通电子产品、数字电视、IC 卡和电子识别产品、半导体照明材料。

(4) 区域发展战略

1) 中部产业带，主要包括海淀、丰台、昌平。以科技研发为核心，打造研发设计中心和总部基地，重点发展高新技术产业。

2) 东南产业带，主要包括朝阳、通州、顺义、密云。重点发展装备制造、汽车及零部件、电子、生物医药、都市等产业。

3) 南部产业带，主要包括房山、大兴。重点形成以精细化工、新材料、医药、汽车、电子为主的产业带。

4) 京津冀经济圈。充分利用京津冀各地区的比较优势，立足北京，有效借助津、冀的优势资源，扩展发展空间，加快京津冀经济圈的建设，形成京津冀整体区域经济格局。

(5) 产业链与（集群）发展战略

产业集群是指大量联系密切的企业及其相关支撑机构在某一特定地理区域内的集聚，并形成区内企业之间柔性专业化分工，结成紧密的合作网络，根植于当地不断创新的社会文化环境的空间组织体系。目前北京的制造业产业集群都以产业园区的方式呈现并发展，但是由于产业园区的整体规划没有紧密地结合区域的资源禀赋、区域的发展定位，使得产业园区的建设存在重复，空间结构分散、产业集群效应不足的问题，尤其是一个园区重点发展好几个产业的现象，建议各园区尽快明确产业的规划定位和区域分工，根据产业政策，通过企业搬迁调整改造，鼓励向同类产业或配套产业的园区集中，形成具有比较优势的制造业空间结构。具体发展战略如下：

1) 汽车产业。以东南产业带为主的汽车生产基地格局正在形成，需要在内涵发展上更进一步。

2) 生物工程和医药产业。以中关村生命科学园、北京经济技术开发区、大兴生物工程与医药产业基地为重点。

3) 光机电产业。昌平科技园重点发展仪器仪表和自动控制行业；顺义开发区重点发展数控机床；通州光机电产业基地发展机电产业配套产品、工程机械、汽车零部件；亦庄开发区重点发展微型机电产品为主的制造和加工；丰台科技园重点发展工程机械产品。

4）电子信息产业。依托高校，在中关村建立研发中心；重点依托北方微电子产业基地，发展电子信息产业高端产品、移动通信产品、集成电路、计算机与元器件产品。

充分发挥集群区域的特色，以产业链为基础，加强产业的关联度，完善产业配套，充分利用产业集群内部的技术优势、资源优势、合作优势、创新优势、政策优势打造具有规模、具有竞争力的制造业产业集群。

（6）资源约束条件下的发展战略

北京作为首都，已经确定了建设世界城市的目标和规划，城市发展对生态环境提出了更高的要求。由于高技术、中高技术制造业产值贡献大，能源消耗少，因此，未来北京制造业的发展战略应该从两个方面考虑：一是着眼于进一步提高高技术制造业和中高技术制造业的比重，降低中低技术制造业的比重，这也是可持续发展对北京制造业结构的约束和要求。根据制造业与技术渗透发展的现状以及制造业的资源消耗特征，提出北京高技术制造业中的通信设备、计算机及其他电子设备制造业，仪器仪表及文化、办公用机械制造业和医药制造业，中高技术制造业中的交通运输设备制造业应该重点发展。而化学原料及化学制品制造业能耗大，虽然它也属于中高技术制造业，但是应该限制其发展。二是在确定的重点发展行业中，应该按照生产制造的流程参照“微笑曲线”发展两端，提高研究开发、工艺设计以及销售和品牌建设等环节的工作量比重。而在制造环节充分融入现代服务业的内涵，通过提高服务质量提高制造的附加值。

总之，资源约束下发展北京制造业就要进一步实现制造业结构从中低技术制造业向高技术制造业和中高技术制造业方向的升级，这样才能在制造业不断增长的情况下减少能源消耗，不断改善环境质量，从而实现制造业的可持续发展。

小　结

在经济全球化、信息化时代，制造业的发展依然承担着重要的历史使命。北京制造业在尊重历史发展规律的前提下，协调好与自然、社会、城市发展的关系，完成产业结构调整和产业结构升级，真正走内涵式发展的道路，探寻新的生产制造模式，制定全球化发展战略，在全球制造的分工和布局中占领高端，快速完成由制造向创造的转型，是“十二五”北京制造业发展战略的重要组成部分。因此，在新的历史背景下，北京制造业发展中的观念更新、意识调整、规律总结、战略调整、产业选择、技术融合、产业融合、制度完善等依然是我们需要不断深入研究的重要问题。

参 考 文 献

[1] 李桂枝:《辽金简史》，福建人民出版社 2001 年版。

[2] 陈高华:《元大都》，北京出版社 1982 年版。

[3] 赵其昌:《明实录北京史料(一)》，古籍出版社 1995 年版。

[4] 李淑兰:“北京近代工业的产生和发展”，《北京师范学院学报》，1991 年第 3 期。

[5]《北京市工商业概况》;《中国近代工业史资料》，《中国近现代经济史》，2004 年版;《民国经济史》，1948 年版。

[6] 李淑兰:“北京近代工业早期发展的特点”，《首都师范大学学报》，1992 年第 3 期。

[7] 李振兴:《北京工业志·综合卷》，北京燕山出版社 2003 年版。

[8] 况鸿章:《北京市经济地理》，北京新华出版社 1988 年版。

[9] 丛树海等:《新中国经济发展史》(1949—1998)，上海财经大学出版社 1999 年版。

[10] 北京市城市规划设计研究院:“北京城市建设总体规划方案”，1983 年。

[11] 侯本旗:“北京工业结构调整研究”，《地理科学》，1994 年第 4 期。

[12] 张有义、王全聪："现代制造技术的发展趋势及我国制造业的对策"，《机械工程与自动化》，2004 年第 1 期。

[13] 刘学敏："直面股份制、现代化和技术发展——中国制造业及其变革"，《现代制造》，2003 年第 21 期。

[14] 李京文、卢振洋：《北京现代制造业发展研究报告 2005》，同心出版社 2005 年版。

[15] 北京市环境保护局："2008 北京市环境状况公报"，http：//www. bjepb. gov. cn/bjhb/publish/portal0/tab375/.

[16] 北京经济信息化委员会："2008 年北京市及各区县能耗水耗情况公报"，http：//news. sina. com. cn/c/2009 - 07 - 14/073015948764s. shtml.

[17] 李善同、侯永志、刘培林、张彤、李建玲、瞿凡、刘勇、刘云中、孙志燕、冯杰："北京市经济增长潜力研究"，国务院发展研究中心，发展战略和区域经济研究部，2001 年。

[18] 张基尧："在国务院新闻办公室记者招待会上的讲话"，2001 年。

[19] 李兵："经济增长遭遇石油瓶颈，石油牵动国际战略格局"，http：//politics. people. com. cn/GB/30178/3148185. html，2005 年。

[20] 中国两村工程："北京郊区工业园区发展概况 [EB/OL]"，http：//www. 2cun. com/item/company/ShowCompanyInfo. asp？ id =15.

[21] 王红梅："工业园区建设存在的问题及治理对策"，《中国高新技术企业》，2008 年第 7 期。

[22] 邓丽姝："北京、上海现代制造业发展的比较研究 [EB/OL]"，华侨华人经济技术网，http：//www. tt91. com/overseas/wenzhang_detail. asp?id =42195

[23] 王晓芳："北京现代制造业的发展研究"，《现代商业》，2008 年第 2 期。

［24］李京文、卢振洋：《北京现代制造业发展研究报告2007》，同心出版社2007年版。

［25］张嵘、刘新国："经济转型中北京制造业的机遇、挑战及对策"，《中国科技论坛》，2001年第6期。

［26］刘世锦等：《传统与现代之间——增长模式转型与新型工业化道路的选择》，中国人民大学出版社2006年版。

［27］张一民：《论中国的新型工业化与城市化》，东北财经大学出版社2004年版。

［28］毕博："区域格局：区域与产业谋求和谐"，《投资北京》，2006年第2期。

［29］王金玉："振兴北京制造业 为发展首都经济而努力"，《学习与研究》，2002年第11期。

［30］阮平南、曾丽娜："北京制造业产业结构优化研究"，《经济论坛》，2009年第14期。

［31］伦敦政府："伦敦制造业发展战略与行动纲要（2005—2008）系列"，《中国科技信息》，2005年第7期。

［32］王德生："1991—2005年新加坡制造业发展回顾"，《中国科技信息》，2006年第13期。

［33］姜立杰、黄际英："论20世纪七八十年代纽约市产业结构的转型"，《东北师大学报（哲学社会科学版）》，2001年第2期。

［34］刘秉泰："东京工业结构演化模式及其驱动力研究"，《世界地理研究》，2003年第3期。

［35］汪治："亚洲国家工业园发展经验及启示"，《商业时代》，2006年第20期。

［36］王玉、王汉栋："对近十年来上海制造业发展的剖析"，《上海统计》，2003年第11期。

［37］中共武汉市委党史研究室课题组："武汉近现代制造业发展的历史启示"，《长江论坛》，2004年第1期。

[38] 吴贵生、杨志刚："制造业在我国社会经济中的地位和作用"，《机械职业教育》，2007 年第 3 期。

[39] 北京市技术创新与生产力促进中心：《北京制造业》，中国对外翻译出版公司 2000 年版。

[40] 李晓春："论制造业在北京经济发展中的战略地位"，《北京社会科学》，2007 年第 5 期。

[41] 黄鲁成、王彤："北京制造业各行业综合竞争能力评价分析"，《科研管理》，2006 年第 7 期。

[42] 李廉水、杜占元等：《2004 中国制造业发展研究报告》，科学出版社 2004 年版。

[43] 王苏斌等：《SPSS 统计分析》，机械工业出版社 2003 年版。

[44] 邹十践："以信息化带动我国装备制造业的发展"，《建筑机械化》，2002 年第 1 期。

[45] 李晓春："论制造业在北京经济发展中的战略地位"，《北京社会科学》，2007 年第 5 期。

[46] 曹随、刘鸿、施昌奎：《北京行业分析报告（2006 年版）》，中国经济出版社 2006 年版。

[47] 张耕、施昌奎：《北京行业分析报告（2006）》，中国经济出版社 2006 年版。

[48] 范金、万兴："投入产出表和社会核算矩阵更新研究评述"，《数量经济技术经济研究》，2007 年第 5 期。

[49] 王岳平、葛岳静："我国产业结构的投入产出关联特征分析"，《管理世界》，2007 年第 2 期。

[50] 刘起运："关于投入产出系数结构分析方法的研究"，《统计研究》，2002 年第 2 期。

[51] 陈怡、沈利生："我国服务贸易出口贡献率分析"，《数量经济技术经济研究》，2006 年第 11 期。

[52] 李斌、刘丽君："序列投入产出表的研究"，《北京理

工大学学报》，2002 年第 4 期。

[53] 史耀远：“中国经济结构变化的投入产出分析”，《系统工程理论与实践》，1999 年第 10 期。

[54] 于庆年：“丹东市区旅游产业调查与投入产出分析”，《系统工程理论与实践》，2002 年第 11 期。

[55] Hermann Schnabl. The ECA – method for Identifying Sensitive Reactions within an IO Context [J]. *Economic System Research*, 2003, 16 (4).

[56] Santadas, Ghosh, Joyashree Roy. Qualitative Input – output Analysis of the Indian Economic Structure [J]. *Economic System Research*, 1998, 10 (3).

[57] 王秋红：“基于投入产出模型的产业依存关系分析——以甘肃为例”，《生产力研究》，2007 年第 14 期。

[58] 黄江松：“走”三高“产业之路，实现首都经济又好又快发展”，《前线》，2007 年第 4 期。

[59] 邓奕：“从亚洲视点看北京城市发展的起源、变迁与更新”，《北京规划建设》，2006 年第 4 期。

[60] 邹昭晞：“北京市制造业适度发展研究”，《北京社会科学》，2009 年第 6 期。

[61] 北京市工业促进局、北京市统计局、北京国际工程咨询公司：“北京市工业开发区年报”，2003—2007 年。

[62] 韩国：《空间杂志》，2008 年。

[63] 魏后凯等：“国际大都市建设与北京工业发展战略”，《经济研究参考》，2005 年第 24 期。

[64] 钟坚：“世界科学工业园区的发展状况与运行模式”，《世界经济性特区》，2000 年第 8 期。

[65] 吴松毅、吴林海：“简论三代工业园区”，《经济管理》，2005 年第 13 期。

[66] 冯雪飞、林光生、虞泰年：“国内科学工业园区理论

研究评述”,《科学学与科学技术管理》,1998 年第 3 期。

[67] 徐跃红、吕萍、袁文麟:“北京市工业园区地价形成机理分析”,《商业研究》,2009 年总第 381 期。

[68] 徐力生:“北京工业发展空间布局划定未来”,《投资北京》,2007 年第 7 期。

[69] 张伯旭:“打造世界一流的国际化现代制造业基地”,《投资北京》,2008 年第 12 期。

[70] 王玉玲:“服务业与制造业关系研究”,《经济研究》,2007 年第 3 期。

[71] 中共中央国务院:《中共中央国务院关于加快发展第三产业的决定》,1992 年第 6 期。

[72] 江小涓:《中国服务业的增长与结构》,社会科学文献出版社 2004 年版。

[73] 华而诚:“论服务业在国民经济发展中的战略性地位”,《经济研究》,2001 年第 12 期。

[74] 张燕:“促进北京产业融合发展研究”,《经济与管理研究》,2007 年第 5 期。

[75] 邹健:“制造业与生产者服务业互动关系的实证研究——以江苏省为例(1990—2007)”,《管理探索》,2009 年第 4 期。

[76] 邓丽姝:“制造业和服务业关系的理论探讨和相关实证问题分析”,《经济论坛》,2007 年第 2 期。

[77] 邓丽姝:“北京制造业和服务业的协调发展研究”,《北京工商大学学报:社会科学版》,2006 年第 21 期。

[78] 王建敏:“绿色工业发展现状及政策建议”,《山东经济》,2005 年第 4 期。

[79] 虞和平:《辛亥革命的经济基础——甲午战争后中国资本主义经济的走向》,中国论文下载中心,http://www.studa.net/china/060421/0831489.html.

[80] 何喜军："基于投入产出系数的北京产业依存关系演化及制造业对经济的拉动研究"，《工业技术经济》，2010 年第 3 期。

[81] 宁连举、郑文范："加强自主创新促进东北装备制造业发展模式转变"，《东北大学学报》，2005 年第 7 期。

[82] 吕思勉：《中国通史》，陕西师范大学出版社 2010 年版。

[83] 钱穆：《国史大纲》，商务印书馆 1996 年版。

[84] 张荫麟：《中国史纲》，北京大学出版社 2009 年版。

[85] 陶孟和：《中国近代经济史研究集刊》，北京图书馆出版社 2008 年版。

[86] 侯家驹：《中国经济史上下》，新星出版社 2008 年版。

[87] 赵冈、陈仲毅：《中国经济制度史论》，新星出版社 2006 年版。

[88] 宁可：《中国经济发展史》（第一册、第三册、第四册），中国经济出版社 1999 年版。

[89] 赵德馨：《中国经济通史》（第八卷·下册），湖南人民出版社 2002 年版。

[90] 吴承明：《中国资本主义发展史》（第一卷、第二卷），人民出版社 2003 年版。